学校づくりの実践と可能性

教育科学研究会・学校部会編

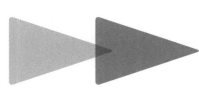

績文堂出版

はじめに

本書は、第一に、一九四五年敗戦後から今日までの「学校論」「学校づくり」（理論と実践）を大づかみに振り返ることを課題としています。第二に、一九八〇年代にはじまる「臨調・「行革」」（一九八一～一九八三年）路線や「教育臨調（臨時教育審議会）」（一九八四～一九八七年）以降の激動化する今日的状況のもとでの民主的な「学校づくり」の実践・運動を綴ることによって、その「厳しい情勢」のもとでも「学校づくり」の可能性があることを実証したいということです（文科省も一九九二年以降、「学校づくり」を推奨し、今日では「チーム学校」を唱えています）。

学校（子ども、教職員、父母・地域）をめぐる「厳しい情勢」とは、第一に、大企業・財界優先の政権・国政が教育財政・教育条件の整備を怠っていることから生まれてきた歴史的・累積的な教育困難性です。教員の「カローシ・ライン」を超えるほどの長時間労働や、一人ひとりの子どもに目を行き届かせようとする三五人以下のクラス・サイズにすることさえも改善が進められていない現状です。

「厳しい情勢」の第二は、「学力テスト体制」（生産人材確保）を主軸に教育を支配統制し、教育の自主的・民主的な創造を侵害する「管理主義体制」が一段と強化されていることです。これは、民主的な人格・主権者を育成すべき民主的国民教育そのものを破壊する「反・「憲法・教育基本法（一九四七年）体制」」というべきです。

二〇二〇年から実施される「新・学習指導要領」では、正当な権限もないのに、企業が欲する「資質・能力」の育成を学校教育の目標・内容に変えること、すなわち、生産性や市場競争力を高める企業の要求に見合う「人間性」や労働力・能力（OECDのPISA型の能力）を高めることを学校の中心的責務として押しつけています。そのために、「学習指導要領」の「法的拘束力」（それ自体が憲法・教育基本法（一九四七年）違反）を、いっそう強化するとしています。

このような事態は、「国民・教師が教育する（国民の教育権）」のではなく、「国家権力が教育する（国家の教育権）」という体制をいっそう強化するものです。

二〇一八年の新聞報道や研究集会でも、子どもたちの精神的・社会的な「貧困化」（自己肯定感の喪失など）が、上記のような教育・学校体制のなかで深刻さを増していると報告されています。

たとえば、小学校六年生が「人生に疲れた」とノートに綴ってくるといいます。中学生になると、その七割が「自分のことをダメな人間だと思う」と答えるという現状が広がっています。さらにまた、高校生においても自立能力を委縮させられています。ある新聞には、「ブラック校則」であったとしても、「校則は守るべきだ」と考える高校生が増えているといいます。子どもたちは「権威のある人が言うことは、おかしくても従うものと思っているのではないか」と警鐘を鳴らしています。

この子ども・青年の現状は、民主的で平和的な人格・主権者を形成するという学校の役割が、大きく後退していることを物語るものでしょう。二〇一八年度から実施された「道徳科」（小学校）も、そうした人格統制をねらいどおりに浸透させるものとなることが危惧されます。また、教研集会では、「学力テスト競争」と相まって「子どもの言い訳を聞いてはいけない」という「生徒指導」が、全国で進められているといわれます（ゼロ・トレランス体制）。これでは、戦前・戦中のファシズム学校体制と寸分もかわりません。

こうしたなかで、「いじめ」も二〇一一年を境に、再び急増しはじめています。小・中学校・高校を合わせた認知件数は三二万三〇〇〇件にのぼります（二〇一六年度。二〇一七年度はさらに増加し四一万四三七八件）。学校数では、二万六〇〇〇校（学校総数の六八・三％）。「不登校」は小・中学校で一三万四〇〇〇件、高校で約四万九〇〇〇件です

（二〇一六年度、すべて文部科学省調査による）。

学校全体の状況でも、教育の内容・方法・進度や、学習や生活の指導方法において、国家権力による新たな画一統制化が二〇一〇年を前後する時期から始まりました。

その代表的なものは、「〇〇学校スタンダード」「〇〇教育スタンダード」です。校長がトップダウンで示す「教育目標」「教育計画」が絶対で、「いっさいの例外を認めない」「その仕事（目標・計画）が達成できたか、否かで教員評価が行われる」「この体制のなかで、教師たちは次第に、自分の頭と心で考えず、思考停止に陥っていく」という状況が報告されています。これは、企業経営でいわれる「目標管理」や、これと一体の「成果主義」の手法です（この方式は、二〇〇〇年、東京都から始まりました。給与等ともリンクしています。「同一労働・同一賃金」の労働基準法にも反します）。

そのような学校職場体制のなかで、教師は「荒れる生徒」の想いにじっくり耳を傾けたり、対話したりする余裕を奪われ、管理文書づくりや官制研修の報告書作成に追われているといいます。そうした自主的・主体的な教育の仕事を奪われていくなかで、「言うことを聞かない子は排除する」という風潮が広がっていると多くの教師がいいます。

こうした日本の学校がきわめて異常であることは、たとえば、福祉の充実したフィンランドの教育の実情と対比すれば一目瞭然です。フィンランドの学校では、校則や高校受験などもなく、学費は無料で、学級規模も一九人〜二一人と日本の半分くらいです。教師の働き方でも残業はなく、「学力テスト競争」体制などなくても、ＰＩＳＡの「学習到達度調査」で世界一です（二〇〇三年）。

以上のように、今日の「学校」をめぐる問題状況や課題は、広範囲に及びます。最後に、私たちが考える「学校論」と「学校づくり」（実践・理論）の意味内容と課題について確認しておきたいと思います。

「学校論」も「学校づくり」の課題も、日本国憲法やそれと一体の教育基本法（一九四七年）がめざす課題を実現することにあります。憲法第二六条・第①項は「すべて国民は、法律の定めるところにより、その能力に応じて、ひとしく教育を受ける権利を有する」と宣言しています。これは、「国民の教育権」、「子どもの学習権」を確認したものといわれます。

「子どもの学習権」とは、「どの子もその子がわかるやり方で」（「その能力に応じて」の真意）、「すべての子どもが、身につくまで教えてもらう（学習する）権利がある」、ということです。これが、すべての子どもの「学習権」「発達権」保障の真意です。ですから、「落ちこぼれ」（実態は、「落ちこぼし」）をそのままにしておくことは、憲法違反の実態を意図的に放置する教育行政当局の責任が問われます。すなわち、ここでの問題の焦点は、政府による教育内容の統制と、教育条件整備における不作為です。

教育基本法は、その第一条（「教育の目的」）で、子どもを民主的で平和的な「自主的精神」に充ちた人格・主権者に育てることをめざす、としています。学校を企業の利潤を増大させる「人材」育成の場などにしてはいけないわけです。それこそは憲法違反・法令違反です。この憲法・教育基本法の見地からみれば、「学習指導要領」は「法的拘束力」を有するなどという国の措置は成立不能です（実際、一九五八年以前は、それは「試案」であり、「参考書」でした）。この点について、教育基本法第一〇条・第①項（教育行政）は、「教育は、不当な支配に服することなく、国民全体に対して直接に責任を負って行われるべきものである」としています（一九四七年法）。ここでも、「学習指導要領」を学校や教師、子ども・父母に強制することは憲法違反・法令違反であると、教育行政のあり方を規制しています。そして、学校・教師（集団）の自主性・主体性を保障するとしています。

以上のことからわかるように、「学校論」とは、日本国憲法・教育基本法（一九四七年法）の基本理念・教育条理をふまえて、時代環境や状況のなかにおかれた学校の役割や任務のあり方を検討するものです。「学校づくり」とは、その「学校論」に即して、子どもの実態把握や発達課題、父母・地域の教育要求、教育行政や教育諸条件などを勘案しながら、子どもの学習権・発達権を実質的に保障していく学校の管理運営を教育論（教育的価値を実現できるような）と有機的一体性をもったものとして実践化し理論化していこうとするものです。

「学校論」も「学校づくり」も、（A）日本国憲法・教育基本法（一九四七年法）における教育目的・目標、（B）さまざまな子どもの発達課題、そしてその中間項には、（C）多様な教師、父母・地域の要求などを内包するがゆえに、実践的にも研究的にも膨大な知見と多様な活動・運動を要するものです。しかしながら、学校を憲法・教育基本法（一九四七年法）の教育理念・教育条理に即し、子どもの発達保障の教育を創造的に発展させるためには、（C）を軸として、教職員集団・学校の自主的・主体的な実践、運動、研究を蓄積し交流していくことが不可欠です。平和で民主的な人格・主権者として国民の自己形成を支える教育を創造・発展させることこそが、学校づくりの根本課題です。

本書の執筆者は、教育科学研究会の全国大会の「学校づくり」分科会や、同研究会の「学校部会」研究例会に参加されてきた研究仲間です。それぞれに困難な地域・学校の課題を抱えながら、粘り強く、学校の民主化、民主的学校づくりを自己の人生、教師生活の〝いのち〟として、その実践を貫いてきた方々です。あまり「学校論」「学校づくり」の枠組みにこだわらず、自由にそのような「学校づくり」実践・運動について書いていただきました。本書から、「学校づくり」の知恵を汲み取っていただけたら本望です。多くの方々から、率直なご意見、ご批判をいただけたらありがたいと思います。

編集責任者　新村　洋史
　　　　　　鈴木　和雄

目 次

第一章　学校づくりの理論と実践

第一節　学校論・学校づくり論のあゆみと到達点

❖はじめに

私たちが所属する教育科学研究会学校部会が『子ども観の転換と学校づくり』（国土社、一九九五年）を刊行して、はや四半世紀近くが経過しようとしています。この著作では、戦後第三の非行、校内暴力など、学校の荒れが深刻化した一九八〇年代以降の学校の困難とこれを乗り越えていく学校づくり実践の模索を取り上げました。一九七〇年代に顕在化した受験競争の激化とその矛盾としての子どもの荒れ、そうした現象の本質を理解しないまま、表面的な学校秩序の回復に邁進し、校則の厳守と違反者への体罰を行う学校も少なくありませんでした。その後たしかに、学校秩序は回復したかにみえましたが、深層でいじめ、不登校現象が社会問題化していったのでした。八〇年代は管理主義教育が台頭し、その克服が学校づくり実践の課題となったのでした。管理主義教育への批判のなかで、子どもの人権論が登場し、その後、一九八九年国連子どもの権利条約の採択、一九九四年日本政府の批准も追い風となり、子どもの人権を原理に据えた学校づくり実践の模索も始まりました。そうした実践の一端が先の著作には反映されていたのです。

ところが、その後、子どもと学校をめぐる状況は大きく変わりました。第一に子どもと学校のいっそうの困難の深刻化です。私たちはこれまでも子どもと学校の困難に焦点を当てて、実践的研究を行ってきたのですが、その困難の質と量が非常に大きく変化したということだと思います。本論でもふれますが、前著作が刊行された一九九五年は学校論・学校づくり研究にとどまらず、教育学や日本社会論の研究にとっても重要な画期となった年でした。これ以降、学校管理政策においても、新自由主義モデルが基調となり矢継ぎ早に政策が展開されることとなりました。まさに怒濤の勢いとはこのことでした。現場の教職員は次から次へと繰り出される政策や指示に翻弄され、ことの本質を確かめ、批判し対抗策を考える暇もなく、書類づくりに忙殺されることとなりました。第二に、こうした政策を推進するために、政策側は現場の教職員の裁量権を縮小して、管理層の支配権を強大化するための法制度の改変を合わせて行ってきました。第三に、学校づくりという言葉や理論について、これまで否定的であった政策側が態度を翻して、彼ら流の「学校づくり」を積極的に提起しはじめたことです。たとえば「開かれた学校づくり」や「チーム学校運営」などの標語です。第四にこれが問題でもあるのですが、民間教育側から「管理が厳しくなって従来のような学校づくりなんてもうできない」「学校づくりをやめて、一人でもできる授業づくりや学級づくりを考えたほうがよいのではないか」、「学校協議会などの学校づくりなんて事実上無理」等の敗北主義的意見が出始めていることです。ここで従来の学校づくりという言葉で指している内容は教職員組合が担い手となってきた「民主的学校づくり」、「生徒・教職員・保護者の三者でつくる学校協議会」などを指しているようです。たしかに現場の厳しさはそのとおりなのですが、これらの言動を行う人たちには、学校づくりという思想や理論についての無理解が根底にあるように思われます。これまでも使う人により「学校づくり」の意味内容が大きく異なることがありました。

こうした民間教育側のゆゆしき事態もあり、あらためて私たちが大事にしてきた学校の任務や学校づくりという言葉に込めてきた思想や理論の到達点について検討し、現在においてもその思想は有効性をもっていることを述べたいと思います。学校論、学校づくりといってもさまざまな議論があるなかで、本稿で取り上げる学校論、学校づくり論は、学校部会や夏の全国大会において、影響を及ぼした思想や理論に限定することになります。

❖ 勝田守一の学校論研究

筆者が所属する教育科学研究会において、学校論に焦点を絞って研究が本格的に開始されるのは、一九五〇年代のことでした。占領下での上からの民主化政策も大きく転換し、朝鮮戦争をきっかけに政治の反動化、教育の逆コースも始まりました。その後アメリカ占領も終わり、形としては日本は独立国となりますが軍事基地も残り、半植民地状態となり、戦前回帰の動きは勢いを増し、戦後教育見直し論、日本国憲法や教育基本法の見直し論も浮上してきました。そうしたなかで独立を契機に、国民教育の創造を旗印に、民間教育運動も活発化しはじめます。リンカーン流にいえば、自分たちが主体的に真に国民のための、国民による国民の権利としての教育とは何か、を追求しようとするものでした。こうした教育状況のなかで当時の教育科学研究会委員長であった勝田守一が学校論研究に取り組んでいったのでした。『学校論』（要書房、一九五二年）、「学校の機能と役割」（『現代教育学　第二巻　教育学概論1』岩波書店、一九六〇年）等が代表作です。

アメリカ占領下での戦後新教育は、経験主義的生活教育が目玉となっていましたが、その矛盾も出始めていました。そうしたなかで、勝田は学校の機能と任務とはなにかを追求したのです。勝田は近代学校の歴史をひも解きながら、意図的に組織された教育を行う学校の機能について、（1）社会的統制機能、（2）職業的訓練の機能、（3）文化価値の内在化（教養）の機能の三つに分けて論じています。勝田は社会学者のギュルヴィッチを参考に学校教育は社会統制機能をもつとしています。「社会統制は、文化的な範型、社会的シンボル、集団的意味、価値、観念および理想、さらにそれらをとらえ、それらを適用する作用や過程の全体であり、それによって、それぞれの総体社会や特殊集団に固有な対立や緊張や相克を克服し、一時的で不安定な平衡を得ながら、集団的な創造へと新たな努力の目当てを見いだす、そういうものの全体として規定することができる(1)」と説明されます。その社会統制の形態には①組織された形態と②自発的な形態の二つがあるとされます。勝田は「この両者の形態をふくめて社会統制という概念を使うなら、この概念は決して、社会の個人に対する拘束や抑圧だけを意味しない(2)」と、学校の社会統制機能を説明するのです。

これらをふまえて勝田は、①組織された形態としての社会統制の意識的努力を教化としての教育と呼んでいます。近代学校は日本だけでなく欧米においても「国民教育」の機関として国民を形成するという役割を負わされてきました。勝田は教化を「固定した権威にもとづく範型や規則にしたがって、個人の行動を統制的に形成しようとするはたらきかけ(3)」と定義します。戦前日本の教育では「教育勅語体制」のもとでの国民教化がまさに典型といえます。戦後でも、校則や体罰による学校秩序の維持も教化といえるでしょう。ただし、教化（きょうけ）とはもともとは仏教用語であり、「人々を教育・訓練することにより、あるいは仏教徒とならしめ、あるいは仏となる資格を持つように導くこと」（中村元ほか編『岩波仏教辞典』岩波書店、一九八九年、一七三頁）という意味で使われ、積極的な行為を意味するものなのです。

勝田は教化としての社会統制は退けるべきであるが、社会統制機能を放棄することはできないとして、教化によらない②自発的な社会統制の形態を創造的社会統制として積極的に位置づけています。勝田は「子どもの自発性に支えられた集団性が、つねに開かれ、その中で、子どもたちがそれを緊張を通じて発展させていくものとして形成され、子どもたちは、それに参加するという仕方で、自己を社会化していく。既成の固定した社会の型が外側から子どもを統制するのではない。開かれた社会統制機能のこのような機能を、現代の学校は、歴史的な役割としてひきうけはじめている(4)」と述べていました。勝田が学校に期待した、この自発的、創造的社会統制機能は、後の生活指導運動のなかでは自治能力の形成というテーゼとなり、さまざまな実践が展開されることになり、現在では「市民性の教育」とつながるものといえます。

勝田は、学校の第二の機能として職業的訓練機能を指摘し、次のように述べます。「職業は、すべての人間の将来にまち受けている。社会で一人前になるのは、一定の職業について一本立ちになることを意味する。したがって、職業準備の訓練は、教育の過程で無視することはできない役割をになう。……将来子どもたちが現実の社会で一定の職業につくという視点のもとで、学校はあらゆる職業準備の教育の前提となり、基礎となる有用な知識と技能の訓練を期待されている[5]」。勝田によれば、子どもは学校を出た後、生活するために職業につくことが不可欠であり、学校は職業準備の教育が期待されているのです。ただし、勝田は現実の職業訓練が（1）伝統的に、既成の職業に必要だという視点だけで、有用な知識の量や質を決める危険性があること、（2）職業的訓練が、雇用主側の要求だけにかたよりがちであること、などの問題点を指摘します。しかしながら勝田は職業準備を、将来のできるだけ多くの可能性の実現過程としてとらえること、そのための進路指導の重要性を提起したのでした。この職業訓練機能は、現代においても働くことと生きることの統一として、重要性が増しています。

勝田は、学校の第三の機能として文化価値（教養）の内在化を指摘します。まさにこの機能が学校の主要な機能として受け入れられていると思います。勝田は、教養は実用性や有用性を狭い視野から解放すると、次のように指摘します。「知的活動を活発にしたり、論理的思考を養ったり、あるいは音楽などのように、人間的情感を豊かにする陶冶価値に注目される[6]」。これは、人類が蓄積してきた文化価値により、職業技術訓練にともなう成長の偏りから個人を救い出すという思想とも関連しているとも指摘します。また、学校は科学、技術、文化、芸術的価値を子どもに組織的に伝えることで世界観の基礎を培い、人生への主体的態度を形成することが任務となります。それも文字を媒介として教えることで、子どもの抽象的、論理的思考力を形成することにもつながるのです。ただし、文化価値の伝達は文字を媒介にして教え、その到達段階を尺度として、成績原理により序列と選抜を行うという側面もあることを軽視してはいけません。これがテスト主義や競争主義とつながり、後に社会問題化するのです。

❖持田栄一の学校づくり論

勝田守一の学校論研究から少し遅れて、学校論、とくに実践的な学校づくり論を展開した教育学者が、持田栄一です。勝田は当時東京大学教育学部の教育史教育哲学研究室に所属し、教育哲学を専攻していました。持田は同学部の教育行政学研究室に所属し、教育行政学を専攻していました。持田は、勝田学校論を学校機能の考察を中心とした学校論の典型と位置づけながら、ではどうしたらその学校機能を実現できるのか、そこが問題になるのではないかと提起したのです。(7) 一言で言えば、持田の関心は教育管理＝経営過程を教育理論として構築することです。そうした意味での学校づくり実践が学校論の実践的課題となる、と考えたのです。次に、やや詳しく持田学校論の特徴について説明します。

持田は、教育という営みが社会的組織的形態をとって行われる近代公教育学校において、教育という仕事には必ず次に述べる教授＝学習過程と教育管理＝経営過程が交錯していると考えるのです。持田は、カール・マルクス『資本論』第一部「協業」における分析、すなわち協同的生産の行われるところでは何らかのかたちで個々の労働過程を組織し指揮する機能が必要であるとのマルクスの指摘を参考に、これを学校組織に応用して考察を進めたのです。こうした論理の展開の背景には、芝田進午『人間性と人格の理論』（青木書店、一九六一年）の影響をみてとれます。

さて持田は教育の仕事は三つの過程（場合によっては二つの過程とも呼ぶことがある）から構成されていると説明します。一つは、教師の労働の技術過程ともいえる、教授＝学習過程です。これには授業はもちろんのこと、生活指導も含まれます。二つ目に、これらを組織する過程、すなわち教育管理＝経営過程から成り立っているとします。そして、三つ目にこれらの背景に、政治、経済、社会の体制、教育政策、教育運動などが存在すると説明します。(7) これらをふまえて、学校という組織は三つの過程や体制の交錯する場であると考えました。そして持田は、学校論の中心課題が教育管理＝経営過程を教育理論として構成することと述べたのです。

日本の学校現場、教育学研究においても、教育内容（教科）・方法と教育行財政、政治経済や社会的背景を別々のことととらえる慣行が一般的でした。まさに縦割り研究、縦割り実践というのが実態です。これは現在においても十分克服されているとはいえません。何をどう教えるかということと、それを実現する教育条件、たとえば教室の大きさ、椅子や机の配置等の施設・設備、教材、教具のあり方とは密接にかかわっています。子どもの成績についても、教師たちが授業内容や教育方法に工夫を凝らしても「落ちこぼれ」が出てしまうこともあります。個々の子どもの能力というより、教科書や学習指導要領に根本的原因があるとすれば、学習指導要領の改善を考えなくてはなりません。また、たとえば子どもの成績が振るわない、どうも元気がなく授業に集中できない等の問題が生じたとします。その原因を探っていくと、担当教師の授業に原因があるというよりも、子どもの家族の生活、父母が離婚し母子家庭となり、生活が非常に困難だということが判明しました。そうしたケースでは担任は事務職員や教育委員会、場合によっては福祉事務所と連携をとりながら、生活保護や就学援助の受給を申請して子どもの教育権を守ることが大事になってきます。さらには教師の教育の自由が大事だといっても、何でも授業に必要だからという理由で、副教材を私費負担で保護者に購入させることにも問題があります。憲法第二六条は義務教育無償の原則を掲げているわけですから、授業に本当に必要ならば公費で購入すべきでしょう。そのためには事務職員や教育委員会と公費化の相談をすべきです。このように子どもの教育権保障を軸に考えれば、教授＝学習過程と教育管理＝経営過程は密接に結びついているのです。子どもの現実の学習や生活の実態から、教師の授業や生活指導、学校のあり方を問い直し、それを規定する教育管理や組織のあり方を問い返し、組み替えていく、さらには教育政策や政治・経済、社会のあり方を問い直していくこと、こういう総合的な研究・実践が学校づくりなのです。

持田の学校づくりの提起は、一から彼がオリジナルに考えたというより、先にみた国民教育運動のなかから芽生えてきたさまざまな実践、斎藤喜博の群馬県島小学校での実践、山形の剣持清一等の実践などに学んだものです。また、当時の社会科学の研究動向にも影響を受けていました。持田は、学校づくり研究の方法として、(1)教育法制の教育理論、(2)教育経営の教育理論、(3)教育事務の教育理論の三つを提起しました。持田は(1)教育法制の教育理論の意義について、「近代公教育体制においては所与のものとしてわれわれにあたえられている教育法制、およびその解釈をスタティックにとらえるのではなく、……教育のしごとを組織化するための手段としてダイナミックにとらえなおすことが必要である」[8]と述べました。また、「「近代」的教育法制を、できるかぎり、教育実践にプラスにするように保つためには、どうしても教育法制論が教育科学の一環として構成され、教育科学の光によって導かれることが必要となる」[9]と、主張するのでした。

持田は(2)教育の経営理論についても(1)と同様な事柄が問題となると述べます。近代化された学校づくりは、権力の恣意的な作用としての行政を客観化して、合理的な技術の体系としてとらえ直すことを課題とすると指摘します。一九五〇年代から六〇年代にかけて、企業の経営合理化において影響を与えたのが科学的管理法（いわゆるテーラーシステム）でした。これが教育のしごとと仕組みの標準化にも援用されようとしていました。持田は、職務の標準化が一方で搾取強化の発想として理解される側面と、他方で労働者の権利拡大という先進的側面もあると主張します。そして持田は、前近代的管理＝経営体制が残されている日本の公教育の現実においては、近代的経営の意味を評価しながら、それが「教育現場における教育のしごとの展開と教職活動にマイナスに作用する面をできるだけ少なく」[10]することが必要であると指摘します。そのためにも、教育経営論が、教育のみちすじによって確かめられることが必要とも、強調するのでした。

持田は、加えて教育経営論は実践的には事務論を前提して具体化されると、教育事務論（学校事務）の重要性を指摘しました。当時の教育学者としては、ユニークな問題提起でした。かつて学校事務は「書記」的しごと「会計」的しごとと考えられ、しかもそれは教育の価値形成や、政策決定から切り離された、機械的なしごとと考えられてきた、そのことが問題とされたのです。[11]持田は、現代企業経営における「管理＝経営」活動は、事務によって支えられているのであり、まさに「管理＝経営」の中枢なのであると位置づけます。しかし教育界では、学校事務は雑務という考え方が一般的であり、それを克服することが必要と述べ、学校づくりの前提は「事務を教育のしごとの組織化のもっとも本質的な機能としてとらえる」[12]ことと主張しました。

以上、持田学校づくり論の要点を整理しました。一九六〇年に、教育科学研究会に「学校分科会」が設置されました。当時は、持田も精力的に分科会や定例の部会にも参加し、教師はもちろん、学校事務職員とも議論を交わしました。持田の学校づくり提起は、教育政策論、教職論、学校組織論、学校づくり実践へと拡大し、とくに学校事務職員や学童擁護（当時の緑のおばさん）、学校用務員、学校保健、養護教諭論、学校給食論ともつながり、学校の任務、直面する課題の解明へと発展していったのです。学校分科会には、教師はもちろんのこと、校長、教頭、組合活動家、養護教諭、事務職員、学校用務員、学校給食職員、学校警備員も参加するようになり、教育界の他の研究会にはない特色があったのです。まさに文科省が近年提起する「チーム学校運営」を先取りしていました。

さて、持田学校づくり論の提起と関連する理論として、現場の学校づくり実践に影響を及ぼしたという意味で、芝田進午の教育労働論も重要です。芝田の理論は、教師は労働者なのであるが、いったい、どのような労働者なのかを社会科学的に分析したものといえます。芝田は最初、教師を分析対象としていたのですが、その後教育に従事するすべての労働者——たとえば学校事務職員、用務員、給食調理員など——を教育労働者として位置づけその労働の特殊性を解明しようとしたのです。[13]そうした点で、先に検討した持田学校づくり論とも交錯する問題的提起を行ったといえます。私の関心からいえば、子どもの学習権保障における各職種の特性を明らかにしつつ、学校全体としてのアンサンブルをどう構築するか、というテーマにつながるものです。芝田教育労働論は、とくに教師以外の学校職員に理論的、実践的影響を与えたといえます[14]。

❖日本の学校の特性

先にふれたように、勝田学校論は欧米の学校史を検討しながら、学校の任務を考察したのですが、明治以降制度化された学校は欧米のそれと比較して、まさに日本の学校ともいいうる日本的性格をもっていることも事実です。学校改革、学校づくりを考える場合、この日本の学校の特性、慣行をふまえたうえで、その克服の方途を探ることが重要です。こうした提起を行ったのが、中内敏夫です。中内によれば、欧米先進諸国の近代学校をモデルに日本の学校制度は出発したのですが、すんなりと民衆のなかに定着したわけではありませんでした。学校は日本社会の子育ての慣行と折り合いをつけながら、紆余曲折を経て民衆のなかに定着していったのです。

ではその子育ての慣行とはどのようなものなのでしょうか。当時の村落共同体は、学校という制度とは別に独自の人間形成の技を有していたのです。それが学校という制度のなかに浸透し、生き続けてきたのでした。その共同体の人づくりの過程とは、「子ども組」「娘組」「若者組（連）」と呼ばれる大衆教育組織でした。「これらは大衆の児童、青年の間に、神事（まつり）への参加権、労働権（就職）、結婚権（性生活を営む資格）をその成員に与えて、その準備のための資格づくりである訓練を行う組織」です[15]。その社会で一人前として認められるには、組への参加が不可欠でした。この組織では私的自治が大幅に認められ、組の長には年長の者を推す習わしがあり、長のもとでの団結力は強く、訓練と集会の場所である「宿」を同じくする者たちは宿兄弟と呼ばれました。組や宿を規律する原理は年功序列でした。同じ年齢の者は平等に処遇するという平等原理という面もあわせもっていました。宿には宿親と呼ばれる教導者がいて、具体的指導を行いました。ここでは地域生活の作法、心得、生業と村行事の技術、保健知識、うた、おどり、村政批評などの訓練が行われました。未成年者はこの訓練システムを通過することなしには、一人前とはみなされなかったのです。逆に、組や宿に参加しない者は八分的扱いをうけ、共同体から排斥されたのです。また、宿親とは別に局と呼ばれる女性がいて、母親代わりに生活指導全般にわたる相談に携わっていました(15)。

日本の学校にもこうした年功序列・平等主義、共同体的集団主義が入り込み、人格形成機能を果たしていくことになりました。学力的にはさまざまな状態にある子どもを組の原理で束ねていくことになりました。「みんな同じ組の仲間だろう、一緒に仲良くやっていこう」という風にです。また、宿親や局の子どもの私生活にわたる面倒見の良さ、親切さは、学校教師のなかにも生き続け、生活指導への熱心さ、かつ家父長主義的性格にもつながっているのです。この点においても、日本の学校は欧米流の教授学校ではなく、生活学校という性格が濃厚なのです。こうした日本の学校の特性は、第二次世界大戦後も継続することになります。

❖教育運動の高揚と学校づくり論の進展

一九五〇年代より始まった「教育の逆コース」に対して、教職員は権力の意のままになったわけではありませんでした。これが戦前戦中との大きな相違です。戦後確立した日本国憲法・教育基本法体制が大きな力となりました。権力が繰り出した教員管理、学校管理強化、教育課程への介入などは、憲法・教育基本法の法理や条文に反する疑いがありました。当時の教職員組合は組織率も高く、行動的でした。憲法・教育基本法の法理を高く掲げて教育政策批判を組織的に展開し、場合によっては裁判闘争も辞しませんでした。家永三郎東京教育大学教授も教科書検定をめぐって、裁判を提訴しました。こうして恒常的教育紛争状況と呼ばれる時期を迎え、学力テスト裁判、超過勤務裁判、教科書裁判などで原告側が勝利を収めるという大きな前進を勝ち取りました。

これに加え、一九六〇年代後半から七〇年代にかけては政治分野でも革新自治体の誕生、革新系議員の議席も増加しました。これらの革新自治体のスローガンが「憲法を暮らしに生かそう」というものでした。また、教育基本法の理念に基づく教育行政の民主化も掲げられました。高校増設、過大学校の解消、教育条件整備の充実、父母負担軽減、学校給食の充実などです。こうして、教育の反動化を押し返す運動だけでなく教育を向上させる運動も活発化し、各学校においても教職員組合が中心となって学校運営の民主化が実践されました。この時期は、戦後の学校づくり運動において、質量ともに大きな前進を勝ち取ったのです。ただし、こうした前進面での裏に、看過できない論点も浮上したのです。それは、民主的退廃現象と呼ばれたものです。学校民主化を激しく闘った結果、たしかに教師の教育の自由は実現したのですが、それにとどまり、その自由を基盤にどんな学校をつくるのか、子どもの学習権保障とどうつなげていくのか、が提起されないまま退廃していくという現象も生まれたのです。

❖子どもの荒れと学校論の問い直し

学校のあり方が根底から問われたのは、一九七〇年代後半から社会問題化した戦後第三の非行、校内暴力、家庭内暴力などに代表された子どもの荒れの時期でした。当時高度成長が終焉して低成長時代へと、政治・経済状況、社会意識も大きく変化しました。高度成長期には生活の豊かさを背景に高校・大学進学率も急上昇し、受験競争も厳しくなりました。ところが、オイルショックを契機に高度成長から低成長時代へと経済構造がシフトするなかで学校内部での競争も「開かれた競争から閉ざされた競争」(久冨善之)へとその性格を変えました。その経緯にはすでにふれました。(16)

子どもにとって学校の時空間が非常に支配的抑圧的となったのです。竹内常一は、この時期の学校について「支配としての学校」「地下としての学校」(コミュニティーとしての学校)という表現を使って説明しています。(17)子どもにとって学校は社会的な競争原理によって支配される空間であり、また他方でその裏ではコミュニティーとしての性格ももっていたということです。子どもの荒れとは、急激に強化されつつあった学校の支配抑圧性に対する反抗であったといえます。一九六〇年代末期の大学・高校紛争のときには、学生たちは要求をスローガンに掲げて行動を起こしたのですが、この時期の中学生はスローガンを掲げることなく、身体的に表現したと思われます。学校的秩序へのツッパリ、反抗を身体で表現したのです。子どもの荒れの意味に耳を傾けようとした学校や教師もありましたが、学校の表面的秩序の回復と維持を最優先に、管理主義教育へと向う学校も多くありました。

それは、校則の細分化と徹底、違反者への厳罰、出席停止措置、学校教育法第一一条で禁止されている体罰の行使、露骨な暴力などの手法をとりました。その結果、怪我をする子ども、死亡事故も発生しました。まさに支配としての学校、それに従わない者への暴力的排除が顕在化したのです。憲法・教育基本法体制のもとで育った父母や市民の人権感覚からみて、異常な事態が広がったのでした。人権侵害を受けた子どもや親が学校や教育委員会へ説明や救済を求めても無視されることが多くありました。学校自治に期待しても自浄作用が働かなかったのです。当初、教職員組合も子どもの人権が絡む問題については及び腰でした。

こうした事態を受けて、学校論も根本から問い直されるようになったのです。一九六〇年代から七〇年代にかけて教育運動や民主的学校づくり実践の理論的根拠となった国民の教育権論が再審にかけられたのです。その中心的な論客が今橋盛勝でした。先に述べたように、国民の教育権論は一九五〇年代から始まった「教育の逆コース」に対して、憲法・教育基本法に示された戦後民主教育の原理をいかに守るか、に理論的焦点を当てていました。その主な担い手は宗像誠也、堀尾輝久、兼子仁等でありました。宗像は学習指導要領の法的拘束力の強化、とくに「特設　道徳」の設置に抗して、まず親の教育権を対置することで教育の自主性を確保しようとしました。宗像の問題提起に共感しつつも、その理論構成の曖昧さを指摘し、国民の教育権をより精緻に理論化したのが堀尾と兼子でした。堀尾は子どもの権利とりわけ学習権を中心に据えて、親・教師・国家（教育行政）の関係を構造化したのです。兼子は教育という営みの特殊性をふまえ、教育法の体系的解釈学を構築したのです。ただし、実際に研究・実践面において集中的に深められていったのは、教師の教育権、教師の教育の自由でした。その理由は、先に述べたように、国民の教育権論が国家主義的教育政策への対抗として提起され、理論化、実践化されていったからです。その運動の担い手も教職員組合運動が主体でした。

こうした国民の教育権の問題点を批判し、革新しようとしたのが今橋でした。今橋は現代の教育法現象について、二つの教育法関係を区別しました。一つは文部省—都道府県教育委員会—市町村教育委員会—学校—教師相互の関係（第一の教育法関係）と二つ目は学校（教師）—子ども・父母・住民との関係（第二の教育法関係）です。先にふれたように、第一の教育法関係については、一九五〇年代から始まった教育の反動化のなかで追求、理論化されてきたという、歴史的社会的背景を抜きに第二の教育法関係にその法理を適用することには慎重を要するということでした。とくに、子どもの人権侵害についてとその救済について、国民の教育権論は有効性が問い直されているとの指摘でした。[18]

今橋は、子どもの人権をキーワードに問題提起を行いました。教育法の理論的課題は学校教育（学習過程）における子どもの一般人権の保障・制限・侵害をめぐる問題だと、指摘しました。[19] この一般人権という概念は今橋独自のものというより、兼子仁からの援用です。兼子は教育だけに特有な人権を「教育人権」とし、広く他の社会分野にもわたる一般的な人権が教育にもかかわっている場合とを分けておくことが必要だと指摘しました。兼子は一般人権の意義として、日本の教育界では一般人権が大前提としてふまえられていない、これを十分意識した教育のしくみづくりを意図していくことが必要と指摘し、これに加えて教育は子どもの人権をふまえてこそ良いものになるはずだ、という教育の人権的向上の観念を具体的に明らかにしていくことが必要と指摘したのです。[20] 兼子の論稿は一九七七年に出版されたものですが、今橋によれば八〇年代になっても学校における一般人権の大切さを正面から受け止めようとする意識は弱かったというのです。そうした現状認識をふまえて、今橋は学校教育における子どもの学習・発達権と一般人権の同時保障の提起を行ったのです。

そして今橋は、国民の教育権論の再構築を提起するのでした。今橋は教育法学がこれまで「国民の教育権」概念を用いてきたのは、擬制的概念としてであり、その実体性は法規範性をもった「教師の教育権」「学校の自治」であったと指摘しました。こうした総括に立って、今橋は、教師の教育権、学校自治論、教職員組合の組織と運動による担保でなく、学区、市町村レベルでの子ども・父母・住民が参加した教育的合意に立脚した学校自治論、教育の地方自治・住民自治が確立していかなければならないと、主張したのです。[21] 要約すれば、学校に関係するものたちの参加と合意による学校づくりといってよいでしょう。

❖子どもの権利条約と学校づくり

子どもの人権を軸にした学校づくり論は、実践的には長野県辰野高校の学校三者会議、上田第六中学校の四者会議、東京・大東学園高校の学校三者会議と展開しはじめます。これらと並行するかたちで、一九八九年に国連総会において子どもの権利条約が採択され、日本政府も九四年に批准しました。この条約も学校づくりに大きな影響を与えました。本条約は一九二四年国際連盟「ジュネーヴ宣言」、一九五九年国際連合「子どもの権利宣言」の権利論を継承し、その後の国際的な人権論の発展をふまえて提案されたのです。すなわち子ども観も「保護の対象としての子ども」、「権利享受主体としての子ども」「権利行使主体としての子ども」へと発展してきたのです。条約は「子どもの最善の利益」を柱に据えて、子どもの権利の総合的保障のための保護者、国家、行政の権利と責務を定めています。ユニセフのカテゴリーによれば、条約の子どもの権利は「生存・発達・保護・参加」の四つの柱から構成されています。それぞれ重要な権利であるのですが、学校づくりにおいて注目すべきは参加権です。これは、子どもを権利行使の主体として位置づけ、学校づくりのパートナーとして認めていくという思想です。条文でいえば、第一二条「意見表明権」を軸にして、第一三条から第一七条にかけて、表現の自由、思想・良心・宗教の自由、結社・集会の自由、プライバシー・名誉の保護などを保障しているのです。たとえば、意見表明権についていえば、子どもは授業、生活指導、校則、施設設備などについて自由に意見表明することが保障されます。先に紹介した学校三者会議の取り組みも、この権利の具体化とみることができます。この条約の存在は薄れるどころか、ますます重要となっています。憲法・子どもの権利条約の精神を軸とした学校づくりが求められています。

❖臨時教育審議会以降の学校政策——新自由主義教育改革

子どもの権利条約の精神をふまえた学校づくりが発展するかにみえましたが、現実はそう単純ではありませんでした。支配層の教育政策の原理が大きく変わったのです。その路線を引いたのは、臨時教育審議会（一九八四～八七年）の答申でした。支配層は先にみた非行、校内暴力などの子どもの荒れを契機に、教育政策の抜本的見直しを迫られたのです。その答申過程では教育の自由化路線と国家主義路線との対立もありましたが、その妥協の産物として「個性重視の原則」が打ち出されたのです。そのため「個性」とは個人の個性だけでなく地域や国家の個性も指すと説明されました。こうした論法を使って、郷土愛、愛国心を教育目的に取り込もうとしたのです[22]。また、臨教審は国家主義だけでなく教育の規制緩和、市場化も提言したのです。これが実際に政策として実施されるのは、先に述べたように九〇年代後半以降です。それも間髪をいれずに、矢継ぎ早に政策が実行されていったのです。

ところで、学校論として重要な提起は、一九九五年経済同友会「学校から合校（がっこう）へ」でした。日本の学校は生活学校的性格が強く、教授機能以外にもさまざまな機能を受け持っていました。それが問題だという認識から、学校の機能の縮小、すなわち学校のスリム化の提言を行ったのです。従来の学校を（1）学校（基礎・基本教室）、（2）

「自由教室」、（３）「体験教室」に分割し、（１）を中核としてその周辺に（２）、（３）を配置して緩やかなネットワーク（合校）をつくるという構想です。（１）は主として国民として必要な基礎・基本を行い、国が責任をもつ。読み・書き・算・道徳教育を念頭においています。（２）は科学の発展学習、情操教育の場であり、教科としては（１）以外を受け持ち、個性的なカリキュラム編成を行うとされます。（３）は子どもたちが自然や様々な他人とふれあい、ぶつかるなど現実を体験するなかで生きる力を育む場とされます。まさに学校機能のスリム化であり、学校教育の多様化の提言でした。この提言当時は机上の空論かと思いましたが、その後の推移をみると、この提言の影響は簡単には否定できないように思われます。

そして九六年第一六期中央教育審議会答申が、教育制度の規制緩和、市場原理、競争原理の導入を提起したのです。具体的には公立小中学校にも学校選択制を導入する、公立高校の学区域を拡大して競争原理を導入することで教育を活性化するというものでした。加えて、学校教員組織にも企業原理を導入し、校長・副校長・教頭・主幹教諭・主任教諭・指導教諭・教諭と、単層構造から重層構造へと変化させたのです。校長をはじめとする管理層が学校経営方針を決め、その指示に従いヒラ教諭は働くというしくみに変わったのです。職員会議も全職員が知恵を出し合いながら審議する場ではなく、校長の経営方針が伝達される機関へと変容しました。教員は校長から人事考課を受け、その評価が勤勉手当にリンクするしくみも始まり、自由にものが言えない雰囲気が広がったのです。これらの政策が矢継ぎ早に提起され、その結果学校は活性化するどころか、教師は子どもと向き合う時間も削減され、よく意味がわからない報告書づくりに忙殺され、教育機能の低下が加速されていったのです。

そして、二〇〇六年には、教育基本法が「改正」されてしまったのです。旧法が日本国憲法の附属法として、子どもの教育権保障のための国や自治体、保護者の義務を規定したのと比べて、旧法においては戦前戦中の超国家主義、軍国主義教育と決別するために最小必要限度の訓示的な文言が入っていたのですが、改正された基本法では国家や行政が子ども、教師、保護者（家庭）を支配する性格のものと変質したのです。愛国心や道徳心など個人の内面への介入、教師の教育権限への介入、家庭教育への介入の危険性をもつものです。各条文には直接現れていませんが、基本法改正に向けた小渕恵三首相の私的諮問機関の答申には、「統治行為としての義務教育」という思想も底流には存在したのです。[23] それが基本法改正後に学校規律をめぐって顕在化することになります。

❖ 現代の学校づくりが直面する諸課題

子どもの貧困問題と福祉的機能

九〇年代後半以降、日本社会は格差と貧困が拡大しました。「聖域なき構造改革」という名のもとで、規制緩和、市場原理の導入は企業経営のみならず労働（雇用）、医療、福祉、そして教育においても推進されました。これはバブル経済崩壊後の経済の立て直しのためにとられた方策でした。これらの分野は、憲法で保障された社会権的基本権に属するものです。すなわち第二五条生存権、第二六条教育権、第二七条労働権、第二八条団結権・団体交渉権などです。社会権は、自由権的基本権とは違い国家が積極的に関与（財源・人員配置・制度的整備）することで充足される権利なので、もともと市場原理にはなじまない性質の権利です。しかし支配層はまず、人件費を削減するために労働権（雇用制度）に手を付けたのです。正規労働者を非正規に置き換えるという手法です。その後、労働者の非正規化（不安定雇用）が急速に進みました。生活の不安定さ、格差の拡大どころか、フルタイムで働いていても収入が生活保護水準以下の人々（ワーキングプア）が急増したのです。日本はかつて「一億総中流社会」、「経済大国」と呼ばれた時期がありましたが、湯浅誠の指摘する「すべり台社会」となってしまったのです。[24] 一度足を滑らしたら、一気に貧困状態に落ちていく社会です。ここから人々の生きることの困難が社会問題化したのです。

当然ながら、親の生活が困難になれば、子どもの勉学、健康、医療面での諸問題も顕在化しました。先に子どもの権利条約を構成する四つの権利についてふれましたが、まさに生存・発達・保護の権利が脅かされる事態となったのです。十分な食事を取ることができないで学校に来る子ども、給食が頼りで、長期休業中にがりがりにやせてしまう子ども、病気になっても病院へ行けない子ども、親からの虐待をうける子ども等々です。[25] こうした現実に対して、学校の任務、とくに福祉的機能の充実が求められます。各地域において貧困家庭の子どもに食事を提供する「子ども食堂」の取り組みが展開されていますが、学校においても子どもの生存権を保障していくことが緊喫の課題となっています。教師はもちろん、養護教諭、栄養職員が子どもの栄養・健康状況を把握し、対策を立てる、行政的に給食費の無償化や補助を求める動きも重要です。

これに加えて、小中学校はもちろんのこと、準義務化した高校においても多額の私費負担教育費が必要で、貧困家庭にとっての重荷となっていることです。憲法でも義務教育無償、国際人権規約においても初等教育だけでなく中等教育においても漸進的無償化が謳われていますが、現実は政府の低文教費政策のため、まだまだ多くの困難があります。こうしたなかで、持田が提起したように学校財務、教育条件整備に携わる学校事務職員の役割が重要になっています。現在の法制度のなかで子どもの貧困を打開するうえで、可能なこと、たとえば生活保護制度、就学援助制度の活用、私学では授業料減免、奨学金の利用などを子どもの生活に向きあいながら、学校として取り組んでいく、その際学校事務職員が専門性を生かして問題提起をしていくことが求められています。[26] また、親の貧困や生活困難の問題と子どもの不登校、勉学の遅れなどの対応については、教職員だけでは限界もあります。福祉事務所のソーシャルワーカー、スクールソーシャルワーカー、地域の子どもを支えるＮＰＯ法人との連携も重要となります。[27]

教師の労働条件の改善

二つ目に学校づくりの当面する課題として、教師の労働条件の改善が必要です。新自由主義改革の進展のなかで、文科省調査によればメンタル面での疾患のために休職や退職を余儀なくされる教師が急増しました。学校管理の強化、業務の負担増、保護者との対応問題、人員削減政策などが背景にあります。そうしたなか、文科省は二〇〇六年にじつに四〇年ぶりに「教員勤務実態調査」を実施したのです。その結果、四〇年前と比較して一か月の残業時間が八二時間と一〇倍以上になっていたのです。二〇一四年にはＯＥＣＤ「国際教員指導環境調査」が公表され、加盟国と比較して事務仕事や部活指導にかかわる仕事が多いことが、判明しました(28)。

近年の過労死問題を契機に、労働現場のブラック化が社会問題となり、「働き方改革」が支配層にとっても看過できない状況となったのです。文科省も労働時間の実態調査に乗り出しました。二〇一六年度「教員勤務実態調査」においても、長時間勤務は解消されるどころか、逆に中学校教師の約六割が過労死ラインを超える危機的水準にあることも判明したのです。この間文科省は、組織マネジメント、校務の情報化・効率化による業務改善、事務職員の校務運営上の役割の強化、地域人材の活用、スクール・ソーシャル・ワーカーの配置など、教師の負担軽減策を打ち出してきました。実態調査からは、負担改善策の効果は上がっていません。抜本的な教職員の定数改善、サービス残業を生み出しやすい要因となっている「公立の義務教育諸学校等の教育職員の給与等に関する特別措置法」(給特法)——教師の勤務の特殊性から一般公務員と比べて四％基本給を高くする代わりに残業代を払わなくてもよいという制度——の改正が不可欠と考えます。

これと同時に、些末な教員管理の再検討も急務と思われます。学校づくりにとって重要な教師の教育権限の確立なくして、創造的な教育実践の展開もありません。

新しい管理主義教育——スタンダード、ゼロトレランスの克服

三つ目に、今世紀に入ってから新しい管理主義教育が台頭していることです。子どもの権利条約の批准を契機に、子どもの権利を中心に据えた学校づくりが発展するかにみえました。ところが九〇年代後半以降事態が大きく変容したのです。この時期、ムカツク、キレル、学級崩壊など、子どもの新しい荒れが社会問題となりました。こうした現象を背景に、「子どもの権利などと子どもを甘やかすからわがままを言うんだ、もっと厳しくしつけるべきだ」等、子どもの権利への反発が生まれてきたのです。文科省も子どもの権利条約の普及に消極的になっていきました。そして、支配層は学級崩壊、新しい荒れを大義名分として、教育基本法の改悪に着手したのです。

二〇〇六年に基本法改悪が行われましたが、ちょうどその頃、文科省初等中等教育局は「新しい荒れ」対策として、アメリカでの学校暴力対策を参考にゼロトレランスを紹介しはじめたのです。その後自治体が作成したスタンダードなるものが学校現場に急速に浸透しはじめたのです。授業の進め方、子どもが守るべき規律、生活指導規律、教師スタンダードなどが出されています。全国の自治体への調査によれば、授業スタンダードが普及する背景には三つの要因があると指摘されています。一つは全国学力テストへの対策です。教育基本法改正にともない、教育振興計画作成が自治体にとって努力義務となりました。振興計画に学力テスト成果指標を掲げ、その達成手段として授業スタンダードが普及しているのです。二つ目は、団塊の世代の大量退職にともない、若手教師の大量採用が起っていることです。若手の指導にあたる中堅世代が少ないため、若手教師の育成と授業の質保障を目的にスタンダードが登場しているのです。三つ目は、先に指摘した教師の長時間労働との関連です。過重労働と多忙化により、子どもと向き合いながら十分な教材研究の時間がとれないために、安易にスタンダードに頼るという傾向です。[29]

この問題を解決するには、教師の労働条件と学力テスト政策の見直しも不可欠ですが、スタンダードについていえば、その性格をどう考えるか、が大事です。スタンダードが教師にとっての参考資料、試案や手引きとして示され、その利用方法が担当教師の裁量に委ねられ、批判的に吟味されるのであれば、積極的意味をもつでしょう。逆に、それが教師に義務として押しつけられ、子どもにも画一的に強制され、違反すればゼロトレランスの原理と結びつて厳罰に処されるならば、教師の教育の自由、子どもの権利にとって重大な侵害となる恐れがあります。実際に、広島県福山市では「生徒指導規程」が子どもの学校での学習、生活を微細に管理して、違反者に別室指導が行われ、そこでは他の生徒との接触が禁止され、長時間にわたり反省文を書く、自習を強要されるという権利侵害が問題となっています。[30]さらには、「別室指導」なるものの具体的内容が、長時間にわたる身体拘束、複数の教師が生徒を取り囲む集団圧迫、暴言、恫喝等であり、自殺に追い込まれる「指導死」も出ているのです。[31]まさに子どもへのパワハラ、人権侵害、学習権の侵害そのものです。一九八〇年代に提起された子どもの人権論の視点が再び重要となっています。

憲法、子どもの権利条約の精神に則り、スタンダードの内容とその運用を点検すべきです。子どもに意見表明権の行使を保障して、スタンダードを評価してもらい、権利侵害があった場合、生徒自らスタンダード改正に取り組めるようにしたらどうでしょうか。

注

(1)『勝田守一著作集　第5巻　学校論・大学論』国土社、一九七二年、一三五頁。
(2)同上書、一三五頁。
(3)同上書、一三六頁。
(4)同上書、一四一―一四二頁。
(5)同上書、一四四頁。
(6)同上書、一四九頁。
(7)持田栄一「学校論の前提」『教育』一九六三年六月号、国土社、六七頁。
(8)『持田栄一著作集3　学校づくり論』明治図書、一九八〇年、三〇頁。
(9)同上書、三〇頁。

(10) 同上書、三三三頁。

(11) 同上書、三三三頁。

(12) 同上書、三五頁。

(13) 芝田進午『教育労働の理論』青木書店、一九七五年、二七―二九頁。

(14) 芝田進午編『教育をになう人々』青木書店、一九八〇年、を参照。

(15) 勝田守一・中内敏夫『日本の学校』岩波書店、一九六四年、四二―四三頁。

(16) 田沼朗「社会の変容と戦後学校システム」（教育科学研究会学校部会編『子ども観の転換と学校づくり』国土社、一九九五年）参照のこと。

(17) 竹内常一『子どもの自分くずしと自分つくり』東京大学出版会、一九八七年、「終章　現代社会における思春期統合」参照。

(18) 今橋盛勝『教育法と法社会学』三省堂、一九八二年、三九頁。

(19) 同上書、八六頁。

(20) 堀尾輝久・兼子仁『教育と人権』岩波書店、一九七七年、三三三頁。

(21) 今橋前掲書、三八六頁。

(22) 竹内常一『いまなぜ教育基本法改正か』桜井書店、二〇〇六年、一二五―一二六頁。これは筆者が竹内氏に行ったインタビューです。

(23) 竹内前掲書、一三二―一三三頁。

(24) 湯浅誠『反貧困』岩波書店、二〇〇八年。

(25) 阿部彩『子どもの貧困』岩波書店、二〇〇八年。

(26) 藤本典裕・制度研編『学校から見える子どもの貧困』（大月書店、二〇〇九年）には、学校から見える子どもの貧困に対して取り組まれている実践が紹介されています。

（27）竹内常一・佐藤洋作編『教育と福祉が出会うところ』（山吹書店、二〇一六年）には、教育関係者と福祉関係者との連携の取り組みが紹介されています。
（28）勝野正章「「学校における働き方改革」の問題点」日本子どもを守る会編『子ども白書２０１８』本の泉社、二〇〇八年、一四二―一四三頁。
（29）村上祐介「学校教育における「スタンダード」の浸透とその影響」前掲『子ども白書２０１８』五三―五四頁。
（30）小野方資「品質管理化する生徒指導」（『教育』二〇〇八年九月号）参照。福山市の中学校にはスタンダードにはない、教師の一方的判断によるルールが存在し、これを管理職も止めないため、子どもの人権侵害が発生しています。
（31）大貫隆志「指導死を招くゼロトレランス」前掲『子ども白書２０１８』一四〇―一四一頁。

第二節　一九四五年敗戦後の学校づくり実践・運動

「学校づくり」という言葉・思想が生まれ、その研究や実践が意識的に取り組まれるようになったのは、一九五〇年代初期の事です。この時点の歴史的な特徴は、日教組の教研集会や教育科学研究会など各種の民間教育研究団体が叢生したことです。

この第二節では、草創期と発展期の学校づくり実践がどのようにして生まれ発展したのかを、群馬・斎藤喜博、山形・剱持清一、岐阜（恵那）・石田和男の三地域・三者に焦点をあててみていくことにします。これに先立ち、教育科学研究会・初代会長であった勝田守一の『学校論』（要書房、一九五二年）は、学校づくりの目的や方向性を示す先駆けをなすものといえるので、最初にみておくことにします。[1]

❖勝田守一の学校論・学校づくりの歴史的な意義

学校の民主化と社会の民主化

勝田の学校論・学校づくりの提言は、勝田自身の小学校時代（一九一五―一九二一年〈大正四―一〇〉）の回想から始まっています。学校では「劣等生」と「優等生」とに峻別され、勉強の動機は上級学校への入試合格であり、その望みのないものには勉強意欲は起こらなかったといいます。子どもがそうした学校体験をとおして身につけた「態度」や「価値観」とは、「批判的精神」を奪われた「社会通念による人間支配」や「国家への忠誠心」でしかなかった。これを総括して、勝田は次のように言います。

「（これが）農民や労働者の犠牲において、資本主義を発展させ、国民の大部分の生活向上を抑圧して、世界に誇る軍隊を築きあげた国（日本）の小学校であったのである」「そういう過去から持ち続けられた立身出世主義が教育をも支配していた」。

しかし、一九四五年敗戦後、三～四年を経て、アメリカ占領軍による「民主化」ではなく、「民族の独立」という見地に立つ「民主化」運動が芽ばえるなかで、学校教育によって「むしろ、社会の変化を可能にしてゆこうという希望が兆している」と勝田は観ていました。敗戦直後の「民主化」に対する反動化政治のなかで、真の「民主化」を求める力が国民の間にひろがり、日本国憲法や教育基本法の理念をこそ社会的現実とするような教育改革へ向かって、学校自身が参加しなければならないという機運が発展していると勝田は訴えます。そういう目をもたなくては、子どもと国民生活の民主的な創造に対して、学校はその機能を果たせないと勝田は教師たちに提起しました。この点を勝田は、次のように言います。

「（民主的な教育改革を志向する学校でなくては）子どもの幸福。子どもの健康。子どもの将来。これを考える学校が、けっきょく、これを破壊しかねない、ましてこれを保障してくれない社会を変えることに関心と努力とを払うようになって行くのは当然である。……学校はそれを変える力を子ども自身の中に成長させようと努力する（中略）……私は民主主義的な学校というのは、そういう学校の事だと思う。これを社会改造のための学校という」。

勝田は、「学校づくり」は同時に「社会改革の実践」であり、学校内だけで実現・完結するものではないと強調します。「学校の自主性」や「教育の自由」を発揮することをとおして、国民生活を民主的に創造することに寄与する学校づくりの「社会的視野」をもつべきである、と訴えます。

学校づくりの目標について——学校を子どもの成長の「るつぼ」に！

勝田は、学校とは「子どもの成長のるつぼ（坩堝）」であるといいます。学校は「るつぼ」のような役割を果たしてこそ、子どもの成長・発達に寄与できるといいます。その意味は、「国民・親・教師の願いを融合させて、子どもの成長に結晶化させる容器のようなもの」というイメージで、学校像・学校づくり像を指し示しました。これは勝田の卓見だと思います。そのうえで、「るつぼ」（学校）の教育原理を、次のように提示しました。

① 教育・指導は、子どもの「経験」に主軸をおき、そこから始まる。

② 「経験」を重んじることは、子どもの「本心」に従って物を見、つくり、生きることを学ばせることである。

③ 「そこから」科学という知的活動が生まれる。芸術的創造もそういう態度から生まれる。善とは人間の本心からの行動である。

④ 文化遺産（教材）の選択の基準は、「自分の経験」、「自己の切実な問題」などに見いだされなくてはならない。自己の関心と要求とに無縁に、文化を注ぎ込まれるならば、覚えねばならないもの、覚えさせられるものとして、これに「服従」を強いられることになる。これによって、権威には服従するという態度や性格（人格）が、学校

（制度）のなかで形成されてしまう。

⑤「子どもの権利」を尊重するとは、このように、無知や他の圧力によって心ならずも屈するというのではなく、「自己の経験と力」に拠って物事を処理することを保障されることである。

以上のように、勝田の学校づくり論は、国家・社会に国民主権をうちたてていく民主化運動と一体のものであり、そのように教師の意識を喚起するものでした。次にみる斎藤喜博の学校づくりは、この文脈に根ざすものです。

※ 斎藤喜博の『学校づくりの記』のなかの実践

地域と学校の現実を目の当たりにして

斎藤喜博（一九一一―一九八一年）は、戦前、群馬県佐波郡玉村尋常高等小学校で教員を務め、敗戦までに一八年間の教職歴を重ねていました。一九四九年から三年間は、群馬県教職員組合の常任執行委員や文化部長の役職につき、一九五二年に島小学校に校長として赴任しました（四一歳）。同校区は、戸数四〇〇余、人口二四〇〇人、児童数は本校二三五人、分校一二九人、教員数は校長を含め一五人という小さな学校でした。斎藤から島小学校や地域をみると、改革・改善すべきことばかりであった様子がわかります。斎藤校長が気になったこととは、たとえば、次のような点でした。(2)

○授業中に、商人が教室にやって来て、集金や教材等の注文とりをする。教師は授業を中断してのんきそうに金を払ったり、商品を選んだりしている。
○教室の子どもたちは、授業に集中しない。
○教師の授業も子どもの学習も、「形式的で生きていない」。
○休み時間や放課後でも、校庭に出て遊ぶ子どもや先生の姿がない。

○教師同志の「研究授業」もまったく行われない。
○校長も一年ぐらいで異動してしまう。「事なかれ主義」である。
○師範出の教師は一人のみ、多くは教師の仕事に何の自信も喜びももてない。
○学校と村役場・教育委員会との関係も、役場が学校を官僚主義的に支配している。世界地図一本買うのにも三年かかる。
○教師の意識も戦前・戦中と何も変わらず、いつも上の方ばかり見て、上の方から来る指令とか指示に拠って動かされ、自分の意志とか責任で仕事をするということがない。学習指導要領は「試案」であったが、批判的に検討しようとしない。
○学校は年配者の六人が牛耳っており、若い教師たちを抑圧していた。また、校長でさえも、「村の有力者」(蚕種を商う階層)には頭が上がらない……等々が学校内と地域の実態であったといいます。

このような地域・家庭・学校では、子どもを民主的な人格に育てることはできないと斎藤校長は考え、学校づくりをしなくてはと心を固めました。地域を変えることと学校を変えることとは一体の問題であることが、上述の現実からもよくわかります。

学校づくりの計画化

こうして斎藤は、職員会議で職場改革、すなわち、「学校づくりの計画案」を提案しました。その項目は次のようでした。(1)職場の民主化、(2)事務の簡素化と能率化、(3)形式主義を排し、実質主義でいく。教師各人が創造的な仕事をする、(4)地域社会全般とともに進む教育をする、(5)現場での教員の研修に努力する。

これらはすべて、子どもの教育・学習の質をいかに高めるかという一点に集約されます。この方針にもとづき斎藤はさまざまな仔細にわたることも提案しました。

たとえば、①「教案」は書かなくてもよい、授業を見れば校長にもすぐわかるから。②しかし、教員と子どものために「週の学習計画予定表」を前の週につくって、子どもにも周知する。③教科書は教員各自のものとして、教科書に「指導のポイント」などを書き込むようにする。④教員各自は、「学習の記録」をつける。⑤会議を少なくする（職員会は月二回、うち一回は研究会とする）。幹部教員による「下打ち合わせ」はしない。「職員会では教員各自が自分の気持ちや考えを自分の言葉で生き生きと言えるようにする」。⑥あらゆることを教師集団が相談しあって、「教師相互の協同的体制」のもとで学校をコントロールできるようにする。

以上のような提案は、今日の学校運営においても最も重要にして不可欠な原則とされるべきルールであると思います。これこそは、教育条理に即した民主的な学校運営・学校づくりの原点でしょう。

「職場の民主化」の意味するもの

斎藤の学校づくり実践においても、「職場の民主化」が第一に掲げられています。「学校づくりの土台」は「職場の民主化」にあると斎藤はいいます。それは、学校を支え発展させる主体は、教師・職員で構成される「職場」（教育専門家集団）であるということを意味します。その「職場」の任務・責任とは、「学校の機能」（教授・学習）を充実・発展させることですが、現実にはその自明のことが首尾よく実現されないでいることが問い続けられました。斎藤は、この課題について、①大きくは日本国憲法のなかに教師の地位を確保させ、②実践的には、学校職場内のタテとヨコとの関係のあり方を「協同原理」に則って改革・改善するという二側面を課題にしています。

①の側面では、教師・教師集団（＝職場）を日本国憲法第一二条の「国民の自由と人権の保障」のなかに、位置づけます。すなわち、「教師の自由と権利」を保障・確立することです。

②の側面では、教師集団とその教育・授業づくりによって、子どもの成長・発達を保障している学校であるという「社会的承認」を獲得することです。教師集団内部のタテとヨコにおける「協同的体制」をつくることは、教師（集団）の権利であるとともに、子どもの権利保障、「子ども・親に対する責務である」と強調しました。

父母・地域と協同する学校づくりの実践

先の「学校づくりの計画案」のなかに示された「地域社会全般とともに進む教育をする」という目標のもとで取り組まれたことの一つは、毎月一回の「父母参観日」でした。回を重ねるなかで、多くの親が参加するようになっていきました。その原因の一つは、校長の提案で通信簿に五段階評価の「評点」をつけることをやめ、「文章」で子どもの様子を書いて通知するように変えたことでした。それによって、親子が「劣等感」をもたなくなり、どの親も気軽に授業参観にこられるようになり、また、教師と親との協同的関係や親同士の交流が広がったといいます。

さらに、校区の「部落懇談会」を開くことになり、多くの父母が参加し、夜の七時から一〇時まで話しつづけたといいます。多くの親は、「子どもが親のいうことをきかない」「もっと厳しく教育してくれ」などと要求したといいます。こうした父母との協同的関係のなかで、親の子どもや学校を観る目も変わっていったのです。

こうした学校と親との関係の深まりが、「地域研究・調査」を行うことに発展しました。その動機は「子どもたちが、この村の目に見えない「抑圧」のなかで「自分で勉強すること、思考力・創造力・行動力を伸ばしきれていないのではないか」という問題意識からでした。調査項目は次のただ一点でした。「「島村の子どもは気が弱く、はつらつさがない。いじけていて、元気がない。しかも、雑である」という意見に対して、そう思うか思わないか、できるだけ実例で書いてください。もしそうであるなら、その原因はどこにあるでしょうか」と問うものでした。

調査結果は、「そうだ」とする親が五五％（二四二人中）、「そうではない」という親が二三％、無回答が二二％でした。このとき、子どもを対象にした「いやなこと調査」も行われました（三五五人対象）。「学校でいやなこと」では、「友だちがいやだ」が二九％、「勉強でいやなこと」では、「発表がいやだ」が一四％、「友だちの間でいやなこと」では、「いじめられるから」が四二％（一四八人）、「仲間はずれにされる」が一二％（四四人）でした。この「こども調査」については学級や全校において検討されました。多くの教員・父母がこの結果に驚き、姿勢を新たにするきっかけとなりました。斎藤は、このようにして学校と地域とのなかに、「学習運動」「研究運動」「実践運動」の気運が高まっていったと記しています。

校長の役割——学校の教育機能と教育力の拡大発展を見通す

斎藤は「校長はどこまでも実践家であり、実践の指揮者なのだと思っている」といいます。しかし、この言葉にはやや矛盾もあるように思います。「指揮者」はおうおうにして「支配者」に変質することがあるからです。また、斎藤は校長の役割の一つは「教職員のもっている才能を掘り起こすこと」、もう一つは「教職員の個性や才能をつなぎ合わせ、それを全体のものとして、全体で一つのものとなるように組織すること」であるともいいます。また、斎藤は「学校の教育力」とは「学校全体の実践の中にある統一された理論であり思想である」としています。この最後の点こそが、学校づくりの最重要点だと思います。そのための協同を組織する役割こそ、校長の仕事です。

学校づくりの価値とは、各教師の教科や学級づくりの実践を交流して子どもをつかみ、学校全体としての教育（実践）の全体的関連と構造が明らかにされることによって、学校全体としての教育機能や教育力量が全教員に見えるようになるということです。教師集団が、各教員の実践や協同的体制によって、子どもの人間発達の「るつぼ」（坩堝）の中身（学校という組織の教育力の総体と構造）を検証し、さらなる子どもの発達と教員（集団）の発展の課題を確認しあうことで、教師と学校全体の方向性や課題を発掘していくことこそが学校づくりの価値です。

❖剱持清一と山形の学校づくり実践――「三つの組織論」

「三つの組織論」（ひろい学校づくり論）の目的

山形では教師・剱持清一を中心に、「三つの組織論」（後述）という学校づくり論が提起され、この枠組みのもとで、学校づくりの実践・運動が組織されていきました。剱持は、一九一五年（大正四）、山形県に生まれ、一九三四年に山形師範学校を卒業しました。一九四一年から満州国民学校に勤務し、一九四七年引き揚げ後、同県内の小・中学校に勤務しました。一九五四年から一九五八年までの四年間、山形県教員組合の「文教部長」の任にあって教育研究運動を組織することに専念しました。

剱持を中心に一九五六年には、地域・父母の教育要求をもとに「山形県教育綱領」をまとめ、また同年、「教育国民会議」を結成し、これらを土台にして一九五九年に「三つの組織論」（通称「剱持テーゼ」）が提起されました。「民主的な国民教育」を実現するには、「三つの面」での教育実践・教育運動の組織化が不可欠であるという考えのもと、①地域の教育をどうとらえ組織するか（教育運動論）、②学校の役割、教師集団をどう組織するか（学校組織論）、③教師の教育任務をどう自覚し実践するか（教科組織論）の三つのテーマ（課題）が提案されました。

これは広い意味での「学校づくり」の三側面であるといえます。その根幹をなす教育観は、「国民教育とは、国民（自身）の自己形成過程の総体」であり、この教育・学校観を実現することを目標としました。「憲法・教育基本法体制」へと「戦後改革」がすすめられているにもかかわらず、地域や学校・教師の意識は戦前・戦中の「反国民的なもの」が払拭されないまま蔓延している現状があり、さらには「逆コース化」（「戦後教育改革」への反動化）が進行するなかで、これらとの対抗が求められたのです。これが「三つの組織論」の歴史的な現実基盤でした。

学校と教師の実態、民主化が進まない困難な時代状況

剱持は、一九四五年敗戦から一二年後の一九五七年の時点で、教師・学校現場の問題状況を次のように述べています。

生徒を八紘一宇（世界支配――引用者）に引きずりまわした教師たちが、同じ教卓から、追従笑いを浮かべながら、今もって民主教育?の担い手となっていることに、シコリがとけない。私たち自身も再びどこにでも横滑りしていく教師になりつつあるのであろうか……。戦前・戦時から（戦後教育へ――引用者）簡単にスライドしてきた教育の欺瞞を厳しく追及することなしには、教育および教師の良心を確立することはあるまいと思う。(3)

このように、「教育の良心」「教師としての良心」をもたぬ教師・校長は、いまもって、戦前と相も変わらず「上からの命令・指示」を金科玉条とし絶対服従する教員であり、教育を「「職能主義」「技術主義」的にしかとらえない」と剱持はいいます。(4) それは、「教育実践を自ら企画するもの」とは考えず、市教委・校長からのトップダウンで「教育」をしていると考えるので「もの言えぬ教師」「もの言わぬ職場」になっていたということです。それは、憲法・教育基本法の制定後においても、多くの職場ではそうした「権力主義」「官僚的腐敗」が学校を支配し、教師はそれに馴化（飼いならす）されることが戦前・戦中と同様に「教師の習性」となってしまっている状態でした。教師の仕事は、学習指導要領の枠内で「教案・指導案」をつくることだけであって、「子どもの姿」はどこにもない有様でした。教育は「事務」という態勢のもと、「研究指定校、指導主事の学校訪問、教委主催の教員研修」などが強行され、「学校の自主的・主体的な研究は忌避された」と剱持はいいます。

一九四五年の敗戦時から、「三つの組織論」が出される一九五九年までの一四年間にわたって、このような職場体制

が続いていたと剱持は重ね重ね、その実態を記しています。剱持が一九五〇年代初頭に見た教師・学校現場の実態は、次のように「前近代的」なものであったといいます。

たとえば、①教師は「孤立的であり、学級王国的存在」であった。②教師の意識はそれぞれにバラバラであり、教育官僚（校長）がタガを嵌めるばかりの状態であった。③教師相互の間にも「友情のようなもの」さえもなかった。④官僚の作ったカリキュラムが絶対の権威であり、教師が教育力を育む「栄養」（教育的土壌）は何もなかった。⑤「孤独なエゴイストの傍観者的態度が教師たちの奥深くに巣くっていた」といいます。このような非・反人間的教師たちの住む学校に、子どもの魂や人間発達を支える空間・時間・人間は、まったく存在しません。「三つの組織論」の動機や核心となったものは、こうした戦前体制が払拭されない伝統的な国民支配と地域の支配構造を反映させた反人間的な教育世界を改革することにあったのです[5]。

子どもの生活と学習の実態について

子どもの実態も、教師や学校の影響を受けないわけにはいきませんでした。小規模の小学校でさえも、「学校の勉強がわかる」子どもは一％にすぎず、「自分は勉強がわかるかどうかもわからない」という子どもが大半でした。また、学校生活を「自分の頭を働かせて意欲的に取り組もうとする子どもは大変少ない」という状況でした。

このような子どもの現状を変えていくには、技術主義的な指導では到底かなわず、「生活そのものを変え、生活を育てる」ことこそが根本課題だとされました。たとえば、「思考力・表現力」を高める教育、「学習への関心を高める自学自習の力」、「生活経験を広げること」、「文集づくりなどの生活綴方や生活教育の観点」が不可欠であるなどと論議されました。

中学校では、高校進学率を高めようという「テスト体制」が広がり、その影響で生徒間にも「人格的な歪み、人間関係面での歪み」が目立つようになったといいます。たとえば、「協同することが乏しい」「生徒間のつながりが貧しい」「就職希望の生徒をバカにする」「授業には意欲的でない」などと、指摘されました。このような「人格の不平等視、人権軽視や人間関係の歪み」は、子どもの「非行」の温床となっており、学校生活だけではなく、地域社会や家庭生活の構造を反映していると洞察されました。

「農民大学」（地域・農民と教師の学習運動）の教育内容検討委員会では、「子どもの現実をさぐる」というテーマで、中学生の実態が次のように語られました。

①子どもたちの認識は、感覚的で断片的である、②自分の頭で考えず、他人の意見に振り回される、③物事の処し方全般が、個人的・利己的で、それを合理的だと考えている、④思考も行動も型にはまり創造的でなくなってきた、⑤自分のしっかりとした生き方がもてない、⑥労働を極度に嫌うなどの生徒が育っていると、安心できない事態が多く出されました[6]。

これらの子どもの現状は、能力主義社会とその教育体制が、国民・地域住民の階層分化とその底辺層における貧困化の現実を背景に、子どもの社会認識や人間認識をゆがめていることを示すものです。企業社会化が国民を支配するなかで、その部品としての有用性をもった人間となるという自己の「合理化」（矮小化された自己肯定感、アイデンティティ）を生徒に強要していることの表れです。

このような現実に抗して、子どもたちのなかに「真の人間的要求を育て、人権と権利意識に目覚めた全面発達を目指す学校づくり」が課題とされたのです。

勤評闘争前後の学校づくり実践――「人間的協同」こそ学校づくりのかなめ

一九五七～五八年の勤務評定反対闘争は、最も直截に教育の質や教師集団のあり方を問うものとなりました。その根本的な課題は、子どもの成長・発達にとって教師自身の存在と教育指導のあり方をこそ問い直すことでした。集団的・組織的に、自己の教育の仕事を対象化・客観化することでした。そのための「教育研究」とは、次のような仕事を学校ぐるみで実践することです。

① 学校のカリキュラム（教育課程）のなかで、各教科の一単元以上の詳しい指導記録を教師各自が準備すること（教科実践の記録）。

② 学級・学校・青年学級の経営の記録をとること（経営記録）。

③ 子どもの生活や父母への働きかけについて記録をとること（生活記録）。

このような教師集団の自主的な教育研究活動（学校づくり）をとおして、職場集団が変化し発展していったと、次のように剱持は記しています。

(1) 職員室の教師の対話・会話、職員会議の席上で子どもや父母の姿が生き生きと映しだされる職場は、意見の対立はあっても、仲間割れはなく、子どもや父母の要求を教育に反映することができる。これは、学級や学校の民主的で人間的な「気風」をつくった。

(2) 教師間のわだかまりもなくなって、素直に自分の要求を持ち出して「同僚の援助」を求めることもできるようになった。

(3) こうした「学校職場内の会話や情報」の協同化が、一番、学校と学校組織の民主化への「希望と自信」とを与える力となった。

(4) 反対に、（親の生活や子どもの学習状況などが職員会議の議題にのぼらず）事務的で形式化した職場は官僚統制や職制の圧力に対して最も抵抗力が弱いことなどが、大衆的に教研活動のなかで確認された。

さらに、一九五七年、一九五八年の第七、八次教研集会（勤評闘争のさなか）では、「学校づくり研究」が本格的な軌道に乗ったことが、次のように確認できます。

> 人間的なつながりを組織できない学級や学校から、あるいは地域からは、優れた研究は生まれない。……学校という組織体の中で、「人間的つながりを組織する」過程が教育の内容と方法をどう変えていくかが研究対象となり、教師間の人間関係の変革が、「学校の教育力を素晴らしく高めること」が実証された。(7)

「人間的協同」こそは、学校づくりの土台であり要ですが、これを発展させるためには、「教師の教育の自由」と「国民の教育権」とを保障する運動が不可欠であり、それが一九五九年に「三つの組織論」として集約されたのでした。

剱持が先駆けていた学校づくり実践

剱持は、敗戦後の一九五二年に大石田小学校に勤めましたが、このときから学校ぐるみの教育実践をリードしていました。たとえば、①学校ぐるみで「家庭訪問の記録」をとっていました。②「子どもの作文や学習レポート」などからも、「学校としての教育課題」を見いだそうとしていました。③他の教員もこのような活動に自主的・協同的に取り組み、全教員が「共通の教育目標・仕事・課題をもつこと」によって、自分の教育活動を「社会化」し「国民の自己形成に資する教師」になること、その教育活動によって教員間の人間的協同という集団意識を高めたといいます。

「子どもの解放」（のびのびと生き、学習する意欲をもてるようになること）を教師自己の真実としてめざし、教育・学習において「子どもと協働する」ことをとおして、剱持ら教師自身が人間としての「自己の解放」、すなわち、「自己を社会に開き、社会に渡らせ、自己の内面に学びの主体性を獲得していくこと」を、自己の内に、また同僚とのかかわりのなかにおいて体得していったと、自己省察しています。この教師の「内面的で、かつ教師間の協同的関係づくり」こそ、学校づくりの要諦であったのです。(8)

「自分だけが偉い」というような権威主義の教師・教育ではなく、父母・子どもと教師との「人間的協同」の教育によって、教師自身が社会的存在である自己に気づき、そのことをとおして他の教員（教師集団）と協同して、国民の自己形成という社会的役割の担い手となっていくという歴史的過程は、民主的な教育改革におけるじつに重要な局面であると観じます。学校づくりがめざす大きな目標がここにあります。「教師自身が変わる」こと、「そういう教師集団であること」こそが、いつも学校づくりの要です。以下に、学校づくりの実践例をみることにします。

中学生の自治活動と自己形成のための学習づくり

米沢市の三沢西部中学校の「生徒協同組合」（一九五二年以降）の活動は、その自治的活動をとおして、労働や生活を軸に自ら学ぶ力を身につけようという学校づくり実践の一例です。「生徒協同組合」の活動は、農業生産に参加し、田畑の生産物を地域で販売することを主要な活動としてきました。そのうえに、一九五八年には「生き方」にかかわる新しい「活動方針」を生徒全体に提案しました。それは「生徒協同組合」活動のなかに、「教育的価値」をさらに豊かにしようというものです。その「活動方針」には三つの目標が掲げられました。

① 話し合い活動を深め、力を合わせてお互いをみがきあう。
② 生活と実践の記録をつくり、もっと良い方法を工夫できる、たくましくちえのある人間になる。
③ 積極的に働き、高められた学校生活のなかから労働のねうちを知っていく。

この目標は、生徒たちが主体となり、教師との協同でつくられたものです。

生徒たちは、「とくにのばしていきたいこと」として、（１）「話合いがさかんになっていること」、（２）「正しいことは勇気を出して主張しよう」、（３）「励まし合って学習していく」、（４）「きびきびした規律をうちたてていく」、（５）「農業実習や演劇活動をとおして協力や奉仕を果たす」などを自主的につくっていました。校内や地域では、これは生徒たちがつくった「道徳指導要領」だと評価されました。

校内の教師集団のなかでは、生徒の実態と教育課題が次のように研究的に議論されていました。とくに、「認識を育てる活動」に関しては、問題点と課題がたくさん出されました。

① 「はてな?と考えることが欠けている」
② 「こうじゃないかなと自分で推測することに欠けている」
③ 「間違いないかなと確かめ、証拠を集めて検証するということがない」
④ 「このような実態は、子どもの『生活の中での認識力』に規定されており、学校において目指すべき学力・学力の問題になる」
⑤ こうした学習力を「学校の全教科を通じて身につけること」が、同時に、生徒の今と未来における「生活実践」のなかで生きることになる。

このような活動をとおして、三沢西部中学校の教師たちは、（１）生徒の認識発展の系統性（順序性）・法則性・筋道を実践的に明らかにすること、（２）これとの関連において、教材選択、単元の設定方法、発問法・討論の主題設定、全体的な指導体系や指導過程までを組みなおすこと、すなわち、「教育課程の自主編成」を、全校の研究課題とするに至りました。[9]

剱持の授業づくり――「教育課程の自主編成」

剱持自身にも、小学校における「教育課程の自主編成」にかかわる授業記録があります。農業生産を軸にした社会科の実践です。剱持は、農業生産・労働の変化発展をとおして、子どもの「歴史的なものの見方」（歴史意識・認識）をこそ培おうとしたのです。低学年では、「生産用具・道具」（生産場面）の移り変わりの観察を行い、中学年では、「生産手段」の変化による人間の自然への働きかけ方の発展を学習させました。高学年では、歴史の発展の原動力を「生産関係」の変化をとおして学べるようにしました。この学習をとおして、「農民の生活の仕方はなぜ変わったか」、「昔の父母の生活はなぜ貧しかったか」を教師が問い、子どもたちがこれを文章化（表現）し、討論（協同・協働）するのです。この教授・学習過程をとおして、子どもたちが自分の暮らす地域や親の苦労を知り、人間的な農業生産・労働条件や政策のあり方を学び、展望できるものにしようと構想し実践したのです。このような「教育課程の自主編成」は、社会科にとどまらず、①「意欲的に学ぶ力」、②「自分の頭で考える力」、③「協同して働き、生きる力」を、全教育課程のなかで、子どもたちのなかに育もうとするものでした。

このような「学び」によって人間が変わるということは地域住民や親の場合も同じです。酒田市の松陵小学校での「校区教研集会」には四四％の父母（八〇〇人）が参加しました（一九五八年）。親たちは、「階級社会の中での競争の教育」、「学校を支配する政治・経済・教育政策」などを学ぶことをとおして、農業や農業政策についても課題や展望をもてるように変わっていきました。「出稼ぎに行かなくてもよい農業政策とは」「農業基本法の問題点」「脱脂粉乳の輸入ではなく、生乳でやっていく酪農にしたい」など、閉じられていた眼が開かれるようになりました。それは同時に「子どもを観る目」をも変えることにつながることでした。[10]

❈ 石田和男と岐阜・恵那の学校づくり

異常な攻撃から教師と子どもを守る闘い

恵那の学校づくりは、石田和男の指導性を抜きには語れませんが、恵那地域には戦前・戦後をとおして、対話・協同しあえる人的交流もゆたかでした。敗戦後から今日に続く学校づくり運動は、一九五〇年代後半の勤務評定反対闘争、一九六〇年代初頭と一九七〇年代の二度にわたる岐阜県・同教委による「教育正常化」攻撃を契機として本格的に発展しました。

「教育正常化」攻撃とはまず、「教員組合を破壊する」という明らかに違法で常軌を逸した攻撃でした。校長が組合教員の家にまで入って来て、病床の親にまで娘の教師を組合から脱退するように脅迫するようなケースもありました。こうして一万二〇〇〇人いた組合員（日教組加盟）が二〇〇〇人までに激減させられました。

教育面でも学校と教師の「教育の自由」を剝奪し、「憲法・教育基本法体制」を破壊する権力主義の教育管理が強行されました。たとえば、教育課程の「カレンダー体制」「計画体制」が敷かれ、校長をとおして「週案」の提出を強要し、「カレンダー」どおりに授業進行されたかをチェックするために授業後における赤ペンでの「批正」書きを強要しました。教師や学校の自主的研究を排除し、教委・指導主事による「研修体制」の強化が常態化されたといいます。このような教育指導の「画一化」「事務的効率化」の押しつけのなかで、教師はこの「多忙化」政策に振り回され、「やらされることばかりで、自分のやりたいことができない」、それぱかりか「精神的重圧というものが四六時中、先生方を取りまいている」といわれるような事態が教師・学校を覆うようになりました。これは教育行政自体の自殺行為ですが、一九八〇年代以降、日常体制として「定着」したといわれます。これらは、今日の「教育スタンダード」「ゼロトレランス」体制と同質の教育破壊策であって、誰もが黙視できない問題です。

石田和男の学校づくりにおける慧眼

石田和男は、一九二八年、岐阜県恵那郡に生まれました。一九四三年、岐阜師範学校に入学し、予科・本科と進み、一九四八年（二〇歳）に卒業し、恵那郡付知小学校に赴任しました。その後、中津川東・西小学校に勤め、一九五七年（二九歳）以降、岐阜県教組恵那支部の書記長、同副委員長、同委員長、岐阜県教組本部書記長と一九六四年（三六歳）まで、組合役員を務めました。一九六五年、学校現場に戻り、その後、中津川教育研究所、恵那教育研究所などに務め、一九八二年、教員を退職しました（五四歳）。石田の学級担任歴は一一年と短く、組合や研究所の仕事はその二倍と長いのですが、この仕事をとおして教育情勢万般に通じ、有効で正しい教育研究運動のあり方や方針を提起しつづけることができたのであろうと推察されます。こうした石田の慧眼があって、教育情勢の厳しいなかにあっても、ゆるぎない積極性・創造性をもって教師の仕事や学校づくりを先導することができたのだろうと深甚な想いに駆られます。

石田和男の学校論について

学校づくりの前提には、学校論（学校の役割・任務）があります。石田は教師論とともに学校のあり方（学校論）について繰り返し言及しつづけました。石田の学校論を一言で集約すれば、教師（集団）が「魂の技師」を生き抜くことでした。その土台には生活綴方への関心や教育実践がありました。石田は随所に学校論を書いていますが、その一つを掲げれば、次のとおりです。

学校の一般的任務を先に考えるとすれば、それは、子どもたちの人間的な能力ないしは社会的本能を発達させながら、世界というか自然や社会についての基本的な知識あるいは基本的な技術を身につけさせて、……生きる自信

や生きる目あてをきちんとした力として与えていくことだと思います。(11)

この学校論は、生活綴方に取り組むことをとおして、子どもたちが自己の「ありのままの生活実感」を確かめ、「自己を客観的に認識」し、子ども集団でそれを共有しあうことを、あらゆる教育活動の土台とすること。その土台の上に、「わかる学習」をつくりだすことです。この学習をとおして、子どもたちが自己の「生きる目標」と「生き方」「生きる力」を自己形成していくことを、「学校の任務」だとしました。その担い手が「魂の技師」（教師）です。

その「わかる学習」の核心とは、次のようなものであるといいます。

①「わかる」ということは、「身体や感覚器官を通し、生活実感を通して」確かめられたものが基礎となる。

②知識や概念を自分の力、「自分の言葉」でとらえることができること。事物が「自分の言葉」でわかるということが「わかる」ということである。

③「わかる学習」とは、生活に基づき、生活に込められたものであり、その生活は「集団的思考のぶつかりあい」で高められるものであって、集団をぬいたら「わかる」ことにはなり得ない。(12)

この「わかる学習」は、子どもの生活や生き方の文脈に根ざさず、被支配者としての機能をこなせる知識を詰め込もうとする「教育正常化」の「教育」とはまったく無縁です。それとは正反対に、子どもの人間としての自己を広い世界や歴史のなかで科学や道徳の客観的価値の見地から見つめさせ、自己の生きる目標と生き方・生きる力（行動力）を仲間たちとの交流・協同をとおして獲得させようという学習論です。

以上のように、石田の学校論は、子どもの「生活実感」を学びの出発点として大事にし、その「客観的な根拠や意味」を認識させ、そこから生まれる「自己認識や自己課題」を明確にし、自分が自分らしく正しい確信（自信）をもって生きることを「わかる学習」だとしました。この子どもの「わかる学習」を子どもとともに生みだし保障することが「学校の任務」であると提起したのです。
この学校論は机上プランではなく、石田とその同僚教師たちとの協同によって蓄えられた実践的蓄積そのものを定式化したものというべきです。

勤評闘争と恵那の「教育会議」——地域に根ざす学校づくり

一九五七年、愛媛、香川から始まった勤評の強行実施は、民主的国民教育を解体させる国家的規模の「教育反動」でした。それは、「教員評価」によって教師の全人格と教育実践を直接、具体的に支配統制するものであり、かつ、「テスト主義」という近代的な装いのもとで子どもの人格形成を抑圧し歪めるものでした。

日教組は、これを「ストライキ一本槍という政治闘争」で阻止する方針でしたが、岐阜県教組恵那支部（石田和男書記長）は、組合民主主義を徹底する「自由論議」を重視するとともに、「父母・住民とともに教育を創造する」という方針を確立しました。

学校や教師に対して否定的な評価をする父母・住民も存在する状況のなかで、①勤評の先導県（愛媛、香川、佐賀）における組合の失敗の要因を洞察し、②「勤評の本質（狙い）」を、教師も親も深く検討する取り組みこそ不可欠であると判断しました。

この一人ひとりの教師のあり方が問われる勤評闘争のなかで、教師の自発性・創造性を高め、自分の考えや行動の正しさに確信をもち、「自らが闘いに立ち上がる教師であること」を求めました。さらには、「子どもに真実を学ばせる教育研究こそ「組合の主要な活動」である」とし、組合内での「自由論議」を徹底して追求・発展させ、「教師一人ひとりの自覚」を深めることが不可欠であるとの認識に到達しました。

そのうえで、勤評阻止の差し迫った当面の課題は、親・住民の勤評認識の問題でした。親たちの間には、「教師にも

「良い先生」と「悪い先生」とがあり、悪い先生が勤評によってなくなるのではないか」と考えられている現実がありました。これを当面の最大の問題と考え、「親たちのなかに入ること」が運動方針とされました。これは、前人未踏の運動であり、組合運動の新次元を切り拓く歴史的な意味をもつ課題でした。それは、教師が親とじかにふれあって親の教育認識と教育要求とを明らかにし、教師と親との協同、親同士の協同の可能性を追求し促進するものでした。同時に、ここに「学校づくり」への土壌が醸成されることを意味するものでした。

こうした背景のもと、恵那教組の働きかけによって、一九五八年四月、「教育会議」が発足しました。その構成は、地教委、校長会、ＰＴＡ（父母）、教組の四者でした。「教育会議」は、当初においては、勤評の是非論をめぐって意見交換されましたが、やがて教育の諸問題について論議や提案が出されるようになりました。勤評の論議をとおして、父母・住民の間には、重要な変化が見られたといわれます。その第一は、教員組合の存在と教育民主化における組合の意義が理解されるようになったことです。第二は、権力側が喧伝した「勤評は先生の通信簿」という見方は、親・住民の間でも通用しなくなったということです。

石田和男（恵那教組・書記長）は、この「教育会議」のなかで、地域と学校にまたがる大きな教育課題を、次のように提起しました。

> 子どもを本当によくする良い教師とは何かは、教師相互間でも、教師と親の間でも、また親相互の間でも一致していない。私たち教員組合は勤評の秘密と差別によっては良い教師はできないと考える。私どもが良い教師になるには、良い校長、良い行政者との協力がなければならない。親も校長も行政者も自らが良くなる中でこそ教師が良くなることが可能である。

この石田発言は、勤評を逆手にとって、「国民教育の民主的な体制づくり」（学校づくり）を地域住民や教育行政当局にアピールする至言です。

このような経過を経て、それぞれの学校職場においても「職場での意志一致がない限り、親への働きかけは成功せず」、「子どもを正しく教育することができない」ことが共通認識となっていきました。この職場の想いは教師集団の協同という問題が、組合上部からの命令や統制としてではなく、職場・教師の内側からの自覚的な要求として発展したことを物語るものです。このように、恵那の勤評反対運動や、「教育会議」における地域ぐるみの活動をとおして、民意による「教育行政の民主化」や「職場の民主化」「学校づくり」が正面に据えられるようになっていきました。

「逃げない限り、負けても勝てる」、学校づくりの可能性の限りなき追求

石田は組合の役職にあって、学校づくりへの挑戦と可能性をとことん追求しました。厳しい職場内外の状況のなかにあっても、学校づくりにはまだまだ「無限の可能性がある」と展望し、教職員を激励しつづけたのです。その石田の言葉を掲げます。

基本的に民主的とはいえない体制の中でも、民主教育の実践は可能だし、それはまだ無限といってよいほど創造される余地があると考えます。その場合、実務的に見れば意味のないようなことの中でも、教育的矛盾を深めさせることが可能であれば、それは民主的な教育の価値として大事にすべきだということまで含めて考えてみれば、「逃げない限り、負けても勝てる」ことが、いっぱいあるのではないでしょうか。(13)

この言葉のなかの「実務的に見れば意味のないこと……」とは、日の丸や君が代などの問題で、日の丸（国旗）をどこに掲げるかというような実務的に思われる問題でも、そこから発して、「学校は、国家（権力）のものではない」とか、戦前・戦中の教育の問題などに話がおよんで、子どもにとっての国旗の意味や「民主的な教育とは何か」というような問題に話が及べば、それは教育的価値の追求へとつながっていき意味がある、という主旨です。

上記に言う「可能な民主教育の実践」については、石田は次のように述べます。

教師が子どもたちの現実に即して真に人間を大事にする教育を実践し、それを発展させようと願っているならば、管理支配の焦点となっている授業の場において、自らの本音にみちた授業実践を公開し、指導主事の言辞による嘘と体裁、格好によらない真実の授業のあり方、ほんとうに人間を大事にする教育について検討しながら、学校のなかに人間的教育の本物の規準を共通の財としてつくりあげていくことが必要だと思う。(14)

この石田の言葉は、まさしく「学校づくり」という創造的な闘いへ向かって教師の自覚や覚悟を促し激励するものです。さらに石田は、「孤立した一人の教師では、このような行動は困難であろうが、教師集団が一丸となった学校づくりにおいては可能である」と言い切っています。これに加えて、学校づくりとは一人の教師の願う「人間を大事にする教育実践を保障・実現する組織体制である」こと。「学校づくりの担い手の一人になることは教師の一人である自分自身を発展させる不可欠の土台である」と、石田は強調しています。

たしかに、地域や職場の客観的で全体的な状況認識をもたない教師は、自分一人の力で教育実践ができていると観念しがちです。しかし、真相はそうではありません。真実は、全体社会・地域社会や職場内のリアルな力関係の網目のなかで、一人ひとりの教師の存在（居場所）が保持され、教育実践ができるようにされているのです。それは自然でも、あたりまえでもありません。社会や地域、学校職場などの総体（力関係）において獲得された教師の地位と労働状態なのです。石田は、そうしたリアルな認識と体験的に獲得した知恵をもって、教師集団が協同することの価値を強調し、一人ひとりの教師がその協同の輪に入る学校づくりによってこそ、一人の教師の願いや実践が実現し発展すると述べたのです。

石田はまた、こうした慧眼をもたず自分の思いどおりにならない学校や教師の仕事を愚痴る教師について、「愚痴をこぼし、ボヤキを口にする教師、あるいは、ぎすぎすした人間関係しか持てない教師は、このような学校内外の客観的な全体像が見えないこと、学校づくりの意義が理解できないことから生ずるのである」と指摘しています。

さらに、石田は教委によって「研究授業」が強制される現状のなかにあっても学校づくりの方途や可能性はあるとして、「いまは、小さくとも自主的な授業公開を突破口とした実践・研究の灯を学校に定着させ、広げることで、指導主事の言辞にとらわれない、子どもの現実に即した学校での公開研究会が各学校で自主的に開かれるまでに燎原の火となるとき、それをめざした活動が生まれるとき、学校・教育へのおもしろさを確かなものにすることができる」と、学校づくりの展望を語っています。

地域のそれぞれの教師と学校が自主的な教育実践を公開しあい、協同して学び合うとき、学校づくりはいっそう発展することはまちがいないという展望です。

中津川西小学校における石田の学校づくり実践

石田は、一九六五年組合役員を終えて、中津川西小学校の教員にもどり、五年生を担当しました。同校の教師集団は石田を中心に生活綴方の精神を軸に権力的な学校管理体制に抗して、子どもを生活と学びの主体に育てる学校づくりの態勢を整えていきます。やがて、同校は「生活綴方復興」の牽引車的な役割を果たす教育実践を教師たちの自主・協同の力で創造するまでに発展しました。恵那地域には、こうした学校が五〜六校うまれました。(15)

西小学校をはじめ恵那地域の教育をめぐる情勢には、たいへんに厳しいものがあったといいます。一九六五年は、第一次「教育正常化」攻撃が、いったん収まった頃ですが、その残滓が定着し教師の「教育の自由」を臆面もなく抑圧・侵害するという学校状況でした。たとえば、①「学級通信さえも出せない（禁止される）」、②学級担任の自由がなく、なんでも学年で統一させる、③「学校丸ごとが同一形態、同一歩調で固められる」など、でした。④また、全国的に「学校経営の近代化論」が導入され、「生産性向上の教育」に向かって「教師を歯車化する」ことが進行していました。⑤学校現場の教育には「学力テスト体制」が敷かれ、教師の仕事だけではなく、子どもたちの心や生活を抑圧し歪めるようになった、といわれます。

教師の石田から見た子どもの様子とは、（１）授業中の子どもは人形のようであり、授業内容にも無関心・無気力な状況であった。（２）しかしテストのあるその日に限っては早めに登校し、猫もしゃくしも一生懸命にテストに備えて「勉強」する。（３）「子どもたちの勉強は、自分自身にとっての意味や価値を問わず、知識をおぼえることに支配されるという百科事典的な子どもになって、いろんなことについて知識としてうすっぺらく知っておるけれど、実際に人間の生き方としてどういうふうに生きたらいいのかはわからないという状況であった」といいます。教師のなかにも子どものなかにも「人間のいない」学校の状態を、恵那の良心的な教師たちは、「学校は砂漠、子どもはミイラ」だと、慨嘆したといいます。

学校づくりの具体的な取り組み

このような学校と子どもの実態を前に、子どもそれぞれが「自分の価値観を育み、生き方や生きる力」を身につけることができる教育をこそつくりだそうと、西小学校の教師たちは意思統一しました。この学校づくりにあたって、教師集団の共通の課題とされたことは、①教育・学校支配の本質を局所的、部分的に観るのではなく、全面的に観ること。そこから、教師自己の「立場」（教育の課題意識）を明確にすること。②教師の責任において育てるべき子どもの具体的人間像を、教師各自の「立場」をもって育てること、でした。これは「みんな主義」（自己の「立場」のない付和雷同）に陥らず、教師一人ひとりの価値観・教育観を生かしつつ教師集団の価値（人間的協同としての教育力＝子どもを発達させる「坩堝」としての教師集団）、学校づくりの個人を超えた創造性を引き出そうという石田の学校づくり論の要です。

このような見地に立って、恵那地域や西小学校では、学校づくりのさまざまな活動に取り組みました。たとえば、①子どもを全面的につかむための「教育調査」、②児童会、クラブ活動、部落子ども会、多様な行事活動など子ども主体の取り組み、③学校労働実習の試み、④綴方作品を中心とした多面的な表現活動や表現月間の設定（各種の文集制作）、⑤各教科活動における授業改善、自主教材づくり、そして⑥「私の教育方針」づくりと「学校の方針づくり」の実践をとおして、学校・教育の姿を刷新する結果をもたらしました。以下に、西小学校の取り組みのいくつかを観ることにします。

「教育調査」活動について　「教育調査」は調査票の集約だけにとどまらず、子どもの家庭を訪問して親子と話し込むこともありました。農地や山林の面積、農産物の収益、家計の状況まで知らされて、生活の大変さを生々しく知ることにもなりました。たとえば、学校や授業では「寡黙な落ちこぼれ」のように見られていた三郎（仮名）は、山や川で遊び、山菜採りをし父を手伝って田んぼ掘りもし、学校の図書館から借りた本を兄弟で読み合ったりするというとても活動的な子どもであることがわかりました。この話を聴いて教師たちは衝撃を受けます。この三郎が、学校でも「底抜けに笑い、生き生きと活躍する授業をどう創りだすかという課題に取り組まねばならない」という空気が学校に満ちたといいます。もっと一人ひとりの子どもを深く見直すことで、教師としての自分の課題や学校づくりの課題もみえてくることを教師集団として実感することができたのです。

「私の新聞」づくりと討論のある学習　石田は、子どもの生活やその内面を綴らせることで子ども把握を確かなものにしようと考えました。そこで綴方を書かせたのですが、子どもたちは観念的・概念的な文しか書けませんでした。そこで、生徒みなに読ませる「私の新聞」を一人ひとりに作らせることに取り組みました。一週間に一回ずつ作り、「私の主張」も書ける欄を設けました。また、ちょうどこの頃、中央道ができるという話が持ち上がっていて、ある子どもが自分の家は立ち退きを求められていて困っていると「私の新聞」に書いてきたのです。社会科（六年生）の学習では「明治の文明開化」を扱っていたので、「科学や文化の発展のためには犠牲はやむを得ないのか」「文化の質の問題とは」というテーマで、「私の新聞」を書かせたり、授業で「討論」するという機会をつくったのです。

　このような実践をとおして、「生活と知識の結合」を図る教材選定の観点について教師間で論議し、「私の教育課程づくり」を学校ぐるみで深めることに発展したのです。「生活」という面では、子どもに「生活そのものをつくらせる」場として、「地域子ども会」づくりを指導しました。

授業づくり・自主教材づくり　授業・教材の選定についての石田の「立場」や「観点」は明確でした。子どもを自立させるための「生活に根ざして生活を変える教育を進める教材」とは、第一に、教師が意欲的に取り組むことができる教材であること、第二に、子どもがよくわかる、子どもが共感できる教材であること、と提起しました。そして、この二つの規準のなかに、次の四つの「教育性」（「教育的価値」：勝田守一）をもったものでなくてはならないとしました。

①　子どもにとって現実が正しく把握されるような方向をきちんともった教材。
②　人間的生き方を考えることができる内容をもった教材。
③　今の生活を切り拓いて変える力になるような教材。
④　人間の全面的発達というものをめざす。部分ではなく全面的発達をめざすことができるような教材でなくては

ならない。

恵那を訪れたことがある勝田守一は、子どもは「自己認識」「他者認識」「社会・世界認識」のそれぞれと、それらの全体的・統一的認識を獲得・形成する能力を秘めており、それによって自己の意志・信念や行動力を発揮することができるとしていました。石田は、この勝田がいう子どもの全体的・統一的認識能力とそれと一体化した意志・信念・生き方・行動力の形成・獲得を「全面的発達」と考えていたと思います(16)。

「私の教育方針」・「学校の教育方針」づくり　石田は一九六八年、一年間の組合専従を終えてまた西小学校に戻りました。この年に提案したことは、全教員が「私の教育方針」を書きあって、「学校の教育方針」を自らのものとする取り組みでした。学校の方針はあるが、本当の意味では教師一人ひとりのものになっていないからでした。また、一九六三年に始まる「教育正常化」攻撃以降、「期待される人間像」「国防教育」によって、教育基本法とは異質の教育が浸透しはじめていたからでした。全教員の教育方針を冊子にまとめ、これをもとに、どんな理由でそれぞれの「私の教育方針」が書かれたのかを議論しあいました。一九六九年には、この「教育方針」にかかわって、「どんな教育研究が必要か」を全教員にアンケートで書いてもらいました。こうして、「学校の教育方針」も「研究課題」も全教職員によって決められました。

校内研究の組織化　先のアンケートをもとにして、校内研究の主題は「値打ちある生活をつくりだす本物の人間を育てるために」とされました。研究方法・組織は、個人研究を基本とし、各教科、教科外の部会、学年会、全校研究会を共通の研究の組織とし、月二回以上の研究日を設け、そのうち一回以上を全校研究会の日としました。学年度の中間と年度末には「研究成果」をまとめ、「全校共通の財産」として広げることをめざしました。

「全校研究」のテーマは、「生活綴方の意味、綴方教育の手はじめ」(五月)、「本物の人間を育てるために」「子どもの生きた姿・綴方と値打ち」(六月)、「生活を考えるために」「綴方とありのまま、教科における生活とのかかわり」(七月)、「本当の教育を探るために」「教育政策と政治性、民主教育の原理」(八月)が提案され、実施されました。このような学校ぐるみの活動を土台に、一九七〇年代初頭には、年六回もの「生活綴方教育」の研究会が開かれ、教師たちの発案で「綴方教育研究発表会」が西小学校主催で開催されるまでに発展したのでした。このようにして、恵那地域に生活綴方の教育、学校づくりが広がったのです。

恵那・石田和男から学ぶもの——「魂の技師」の交流・協同こそ学校づくり

いまは親になった石田のクラスの卒業生からの「手紙」があります。恵那や石田の教育実践が、子どもの人格形成に与えた教育的価値がどのようなものであったかが、この「手紙」から偲ばれます。長いので端折りながら記します。

私が石田先生やクラスの温かい絆の中で「綴方教育」から受けた最大のもの、それは「不屈の精神」です。……この教育を受けた者の共通点を問われたとしたら、私はこう答えます。「とにかく、人生をひたむきなほど真剣に見つめて生きている。そして、何度も谷底に突き落とされようとも、必ず元の位置以上の所まで這い上がることのできる目と力を持っている」と。それは学力より尊い財産ではないでしょうか。子どもの教育は……「個々の魂を守り育てること」と「置かれたポジションの中で、命をいっぱい輝かせて生きるための工夫と手助けをしてやること」が根底に流れていなければならないと思うとき、「生活綴方教育」は、……それらを満たして余りあるものがあります。そういう基礎の上にこそ、学力やルールが成立するのであって、基礎のない地面の上にいきなりできあがってしまった教育図面どおりのものを積み重ねても、……それこそ危険を感じますし、人間としての温もりも失われていくような気がします[17]……。

この卒業生は、義務教育だけをすませて母親になったのですが、地域で起こった綴方教育攻撃に抗して、もと担任であった石田にこの手紙を書いたのでした。この手紙から、クラスの全員が、綴方教育によって「生き方」や「生きる力」を鼓舞され、その後にも、「不屈の精神」を生きる道標となったと述懐しています。

「魂」（生命）という言葉は、アリストテレスの「De Anima」で使われていますが、石田はマクシム・ゴーリキー（一八六八―一九三六年）の文学者は「魂の技師」であるとしたその言葉から、「教師は魂の技師」であり、そうあるべきだと、自己のあり方を方向づけました。「生（き）のままの人間らしい心で、人間らしい正しさ、やさしさ、美しさのある生き方」を人間性・人間人格の形成の原点として探究しました。「子どもが身体とことばの表現をとおして自己を解放させ、発達させていく、その内実を表現」させることが、子どもの魂（生命）の発達であり、そのように導くことが「魂の技師」としての教師の任務であると考えたのです。そのような意味で、石田は「教師は「授業技能者」に堕落してはならず」、「魂の技師」として「教育専門家」でなくてはならないとして自己を貫いてきました。

恵那・石田にとって、学校を「人間の場」にすること、学校のなかに「人間的協同」をつくることこそ「学校づくり」の教育的価値そのものであったと観じます。それによってこそ、学校（人間的協同体）は、子どもたちの人間発達の「るつぼ（坩堝）」（勝田守一）たりうるものとなることができるのです。

❖三地域の学校づくり実践を貫くもの

以上、学校づくり運動の展開期（一九六〇～七〇年代）における三地域（三者）の学校づくり実践を概観してきました。三地域には、共通する思想が貫かれています。これを簡潔にまとめて、この節を閉じたいと思います。

①「国民・子どもの自己形成」を支えるものこそ学校であり、その内実は憲法・教育基本法の理念を実現するということです。

②　学校は、そのための「人間的協同体」であり、それを事実と実践をもって創造することで、教師一人をこえた子どもの無限の人間発達を励ます「全体的教育機能（発達の「るつぼ」）」を発揮・発展させることができるということです。

③　その土台をなすものは、国民・父母の生活現実・教育要求であり、地域と学校との「協同」です。学校を励ます地域との「協同」が不可欠です。

④　学校づくり実践の原点は、「子どもをつかむ」ことであり、勝田守一の『学校論』がいうように、子どもの体験や主体的な要求に根ざした学習内容を獲得させることです。今日の国民・子どもを管理し操作する「学力テスト体制」や「教育スタンダード」は国民・子どもの自己形成を阻害し破壊するものです。

⑤　権力的な学校支配による「教育」を乗り越える学校づくり実践は、三地域の実践に示されるように可能です。子どもの人間発達を支え励ます自己の教育実践に教職員集団が確信をもつことができるように、「人間的協同体」としての学校をつくり、その質を高めることです。正しい教育実践は不滅であると確認できます。

⑥　そのようにして、子どもたちにとって生きがいのある、学ぶことが楽しいという学校（世界・環境）ができていきます。学校の管理運営体制を民主化することは不可欠ですが、それを可能にする力も一人ひとりの教職員と教職員集団の人間的感覚・真の教養の発展に待たねばなりません（そうした学校の「空気」は、「見えないカリキュラム」・「ヒドウン・カリキュラム」とも呼ばれる）。人間的な「校風」「気風」「風土」と呼ばれる教育環境も、学校・教職員のたしかな子ども観・教育観によって醸成されるものです。子ども・青年にとって、それは生涯にのこる「宝物」ですから、元気のでる校風づくりは不可欠なものだと思います。

⑦　このようにして、平和と民主主義を国、地域社会のなかにきずいていく学校づくりを展望していることです。

注

（1）勝田守一『学校論』（要書房、一九五二年）は、『勝田守一著作集　第5巻』（国土社、一九七二年）にも所収されています。
（2）斎藤喜博『学校づくりの記』（国土社、一九五八年）は、同著者『全集』の第12巻に所収されています。
（3）真壁仁編『新しい教師集団』四二頁、二三四―二三六頁、『剱持清一教育論集　第3巻』民衆社、二九五頁。
（4）『剱持清一教育論集　第2巻』民衆社、一九七三年、二一三―二一五頁。
（5）『剱持清一教育論集　第3巻』民衆社、一九七三年、一四五―一四六頁。
（6）同上、二九五頁。
（7）同上、第2巻、二三八頁。
（8）同上、二二八頁。
（9）前掲、真壁仁編『新しい教師集団』二三八―二五五頁。
（10）剱持清一教育論集　第1巻』二三三頁。
（11）『石田和男教育著作集　第3巻』花伝社、二〇一七年、五九頁。
（12）同上。
（13）同上、五〇頁。
（14）同上、第4巻、二〇五頁。
（15）『現代と教育』第一八号、一九九一年。
（16）前掲『石田和男教育著作集　第2巻』論文20。
（17）勝田守一『能力と発達と学習』国土社、一九六四年、二二四頁。
（18）前掲『石田和男教育著作集　第4巻』一五二―一五四頁。

第三節　学校づくりの今日的課題は何か

「東京で起こっていることは、数年後には必ず他県で起こると言われている。だから、東京の学校現場がどうなっているのか、厳しい中で教職員がどうがんばっているのか教えてほしいのです。」

東京の公立中学校の教員で、東京都教職員組合（以下、都教組）の役員であった私は、他県の教職員から、よく聞かれたものでした。

ここでは、学校・職場、教職員の現状と学校づくりの今日的課題について、おもに東京の公立小中学校で起こっていることをもとに考えてみたいと思います。

❖東京の「教育改革」と学校

「決めるのは私です」

「意見は聞きます。しかし、決めるのは私です」と教職員に言い放つ校長。ていねいな話し合いや合意の積み重ねが、一瞬にして崩されてしまいます。

この校長の発言を聞くと、あたかも校長にすべての権限があるかのようにみえます。しかし、その内実は、「校長の権限強化」といいながら、校長の権限を徹底的に奪い、強化されたのは、上からの方針を徹底させるためだけの権限でした。そして、校長は、つねに結果責任を問われているのです。子どもの実態に向き合い、教育のことを真剣に考え、上からの方針に疑問をもつ校長には、権限などなく、責任だけをとらなければならないしくみなのです。

東京では、一九九九年に就任した石原都知事のもとですすめられた、上からの「教育改革」が、その後、知事が変わっても、現在に引き継がれています。

東京の「教育改革」を一言でいえば、「どの子も人間として大切にする教育」の否定であり、当時、教育課程審議会会長であった三浦朱門氏の発言、「できん者はできんままで結構」そのものだったと思います。そして、東京だけ突出した動きだと思っていたさまざまな教育施策は、じつは、国が打ち出していた教育政策の先取りだったのです。

二〇〇一年、東京都教育委員会（以下、都教委）は、教育目標から「憲法・教育基本法・子どもの権利条約」の文言を削除しました。国のレベルでは、二〇〇六年に、教育基本法の改定が、圧倒的な父母・国民、教育現場の声を無視し、国会で強行されました。その後、教育委員会制度の改定（二〇一四年）、学習指導要領の改訂・実施と続きます。さらに、この流れは、「戦争する国づくり」や改憲の動きにつながっています。

「人格の完成」か「人材の育成」か

改定教育基本法は、二〇一七年告示の新学習指導要領で具体化されています。主権者を育てる教育は、一人ひとりの子どもを人間として大切に育てるなかで、歴史をつくる主体者を育てることにつながっています。けっして、社会の変化に対応できる人間をつくることではありません。また、新学習指導要領では、「社会に開かれた教育課程の実現が重要」としていますが、これは、社会の変化に自ら、進んで、主体的に自分を合わせることにつながっているのではないでしょうか。まさに、「人格の完成」なのか、「人材の育成」なのかが対決点であり、「どの子も人間として大切にする教育」をすすめるかどうかが、いま問われています。

教育現場では、学校経営や学級経営などの「経営」という言葉は、すでに「定着」し、今は、教育に関する文書にまで、「生産性の向上」という言葉が使われています。しかし、この「生産性の向上」は、教育の条理の対極にある言葉、思想なのではないでしょうか。私たちは、このことを日々の実践のなかで反証していかなければなりません。

「学力向上」競争のなかで

一斉学力テストの問題も深刻です。東京では、「学力向上」の名のもとに、競争と管理の教育がすすめられ、全国一斉学力テストに加え、都独自の一斉学力テスト・体力テストの実施とともに、一部区市町村では、さらに独自の学力テストも行われています。そして、学力テストに向けたドリル学習の時間が極端に増えています。また、高校入試の内容が、中学校の授業内容に影響しているように、小学校の学力テストの問題が、小学校の授業内容まで変えてしまっている現状があります。

「自分の学校の平均点を、全体の平均点より上に」という目標を立てている学校がありますが、多くの学校の得点が上がれば、全体の平均点も上がるという、誰が考えてもわかることを目標にしている意味を、どう考えているのでしょうか。

「平均点に何の意味があるのか、考えればわかるのに、冷静でいられない自分がいる」「テストばかりやっても、学力は身につかない」「授業の時間はたくさんあるのに、授業で話し合いの時間が減った」。

いま、一斉学力テストの弊害を、教職員だけでなく広く父母・保護者、市民に知らせ、中止に向けた運動をすすめることは、子どもと教育を守る緊急の課題です。

また、授業時数確保のための標準授業時数を大きく上回る「余剰時数」の確保のため、行事や教科外活動、特別活動の削減、やせ細りもすすんでいます。二〇〇三年に、都立全日制高校普通科の学区制は廃止され、区市町村によっては、小中学校での学校選択制、土曜授業、夏休み短縮、二期制も行われています。そして、教育の根幹にかかわる「ゼロ・トレランス（＝容赦なし）」や「〇〇スタンダード」も、教育活動に深刻な影を落としています。

❖長時間過密労働のなかで

職場の実態が明らかに

「ゆとりをもって子どもたちと接したい」「せめて授業の準備だけでも、勤務時間内に終わらせたい」「やりがいをもって、人間らしく働きたい」。このような教職員としてあたりまえの願いを実現する学校にするため、都教組は二〇一七年二～三月、「働き方」緊急アンケートに取り組みました。

「部活が終わり、夕方六時過ぎに、ようやく自分の仕事を始め、夜九時を過ぎても、あすの授業の準備にたどりつかない」「早く帰れと管理職は言うけれど、事務作業が多すぎて、とても帰れない」「このままの勤務では、とても体がもたない」「広く社会のことを学んだり考えたりする時間がもてないまま、目の前の仕事をこなす毎日です。今、世界や日本で何が起こっているのか、新聞やニュースから知る機会ももてないまま、子どもたちの前に立ち、教えているのです」。

これは、全都の小中学校の教職員七七八六人から寄せられた切実な声のほんの一部です。このアンケートの結果から、休憩時間がまったくとれない、土日勤務の振替もとれない長時間過密労働が常態化している職場の実態が明らかになりました。

中学校教員の六八％が過労死ライン

都教委は、組合からの粘り強い働きかけや文科省の動きを受け、二〇一七年六～七月、東京都公立学校教員勤務実態調査を実施しました。その結果、「過労死ライン（週六〇時間在校）」を超える教員の割合は、小学校で三七・四％、中学校で六八・二％、高等学校で三一・九％、特別支援学校で四三・五％となりました。

学校現場での異常な実態は、マスコミでも「公立中教員六八％が過労死ライン」などと報道され、生徒や父母・保護者の間でも話題になりました。「暇そうに見えたけど、先生ってこんなに忙しかったの」と、担任している生徒から声をかけられた教職員もいました。

都教委は、「中間まとめ」を公表し、パブリックコメントの公募、主な意見の公表を経て、二〇一八年二月、「学校における働き方改革推進プラン」を策定し、小中学校に責任をもつ区市町村教委に対しては、「働き方改革」の具体的な実施計画の策定を求めています。

「プラン」では、当面の目標を「週当たりの在校時間が六〇時間を超える教員をゼロにする」などとし、「教職員定数の改善・充実や業務改善の促進等に係る財政的支援について引き続き国に対して求めていく」としていますが、目的では、「教員一人一人の心身の健康保持の実現と、誇りとやりがいを持って職務に従事できる環境を整備することにより、学校教育の質の維持向上を図る」としており、あくまで、「新学習指導要領の確実な実施」のための「働き方改革」であり、「今後の取組」や「区市町村教育委員会への支援等」をみても、私たちの願いに十分応えたものにはなっていません。

多忙化解消は待ったなしの課題

まずは、勤務時間の把握と業務縮減の具体化とともに、労働安全衛生法にもとづく労働安全衛生体制を確立させることが重要です。そして、最終的には、少人数学級の実現とともに、教職員定数増、つまり人を増やすしかないと考えます。

また、多忙化の背景には、競争と管理の教育の押しつけと人事考課制度や職務職階制を中心とした教職員管理の体制があることも忘れてはなりません。

長時間過密労働の解消は、待ったなしの課題です。教職員や教職員組合の代表も加わった現場の実態にもとづく対策の検討と具体化が緊急に求められています。

❖徐々に浸透していく人事考課体制

東京の教職員管理

都教委や区市町村教委は、一九九八年、「校長の強力なリーダーシップを発揮していただく」として、学校管理運営規則の改定と事案決定規程の整備を行いました。そして、二〇〇〇年には、全国に先んじて教員の人事考課制度を導入し、業績評価の賃金・処遇とのリンクも徐々に広げています。さらに、「ナベブタ型の学校運営をピラミッド型の学校経営に」を合言葉に、教頭の呼称を副校長に変えたうえで、主幹教諭（二〇〇三年）、主任教諭、統括校長（二〇〇九年）、指導教諭（二〇一四年）と、職務職階制を次々と導入し、「統括校長―校長―副校長―主幹教諭・指導教諭―主任教諭―教諭」というライン管理を完成させてきました。

一方で、少人数学級については、国による小学一・二年と、都独自で中学一年での三五人学級実施にとどまっています。ただし、習熟度別を徹底した小学校算数授業への教員加配については、全校で実施しています。また、一九九一年には、都費学校事務職員の独自採用をやめ、行政系職員として採用・任用を一本化しました。さらに、二〇一四年、小中学校では、事務職員定数の学級数、要保護・準要保護補正（加配）を廃止し、東京型・学校事務の共同実施も各地区にひろげています。

もちろん、それぞれの施策が実施に移されるまでには、その施策が子どもと教育、教職員にとっていかにマイナスかを明らかにする職場のたたかいや教職員組合の運動があり、施策が強行されても、その後につながる取り組みに生かされていることは、いうまでもありません。

さらに、多くの区市教育委員会の指導課長（指導室長）等は、都教委からの派遣という事実ひとつとっても、「地方分権」とは名ばかりで、都教委と区市町村教委の関係のなかに、人事管理における中央による「地方支配」の構図が浮かび上がってきます。

東京の人事考課制度

人事考課制度の導入について都教委は、「管理運営事項であり交渉事項ではない」とかたくなな態度をとり続け、教職員組合の交渉要求にいっさい応えることなく、導入を強行しました。

人事考課制度は、自己申告と面接、業績評価からできています。自己申告は、学校経営方針をふまえた今年度の目標や目標達成のための具体的手立てなどを記入する当初申告、進捗状況や追加・変更、また異動について記入する中間申告、成果と課題、自己採点を記入する最終申告と年三回行われ、そのつど、校長・副校長との面接が実施されます。

また、業績評価は、教諭では、「学習指導、生活・進路指導、学校運営、特別活動・その他」の四つの評価項目を、「能力、情意、実績」の三つの評価要素で評価するとしています。そして、校長・副校長は必ず「授業観察」を行い、第一次評価者（校長）は四段階絶対評価、最終評価者（教育長）は五段階相対評価を行うとされています。希望者には、業績評価の「本人開示・苦情相談」制度がありますが、十分機能しているとはいえない状況です。業績評価は、昇給や勤勉手当の成績率、校長の人事構想による人事異動、昇任など、賃金・処遇に影響を及ぼしています。

人事考課制度と教職員

「今までも勤務評定は行ってきた。自己申告が制度化され評価基準が明確になったことは、改善と言っていい」と自分の気持ちを無理やり整理する校長。「私は評価する人、あなたは評価される人という立場をしっかりわきまえて」ということを自覚させる自己申告の面接だと感じた教職員。「「いい高校」に何人入れたかが、先生の評価にひびくんでしょ」と真顔で聞く中学生。「内申が合否に影響する中学生にとって、評価者としての自分はどう映っているのだろう」と数値で評価される立場になって、中学生の気持ちを考える教職員。

これらは、人事考課制度が導入された当時に聞かれた学校現場の声です。

そして、導入から時がたつにつれ、学校・職場はどう変わってきたのでしょうか。

「校長・副校長・主幹教諭が決めて、結論だけが他の教職員に知らされる。一般の教職員が知らないところで物事が決まるシステムが、できあがっている」「校長・副校長に直接聞こうとすると、分掌のことは分掌主任、学年のことは学年主任を通してと言われる」「みんなで話し合ってすすめると個人の責任があいまいになる、という校長」「学校全体の動きも知らされないし、知る必要もなくなる」「「報告・連絡・相談（ホウ・レン・ソウ）」が大事と何度も言われるが、情報は一部の人に集まるだけで、他の人には何も知らされない」「校長一人の考えで、学校が一八〇度変わってしまう」「自分が関係しない仕事には、口が出しにくい」「管理されることは楽なこと、自分の持ち場だけに目を配るようになっていく」「同じ学校の教職員なのに、当事者でないような無責任な発言が増えていく」。

また、子どもたちとのかかわりのなかにまで、人事考課制度は影を落としています。

「業績評価をいつも意識しているわけではないけれど、生徒の前でも結果を出さねば、と無意識に子どもを追い立てている自分にハッとする。子どもに対して、無意識のうちに、見える結果を出すことを求めていないだろうか」「心の中では子どもたちに寄り添いたいと願いながらも、目の前の仕事に忙殺され、いつの間にか、子どもたちを追い立てる側になっている」「校長自身も、トップダウンの体制のなかで、子どもや教職員に目が向かず、追い詰められているのが実態」。

業績評価が賃金・処遇とリンクしていることも、深刻です。「業績評価の昇給や成績率への反映は、たとえ金額はわずかでも、職場の雰囲気や一人ひとりの気分に大きく影を落としている」「他の職員の勤勉手当を削って、その分を成績率として加算されても、いやな気持ちしか残らない。これは人間としてあたりまえの感覚ではないか」。

職務職階制と教職員

主幹教諭・指導教諭や主任教諭が制度化され、選考も行われている学校現場では、次のような声が上がっています。「今までみんなのまとめ役だった生活指導主任から、着任したばかりの主幹教諭が生活指導主任に。生活指導は、子どもたちや地域の状況の中で培われたその学校独自のやり方や背景がある。着任してすぐに主任の役割を果たせるものではない」「主幹教諭の教務主任は、教務部のメンバーに相談するより、管理職と相談して個人提案することが多くなった」「毎朝、勤務時間前に、校長・副校長と主幹教諭が会議をもっている」「物事を決める手順やルールが徐々に変えられ、みんなで意見を出し合い責任もみんなで担う体制がくずれてきている。教職員の合意をもとにすすめられてきた教育活動が、一方的な文書だけで実施に移される例が多くなっている。トップダウンとは、こういうことを言うのだろうか」。

一方、主幹教諭になった人からは、「意に反したことをやらなければならず苦しい」「なるんじゃなかったと後悔している」「めまぐるしく変わる上からの指示を職場におろす役割を担うのがつらい」「主幹なのだから、校長の意見に従うのはあたりまえと言われる」「降格を考えているが、介護事情などの理由がないと認められないという話を聞いた」などの声が聞かれます。

これらの声からだけでも、今まで学校・職場で大切にしてきたこと、受け継がれてきたことが徐々に軽視されてきている深刻な実態が読みとれます。

このようななか、東京では、教育管理職選考と主幹教諭・指導教諭選考の倍率が、ともに一・一倍（二〇一七年度）という状況も生まれています。

❖学校づくりで大切にしてきたこと

「勉強するのは何のため」

菊地良輔さんの本『勉強は何のためにするのか――生きることと学ぶこと』（民衆社、二〇〇〇年）に出会い、実践を学ぶなかで、「勉強するのは何のため」というテーマにこだわり、子どもたちとも考えてきました。中学校では、進路学習に位置づけ、あくまで素材を提供して、立ち止まって考える場をつくってきました。

子どもたちに提供した素材としては、「音楽をやる人には数学はいらない?――中学校に9つの教科がおかれているわけ」「自分の頭で筋道たてて考えられる――映画『男はつらいよ・サラダ記念日』ミツオ君と寅さんのはなし」「本当の世界を知るということ――ベンビンダ・ツレさんの作文から」「こだわるタエ子と、わりきっている姉と――映画『おもひでぽろぽろ』タエ子の話」「勉強することは「カッコイイ」こと――藤野高明さんの話から」「映画『学校』（山田洋次監督）を見ます」などのテーマを取り上げ、意見を出し合いました。また、地域のコンビニ店長や夜間中学の生徒をゲストティーチャーに招いて話を聞きました。そして、進路学習のまとめとして、「勉強するのは何のため」「何を大切にどう生きる」をテーマに、自分の意見をまとめ、発表しあい、話し合いの時間をもちました。

いま、私たちに求められているのは、「何のために学ぶのか、学校とは何か、教育とは何か」というようなテーマを子どもたちに投げかけ、話し合うことではないでしょうか。そして、教職員自身もこれらのテーマを議論できる場をもつことも、重要ではないかと思います。

「なんとなく暇そうなので話しやすい」

一九八〇年代、非行の嵐のなかで、「毅然とした態度」「一枚岩の指導」という言葉が、合言葉のように広がりました。しかし、今振り返ってみると、言葉が独り歩きした面もありますが、当時の対応が正しかったのかどうか、しっかりした総括が必要ではないかと思っています。加えて、現代の「ゼロ・トレランス」や「〇〇スタンダード」と何が同じで何が違うのか、子どもの見方や子どもとの関係も含めて考えなければならないと思います。

一九九〇年代に、中学校教員の宮下聡さんに出会いました。宮下さんの「子どもの言葉のウラを読み取る思春期翻訳機を持とう」「子どもをかわいいではなく、いとおしいと感じたら、中学校教員はやめられない」との言葉に助けられ、ゆったり構えておだやかな気持ちで教室に向かうことができました。

そして、同じ中学校教員の高橋繁さんへのインタビュー記事（東京民研『子どもと生きる』№１６４、一九九八年）が、私自身の子どもと接する気持ちを一八〇度変えました。このインタビュー記事の最後は、こう結ばれていました。

「勉強を教えるだけでなく、交流できる先生が好き」と言った生徒の言葉が、いつまでも耳に残る。つけ加えれば、「高橋先生はなんとなく暇そうなので話しやすい」と言った子もあった。

「なんとなく暇そうなので話しやすい」、私はこの言葉に大きな衝撃を受けました。給食を早く済ませ、個人ノートに赤ペンで返事を書いている自分は、子どもたちが給食をちゃんと食べているのかを見ていても、子どもたちといっしょに給食を食べていなかったのではないか、と思いました。忙しく仕事に追われている自分の姿は、子どもの目にはどう映っていたのか、そんなことを考えました。

それからの私は、どんなに忙しくても、子どもの前では「暇そうにしている」教職員でいたいと心がけ、ボーッと教室にいることにしました。そうすると、子どもは自然と話しかけてきます。それ以来、休み時間や放課後の時間の子どもとのたわいない会話が、楽しくてたまらなくなりました。もちろん、そこから一歩進んで、真にゆとりをもって、子どもたちにゆったりかかわることができる学校・職場を、何としても実現しなければと、今は思っています。

また、子どものすべての行動を、無意識に「評価」してこなかったか、ということについても問題意識をもっています。もちろん、子どもたちの行動を評価することは重要です。同時に、子どもたちは、教科の評価や志望校に提出する調査書の成績、ほめられること、しかられることも含めて、つねに評価にさらされています。しかし、親子で家のテレビを見ているときに、親はわが子に対して、ほめることも含めて評価することはありません。

学校という生活空間のなかでの教職員と子どもとの関係にも、家でテレビを見ているときの親子のような関係があってもいいのではないか、と思うのです。

学校の敷居を低くする

父母・保護者と教職員の関係を考えるとき、まず学校の敷居を低くすることがどうしても必要だと思っています。もちろん、敷居を低くすれば、子どもにとって本当にいいことなのか疑問に思う意見や理不尽な要望も出てくることでしょう。しかし、どんな要望でも、基本的に子どもにとって良かれと思って出されてくる要望を、まず受けとめることが必要なのではないでしょうか。

受けとめることと同意することは違います。いったん受けとめたうえで、要求を整理し、教職員で共有し、父母・保護者に返していくことが必要なのではないでしょうか。もちろん、意見が違うところは、子どもにとってどうなのか、誠実に向き合い、一致点を探りながら、何度も話し合いをもつことも必要です。学校によって組織の状況は違うかもしれませんが、話し合いや議論の場を、ＰＴＡ活動のなかに位置づけ話題にすることも必要だと思います。

横のつながりをつくる

「ウチの学校はトップダウンではなく、ボトムアップでいきたい」と校長が言いました。しかし、トップダウンもボトムアップも、上下の関係のなかでものごとが決まっていくことに変わりはありません。

上下関係をすべて否定するわけではありませんが、人事考課体制でがんじがらめになっている職場のなかで、いま大切にしなければならないことは、いかに教職員の横のつながりとネットワークをつくることではないでしょうか。横のつながりには、公的なつながりもあれば、私的なつながりもあります。さまざまな教職員の横のつながりのなかで、私がとくに重視してきたものは学年会です。

中学校の学年会では、情報の共有とともに、何を議題にするのかが重要です。時間が十分とれないなかでも、子どもに関係することについては、小さなことでも議論のテーブルにのせて、時間をとって話し合いをもちました。もちろん意見が一致しないこともありますが、本音の議論ができる公的な場があることに価値があると思います。方針を話し合うなかで実践の見通しをもつことができる話し合いこそ必要ですし、学年会がその要になるのではないでしょうか。

教職員組合の存在

学校づくりを考えるとき、教職員組合の存在を抜きに考えることはできません。教職員組合は、職場の要求を実現するための役割を担っていますが、同時に、要求実現の筋道を学ぶとともに、職場を変えることを経験できる場になるのではないでしょうか。そして、たくさんのつながり、ネットワークをつくる場となったり、民主主義とは何かを学び実感できる場にしなければなりません。

都教組に加入した青年の声をいくつか紹介し、教職員組合と学校づくりの関係を探ってみたいと思います。

「都教組に入って、子どもをどう見るかという意味がようやくわかった。組合に入っていなかったら、子どもの貧困の問題も、今、かかわっている子どもたちの家庭がどうなっているのか、親の生活はどうか、どんな社会に子どもたちは生きているのか、そういう視点でとらえることができなかったのではないか」「中身のある会議をどうすすめたらいいかがわかった。また、話し合いのなかで方針を煮詰めていく経験を初めてした」「組合にかかわるなかで、民主主義の大切さを実感した」「「どの子も大切に」の「どの子も」には、どんな思いが込められているのかがわかった」「組合は、子どもの味方でいつづけるための心を取り戻し、勇気と元気も取り戻せるところだと思う」「おかしいことはおかしいと、社会に対しても、また、学校・職場でも声を上げることが必要だとわかった、自分も声を上げていこうと思う」。いまこそ、子どもと教育、くらしと権利、そして平和を守る教職員組合の出番ではないでしょうか。

憲法と民主主義が根づく学校に

校長の提案に反対する発言をしたら、「意見をたたかわせると不団結になるので、これ以上言いませんが」と校長から言われたことがありました。はたしてそうでしょうか。

「何も言わないと認めることになるので」「一番いけないことは意見を言わないことだ」「正しいことでも押しつけたらだめ」、私が若い頃、職員会議でよく聞いた言葉です。今思えば、このような発言こそ、職場の民主主義を守る努力だったのではないでしょうか。

トップダウンの指示や命令がまかり通る学校・職場のなかで、学校づくりの直接の当事者である子ども、父母・保護者、教職員、そして地域の人たちが、みんなで口も出し責任もみんなでもつ体制を、どうつくっていくのか。そのために何を努力しなければならないのか。このことを厳しいなかでも職場で話題にする必要があるのではないでしょうか。

学校や職場のシステムが一方的に変えられているなかでも、さまざまなしくみや仕事のすすめ方を、憲法や民主主義とどうつなげていくのか、そんな努力も大切ではないでしょうか。そのことが、憲法や民主主義が根づいている学校・職場をつくることにつながると思うのです。

数年前、中学一年生の総合の授業で、区内の中学校の夜間学級で学ぶ七〇歳代のＴさんにゲストティーチャーとして来ていただき、お話をうかがいました。彼女は孫の世代にあたる子どもたちの前で、「勉強がいやでも、勉強したほうがいいですよ。勉強は、わからなかったことがわかるようになるのですから。できなかったことができるようになるのですから。私は毎日勉強できて幸せです」と話しました。そして、いっしょに夜間学級に入学したインドから来た青年は、「七〇代のＴさんが勉強しているのに、ぼくが家でゲームして遊んでいるのはダメだと思った」と話しました。

「勉強できることは幸せなこと」「幸せになるために勉強する」「人の生き方を知り、受け止めるなかで、また、いっしょに勉強するなかで、自分も変わることができる」、ここに学校や教育の原点があるのではないでしょうか。そして、すべての子どもたちが、「できた、わかった」という学ぶ喜びを味わえる学校にしなければなりません。

そのために私たち教職員は、「おかしいことは、おかしい」と、学校・職場でも、また、社会に対しても、たとえ小さな声でも、声を上げなければなりません。そして、一人ひとりのこだわりは違いますが、あくまでもこだわるところはこだわって、ささやかな「抵抗」をしながら、憲法と民主主義が根づく学校をめざして、ここぞというときだけはがんばりたいと思います。そして、だれもが人間らしく生活できる空間に学校をつくり変え、大人がゆったり構え、子どもたちを見守ることができるおだやかな学校にしていくことが、いま求められているのではないでしょうか。

第二章　地域における学校の現状と学校づくりの課題

第一節　東京の学校の現状と学校づくりの課題

❖最近の学校は変わってきていると思いませんか

朝、子どもたちの登校する姿がみられます。横断歩道には、ＰＴＡの方や地域のおじさんやおばさんが黄色い旗をもって、安全に登校できるよう援助しています。

子どもたちの「おはよう」というあいさつの声がとてもすがすがしい思いにしてくれます。

昼休みでしょうか、どんな暑い日も校庭では子どもたちの声が響き渡っています。

また、放課後、校舎内では掃除や係活動、補習や質問教室で勉強する姿や校庭で遊ぶ姿など子どもたちがせいいっぱい活動している姿がたくさん見られます。

いつの時代も、子どもの成長の仕方は変わらず、活発に活動しながら、楽しそうに生活している日々が学校では流れていました。

ところが、最近、学校が大きく変わってきています。どんな風に変わってきているのかを聞いた話も含め、今どんな状況なのかということをまとめてみたいと思います。そのなかで子ども、教師、保護者、地域の方々はどのようにつながり、今後学校が、子どもたちにすこやかに育つ時間や場をどのようにつくっていけるのか、どうつくっていったらいいのかを考えるきっかけとしたいと思います。

❖子どもたちは、学校でも、家庭でも追い立てられるように頑張っていると思いませんか

昔の子どもは、〝よかった〟という話を聞くことがあります。しかし、今の子どもたちのほうが昔の子どもたちより優れているところがたくさんあると思いますが、そういう話はなかなか聞きません。今の子どもはスマホなどの機械を説明書なしでどんどん使いこなしていきます。どんなことでもスマホで何でも調べます。高校生は合唱コンクールにむけての取り組みで、スマホを使って練習しています。スポーツに目を向けると、十代の子ども（子どもと呼べないかもしれませんが）たちが、これまでの記録をどんどんぬりかえていきます。文化面でも、世界コンクールで優秀な成績をおさめる子どもたちもいます。それらをみると昔の子どもよりある面でいろいろと力をつけていると思いませんか。

日本の子どもたちは、自尊心や自己肯定感が弱いといわれますが、これはけっして子ども自身の問題ではなく、私たち大人社会のしくみに問題があるのではないでしょうか。

修学旅行から帰る新幹線のなかで、「修学旅行で感動したものはなに」「いい思い出がたくさんできたよね」「家に早く帰って、お父さん・お母さんにたくさん話してね」と言うと、子どもから「今日はこれから塾なんだ。休みたいな」ということばがかえってきます。「じゃ、休んだら。こんなときくらい休んでもいいんじゃない」というと、「先生、昔と違ってたいへんなんだよ。塾に行かないと怒られるんだよ」と答えが返ってきます。「怒られないために塾に行っているの？勉強するためにいっているんじゃないの？」と言いたくなりましたが、言えませんでした。

このような話を聞くと、いつも子どもたちは、「怒られるから」「評価が下がるから」という思いにいつも追い詰められながら生活をしていて、たいへんだなと同情の気持ちがわいてきます。

修学旅行を帰ってきた日くらいは、家で「こんなすごいものをみたよ」とか、「こんなところが感動したよ」などと、親子団らんの機会をつくってほしいと思います。面談のとき、「この子は学校のことを何も話さないんです。どうしたらいいでしょう」という相談を保護者からされるときがあります。当然、中学生になると細かいところまで親に話すこともなくなると思います。修学旅行から帰ってきた日こそ話をするいい機会にしてほしいと思います。

受験の日には、中学校の最寄り駅の改札の前に塾の若い先生たちが並んで、受験に行く生徒たちを激励しています。塾の先生方も一生懸命です。

生徒たちも激励をうけて、「一生懸命　頑張ってきます」と明るく、元気に応えています。そんな生徒の姿をみていると、明るく元気に「頑張って来ます」と言っているけれど心の中は不安でいっぱいだろうな。無理してないかなと、明るく元気に振る舞っている姿が健気に見えてきます。

子どもたちは、よく「先生、俺頑張っているよね」と言います。大人の目からすればもっと頑張って欲しいと思っても、「最近頑張っているよね」と言うととても嬉しそうな姿で去って行きます。いつも子どもたちは、子どもたちなりに頑張っているんですよね。

❖英語より学校でいまやらなければならないことがあるのでは

二〇二〇年から、小学校の学習指導要領が変わります。

学習指導要領とは、各教科や学校の教育活動の内容等を示したものです。

二〇二〇年から学習指導要領が変わるといっても、二〇二〇年からはじまるのではなく、前年度から移行ということで、徐々に準備がはじまっています。

今でも小学校で英語を行っているので、大きな変化はないように思われますが、今、行われている英語は英語活動で、これから行われるのは教科としての英語になります。中学校以降の英語の授業を考えてもらえばいいと思います。

これにはいくつかの問題があります。

ひとつ目は、授業時間が増える問題です。三年生以上が一時間増えることです。

これまで週当たりの「標準授業時間数」は、小学三年生で二七時間だったのが二八時間になります。小学四年から六年は、二八時間から二九時間に増えます。一週間に二九時間というのは、中学校と同じになり、週一日だけ五時間であとの四日間は六時間になります（一時間の授業は中学校は五〇分で、小学校は四五分という違いはありますが）。

学校生活は、いま「ゆとり」もなく、毎日時間に追われています。

学習指導要領で「ゆとり教育」といわれたときがありました。教科の時間を減らし、「総合的な学習の時間」が導入されたときです。教科の時間を減らした分、内容も減らす方向で検討もされたと思います。たとえば、円周率を三・一四でなく、三と扱うという話がだされました。これに対して、「これでは学力が下がるのでは」と社会問題にもなりました。学習指導要領の全面改訂を求めた人も多かったのですが、文科省は全面改訂をしないで、一部改訂にとどめました。そのため、学校は教科の時間が減っても内容は減らさないという矛盾をすべて抱えるかたちになりました。それは、学習指導要領では円周率を三であつかうことを変えず、学校では三・一四で計算することを求められたからです。小学生にとって、三・一四で計算できるようになるには何倍もの時間がかかります。それは今も続いています。

東京では授業時間について、「授業時間確保」というかたちで授業時数に対する学校への締めつけが強められました。授業時数というのは、各教科と道徳、学活、総合的な学習の時間の授業の時間数で、学習指導要領のなかで「標準授業時数」として示されています。その「標準」が「最低」というとらえ方になり、最近はインフルエンザや台風で臨時休校や学級閉鎖で授業が行われないこともあるので、授業時間を確保するために、計画の段階で「標準時数」より多い時数（「余剰時数」）で計画をたてます。余剰時数は自治体によって違いますが、五〇時間というところもあります。

また、「標準授業時間数」には、委員会活動、行事、運動会や学芸会・文化祭、移動教室等宿泊をともなう教育活動は入っていません。ですから、行事の精選や削減、土曜日の授業参観や夏休みの期間を減らして授業の時間数を確保したりします。そのため、放課後に遊んだり補習をしてあげる時間がなくなっています。先生たちも授業の準備や事務仕事を遅くまでやらなければならない毎日です。現在も、学校のなかでは、何かやるたびに授業時間確保ということが課題になります。

「ゆとり教育」はゆとりがあってのんびりしていた教育と誤解している人もいて、当時の人たちのことを「ゆとり世代」と揶揄して言ったりもしますが、実際は、「ゆとり教育」ではなく、「過密教育」でそのまま今日まで続いています。

この今の状況のなかで、英語で一時間増やすいうことは、とてもたいへんなことです。授業以外にいろいろな教育活動をすすめていると放課後の活動がとても大切で、一週間の授業時間を二九時間に増やさないように工夫している学校もあり、一時間を一五分ずつ三日間かけて授業をする形態を考えているところや、また、その時間を確保するために子どもたちの登校時間を一五分早めることも考えています。どちらにせよ、子どもたちにハードな生活を強いることになるのはまちがいありません。

「教師の多忙化」が社会問題となり、ついに文部科学省も学校の働き方改革にともなって「平成三〇年度公立小・中学校等における教育課程の編成実施状況調査」が行われました。そのなかで、とくに小学校五年生において一〇八六時間（標準時数九四五時間）以上の授業時間を確保する小学校が全体の二五・七％になっていることがわかりました。その結果を受け、授業時間数についての配慮をすることを求めざるをえなくなっています。

教科としての英語を導入するうえでのもう一つの問題は、先生方が英語を教える免許を持っていないということです。多くの先生は、英語活動の授業をやってきていますが、教科としての英語の授業をしたことがありません。

最近の若い先生は昔の先生に比べ、英語ができる人は増えていると思います。しかし、英語ができれば教えられるというものではありません。子どもたちの発達のことなども考慮に入れて、どう教えるとわかるようになるのか、どんな教材を使うと理解しやすいのかなどさまざまな工夫ができる専門性が必要です。

英語を教える方の準備として、小学校の先生方は研修に追われています。しかし、準備が万全だとはいえません。そのようななか、子どもたちは英語がわかるようになるのでしょうか。学校現場の負担だけが増え、英語がわからない子どもたちが増えていることが心配です。

中学校の入学式の新入生のあいさつのなかで「中学校になると新しく英語の勉強があって楽しみです」というフレーズを聞きます。しかし、これからは嫌いな教科の一つになるのではないかと心配しています。

何かを増やすなら何かを減らすとか、子どもたちの成長や発達段階をふまえて、内容や量について考慮して、バランスも考えてほしいものです。

❖国と東京都でやっている「学力調査」は、子どものためのものですか

四月に小学六年生と中学三年生を対象に「全国学力・学習調査」（「全国学力調査」とよぶ）があり、七月には小学五年生と中学二年生を対象に「児童・生徒の学力向上を図るための調査」（「東京都学力調査」とよぶ）があります。

「全国学力調査」の目的は、

○義務教育の機会均等とその水準の維持向上の観点から、全国的な児童生徒の学力や学習状況を把握・分析し、教

育施策の成果と課題を検証し、その改善を図る。
○学校における児童生徒への教育指導の充実や学習状況の改善等に役立てる。
○そのような取組を通じて、教育に関する継続的な検証改善サイクルを確立する。

「東京都学力調査」の内容は、

○学習に関する意識調査……生徒の生活や学習に関する意識や実態に関する調査
○学力向上を図るための調査……学習指導要領に示す国語、社会、数学、理科、外国語（英語）の内容に基づいた問題及び各教科等の学習において必要となる読み解く力の育成を図る問題による調査

と示しています。

しかし、この目的は十分達成されているのでしょうか。

以前、東京都のある区で平均点が高い学校ほど教育予算を増やし、平均点が低いと減らされるなどの問題がおきました。また、東京都では学力がついていない内容について学習できるようにということで、『ベーシックドリル』というのがあります。これを小学校では、授業等で必ず行うことを強制されるなど、テスト中心の授業になっているところもあります。

子どもからこんな質問をされました。「先生、学力調査の結果はいつでるの?」という質問に対し、「来週、結果がでるよ。どうして?」と聞くと、「○○県に住んでいるいとこよりいい点かどうか気になるので」という答が返ってきました。子どもたちの家庭のなかまで学力競争が持ち込まれています。

最近、「学校だより」にこの学力調査の結果の記事を掲載する学校が増えてきていますが、内容は平均点を超えているかどうかというものです。また、先日、不動産のパンフレットの表題「学校調べ」に目がとまりました。ページを開いてみると、関東のＺ市の全国学力調査の平均正答率が載っていました。

このようなことを考えると、学力調査の本来の目的、子どもたちが自分の学力の到達を理解し、理解できていないところを学習し克服するための資料とされているのではなく、学力競争を促すきっかけになっています。

本来、教師は授業を進めながら子どもの理解について分析し、授業を改善したり、工夫したりして子どもたちに学力をつけています。教育委員会が学力調査に多額のお金をかけてやることではありません。教育委員会は本当は子どもたちの学力をつけるために一学級の生徒の人数を減らすなどの教育条件整備をすすめてほしいと思います。

このままでは子どもたちは学習のわかるよろこび、できるよろこびを学ぶことはできません。学力調査は学習への自己肯定感を高めていく方向にはいかず、学力競争の推進者になり、子どもたちは学力競争に駆り立てられ、学習嫌いをますます増やすことになります。

❖子どもたちだけでなく、学校の先生も競争させられています

かつて学校には、校長先生、教頭先生、先生と呼ばれる人しかいませんでした。

ところが、東京都教育委員会は、「東京都公立学校の校長・副校長及び教員としての資質向上に関する指標」を策定し、校長、副校長、主幹教諭・指導教諭、主任教諭、教諭、期限付教諭という職層に分けられています。それに加え、自治体のなかに校長をまとめる統括校長という職を置いています。

これまでは、校長先生とそれを補佐する副校長先生を中心として、先生方みんなで一つのチームとして学校づくりをしてきました。しかし、ピラミッド形式の組織体制になっています。

いまは校長を中心として、副校長と主幹、そして各分掌の教諭で企画会議（運営委員会）があり、そこで物事が決められ、それに従って学校運営がすすめられています。職員会議も今は決定機関ではなく、伝達機関になっています。だから、いま学校は教職員が十分力が発揮され、全教職員の協力体制のもとでの学校づくりにはなっていません。

文部科学省からだされている文書には、よく「チームとしての学校」という言葉がでてきますが、この体制のなかで本当に協力体制が十分にできるか疑問です。

残念ながら、この制度が学校のなかに浸透していて、この体制があたりまえのようになってきています。子どもたちが「教務主任」の先生に「先生この学校のナンバースリーでしょう」と言うそうです。これは、若い先生が教務主任のことを言っているのを聞いたのでしょう。若い先生のなかでは制度が定着していることがうかがえます。

こんな話も聞きます。ある市の主任会で市教委から連絡と指示があり、それに対して、ある主任が異議を申し立てたそうです。そこで、担当の校長がその場をおさめるために「もう一度確認してから連絡します」と言って終わったそうです。ところが、会議終了後、若い教師が校長のところに行って、「こんな下克上許されるのですか?」と言ったそうです。階層に上下関係があって、教育委員会の上の人に下の主任がもの申していいのですかということでしょう。これを聞いたとき、ここまできているのかと思いました。しかし、これは特別ではなく、東京の学校の体制のなかではふつうのことになってきています。

いじめなどの教育問題がなくならないなか、教師たちはさまざまな目で子どもたちをとらえ、同等の立場で情報を共有する必要があります。しかし、このような階層に分かれ、上下関係になっている教師集団のなかで情報が十分共有されないことがとても心配です。

❖教育活動に役立つ研修ではなく、負担感だけの研修は必要なのでしょうか

いま、若い先生が増えています。その若い先生方が、採用試験で「なぜ、東京の先生になろうと思いましたか」の質問に対し、多くの人の答えは「東京の研修制度が充実しているから」と答えるそうです。しかし、この研修制度が先生方を苦しめています。

では、どんな研修があるのか紹介します。

必修研修として、採用試験合格から採用されるまでに「採用前実践的指導力養成講座」があります。

採用初年度は、「新規採用者研修」、初任者から三年次までに「若手育成研修」、一〇年次と二〇年次に資質向上研修Ⅰ・Ⅱ、一〇年ごとに免許更新のための研修があります。東京都教育委員会の研修と免許更新研修が重なるとたいへんです。

また、職層に応じて、主任任用時研修、主幹任用時研修、主幹教諭スキルアップ研修などいろいろな研修があります。


私たち教師は、いつも研修に励んで技術向上を図らなくてはなりません。しかし、一人ひとり求める課題は違うわけですから強制的ではなく、自主的な研修を求めたいところです。若い先生方は、教育についてわからないことが多いので学びたいという思いは強いです。学校での行事の取り組みや生活指導があるときは、学校にいて学びたいと思っています。しかし、都の必修研修があるときは、この研修を優先しなければならないのが現実です。

また、若い先生が、この研修の受講より負担に感じているのは、自校の研究授業の研修で、研修前の指導案づくりや研修の後に書かなければならない報告書に負担感を感じています。それは、指導案や報告書を書いて終わりではなく、管理職によっては何度も書き直しをされ、何時間もかかってしまうことです。場合によっては、パワハラまがいのこともあったりします。次の日の授業の準備や子どもたちのプリントのまるつけをしたいという思いがあるにもかかわらず、研修の報告を優先され、若い先生によっては自己矛盾に陥ってしまう場合があります。管理職の先生方も育てたいという気持ちが強いのもわかりますが、度が過ぎている場合も多く、教員としての強いあこがれや思いも途中で壊れ、現場を離れてしまう若い教師が多いのも現実です。

❈子どもも、教師も失敗を許され克服しあえる学校がいい学校ではないですか

東京都教育委員会が行った調査では、小学校で三七・四％、中学校で六八・二％の教員が過労死ラインを超えて働いている実態があります。文科省も多忙な中学校教師の代わりに「部活指導員」を増やすなどの政策をだしています。教師の多忙について、世の中でも話題になるようになり、それに対する対策も徐々にでてきていますが、なにかずれているようにも感じます。

学校での様子を考えると、教師だけでなく、生徒も、保護者も多忙です。教師はまだいい、忙しくてもしかたないとこれまでやってきました。忙しくても、昔は充実感もありましたが、今は多忙感だけ。ここに問題があるように思います。

中学校だけでなく、小学校の先生も超多忙です。学校から帰り、玄関で寝てしまいそのまま朝を迎えたという若い教師の話も聞きます。毎日の超多忙で、本を読むことも、考えることもやめ、ただ寝ることだけを望む若い教師。休みの土・日曜日も何か不安だと学校に来てしまう若い教師。これはもう限界です。毎日、奴隷のような生活です。

子どもたちの成長は単純なものではなく、とても複雑です。その複雑に成長する子どもたちに対して、教師はもっともっと子どもたちの成長や発達について学び、子どもたちの思いを受け止め、そして、子どもたちに手間をかける教育活動を求められています。

そして、若い教師もそれを求めています。若い教師もきちんと指導ができるようにと、指導のための法則○○スタンダードというものがつくられています。ただ、そのとおりに子どもを育てることが教育と誤ってしまう状況があります。たとえば、廊下を走ったりするとケガをしたり、なかなか集まるのが遅くなるので、それを克服するために、いつも移動するとき（昼休みが終わって教室に戻るときも）は必ずクラスでならんで移動するように指導している学

校があります。移動している光景を想像すると異様な雰囲気を想像しませんか。それを、異様に感じないのが今の学校です。そして、それからはずれる子どもたちはダメな子と決めつけてしまいます。これはたいへんなことです。

本来、子どもたちはいつも挑戦して、挑戦の数だけ失敗する。そしてほんの小さな成功に喜び、感動して成長するのが子どもではないでしょうか。だから失敗をするのも成長のひとつです。

これは教師も一緒です。子どもの失敗を教師が受け止められるようになるには、教師も失敗してもせめあうのではなく助け合って克服しあう。そして教師間の信頼関係のなかで教師の心に余裕が生まれてはじめて生徒を受け入れることができ、教師としての成長につながっていきます。

この超多忙を克服し、なにごとも許し合える学校づくりをしたいものです。

❖子どもの成長は学力だけではない——〝ねばならぬ〟を乗りこえて、子どもの願いにこたえる学校づくりを

いまの状況を考えると、今後、学校はどうなるのかと心配になります。このことは、二十年前位から起きていることで、そのときもその後の学校を心配したこともありました。希望さえも失っていました。

しかし、十数年前に異動した学校は、時代の流れに流されず、子どもにとっていいことや子どもたちが楽しく思えることはどんどんやってみようと学校づくりをしていました。

異動したその学校はけっして落ち着いた学校とはいえません。一部の生徒は、先生のちょっとした言動に興奮し、授業参観日だろうと廊下だろうと授業中だろうと、大きな声で怒鳴ったり暴れていたりすることも多々ありました。そんなときも、排除することなく、叱ったり、思いを語り合ったりしました。保護者に相談したこともありました。どんなときも、校長や副校長も含め、先生方が一つになって対応していました。私がこれまで考えていた〝生活指導はこうあらねばならない〟という常識と大きく違うものでした。また、地域からの苦情はなく、ＰＴＡの方は、「先生

方は生徒のことで力をはたしているので、私たちは学校の美化で協力する」といって花壇の世話をし、いつも花が咲いている環境づくりに協力してくれました。

生徒会は、ペットボトル問題に取り組んでいました。当時は、学校にペットボトルを持ってくるのはけしからんという時代でした。そのなかで、生徒会はペットボトルの飲み物を持ってきていいかどうかの問題を、ペットボトルの中味やゴミの問題など生徒対象のアンケートを取り、生徒のさまざまな意見をききながら、三年くらいかけて取り組んでいました。教師たちもさまざまな検討を行いました。

当時は、子どもを中心にすえた学校づくりをしている学校はどこにもないと思っていました。ところが、このような学校に出会ったとき、「子どものための学校づくり」はそう簡単にはなくならないぞと思ったものです。

現在も、学力向上のためだけでなく、子どもが生きていくうえで大切なことをやろうと、平和教育等に取り組んでいる学校もあります。以前、年配の先生の声かけから始まった平和教育の実践。子どもたちにとって大切だということで、その先生は思いきって他の先生方に呼びかけて行いました。実践をすすめているうちに他の先生のほうが一生懸命で、子どもたちも感動をえることができたそうです。

二〇〇六年一二月に教育基本法が改訂され、子どもたちの「人格の完成」から「人材育成」になっています。また、学校そのものに柔軟性がなく、勤めている教師さえも自分の学校づくりに参加していくことさえも難しくなってきている学校もあります。

この状況のなかでも、子どもたちを直接指導し教育しているのは、授業を行っている教師であり、担任の先生です。〝ねばならぬ〟ことを中心に据えるのではなく、目の前の子どもたちの課題を中心に据え、教師どうしで、また保護者や地域の人たちと合意を広げながら、子どもたちを〝ねばならぬ〟ではなく、子ども一人ひとりの〝らしさ〟を大切にする学校づくりに向け、どんな小さな実践でも積み上げていきたいものです。

教育とは子どもたちに希望を語り、子どもたちがそれに向かう自信を培うものでありたいものです。

第二節　埼玉の小学校で学校づくりを考える

❖はじめに

二〇一八年三月、長年勤めた小学校教員の仕事に一区切りをつけました。一九八一年、埼玉県の片田舎の学校に助教諭として採用されてから三六年の年月が過ぎていました。

教師生活の後半、私は、教育科学研究会の「学校」部会に参加し、全国の優れた実践に学んできました。これが私の教師としての実践を支える大きな柱になりました。

なぜ「学校づくり」だったのでしょう。それは、学びの主体としての「子ども」を中心におき、子どもたちに最善の学びを保証するための学校を、子ども、保護者、教職員そして地域が協力しながらつくり上げていくことが何よりも大切であると考えたからでした。

この間、子どもや学校、保護者や地域をとりまく状況はあまりにも大きく変わったことはいうまでもありません。私のなかでもちょっとショッキングで象徴的なことがありました。二年ほど前の話です。ある若い先生を学習会に誘おうとして話をしたときのことでした。この先生は自分なりのしっかりした考えをもち、やんちゃな子どもたちを相手にしながらも、真面目に実践を進めていた新卒三年目の先生でした。「私は教育科学研究会の学校づくり部会というところで勉強しているんだけど……」という話をしたところ、「授業づくりじゃなくて学校づくりですか。学校づくりって何ですか」と言われてしまいました。これは私にとってかなりショックな出来事でした。「学校づくり」という言葉は「死語」になってしまったのでしょうか。若い先生たちにとって「学校」とは自分たちがどうこうするものではなく、動かしがたいものとして存在するものという意識があるのかもしれません。

若い先生方だけとは限りませんが、このような先生たちの意識（たぶん全国的な傾向でしょう）は、どこから生み出されたのでしょうか。

多くの学校では職員会議でけんけんがくがくの論議をたたかわすこともなくなりました。ＰＤＣＡサイクル(1)がうるさくいわれるわりには（これ自体も問題ですが）、子どもたちのために一つの行事をどのようにつくり上げていくかを論議することもなく、昨年の計画がそのまま原案として職員会議に提案されるのが普通になっているのではないでしょうか。

子どもたちの人間的発達に責任をもつ教育の仕事とそのしくみを改革する実践と研究が「学校づくり」であるとすれば、学校という営みが続く限り「学校づくり」は教員の大切な仕事であるはずです。

ここでは私がこの間目にしてきた埼玉での「学校づくり」の問題点や課題、そして私自身が考えてきたこと、やってきたことをまとめてみたいと思います。

❖埼玉の学校の様子

埼玉県は人口七三〇万、人口比では全国第五位の大県であり、とくに若い人の人口が多い県といわれています。現に私が勤めていたＹ市は人口の流入が続き三年前に小学校が開校し、二〇二〇年四月から中学校が開校予定です。いくつかの学校を合併し新しい学校を開校する例は埼玉でも多いと聞いていますが、この例はまったく新しい学校の開校です。

埼玉県の学校数は二〇一七年現在、小学校八一九校、中学校四四六校、高校二〇五校、特別支援学校四六校（とも

に市立校を含む)、なお、県立中高一貫校が一校(伊奈総合学園)設置されています(さいたま市でも二〇一九年四月から一貫校がスタートした)。教職員数はおよそ四万人(再任用を含む)。全国的にも同様な傾向だと思いますが、近年若い先生の数が増加しています。新採用数はここ数年七〇〇~八〇〇人で(小学校教員の採用数、さいたま市を除く)推移しています。私が最後に八年間在籍したK小学校(児童数五〇〇人弱)でも毎年一~二名の初任者がいました。よく「埼玉の小学校五〇代と二〇代の先生しかいない」などという冗談を言っていましたが、これはほぼ実感に近いはなしです。その反面一年未満で退職する教員もかなりの数に上り、二〇一六年には一三人、一七年には一八人に達しており(ともに小中学校のみ)、さすがに危機感をもった県教委は「初任者をどう育てていくか」というパンフレットをつくったほどです。

埼玉の学校のもう一つの特徴は「臨時教職員の多さ」です。二〇一七年度三月の調査では教員全体に占める臨時教職員の割合(小中学校)は一二・八%、じつに八人に一人が臨時教職員で、この割合は首都圏では特別に多くなっています。

産休・育休や病休代替ではなく、本来本採用者を充てるべきところに臨採者を起用する「定数内臨採」また、特別支援学級が複数設置されている学校はそのうち一人はほぼ臨採者であり、ある中学校では特別支援学級三クラスのうち、担任二名が臨採者、もう一名は再任用者というにわかに信じがたい状況にあります。県教委は組合との交渉の席などでは、「臨採の先生たちがいなければ本県の教育に大きな影響が出る」「臨採者の数が多いことは認識している。本採用を増やしたい」と言いながらも長期臨採者に特別選考試験を行うことにはきわめて消極的なのです。

埼玉の現場で「学校づくり」とくに職場での「同僚性」を考えたとき、若い先生(初任者)はもちろんのこと、臨採者とどうつながっていくかを考えることがとても大事になってきます。

❖埼玉版「新自由主義的教育改革」

埼玉県は一九七二年から一九九二年まで旧社会党や日本共産党が中心となった「革新県政」が四期二〇年にわたって続いてきた歴史があります。その間十分とはいえないまでも、子どもや教職員の声を反映した教育行政が進められてきたこともありました。しかし、一九九〇年半ばから開始されたいわゆる「新自由主義的教育改革」は学校と教師を緻密巧妙に支配し、「あれよあれよ」という間にこれまで私たちの先輩たちが築き上げたものを破壊していきました。この「学校が学校でなくなる」「教育改革」は、埼玉でもさまざまなかたちをとりながら進んでいきました。しかし教職員組合を中心にした運動でそれらを押し返す動きもありました。ここではそのいくつかを取り上げてみます。

埼玉県で「新自由主義教育」を推し進めるために、一九九九年に設けられたのが「学校教育システム改革推進会議」です。会議では五つの部会が設置されました。

①　学校評議員会
②　校長・教頭の任用資格の見直し（民間出身の校長登用）
③　教職員の人事評価（新たな評価内容と方法、人事評価の活用）
④　指導力不足教員の判定方法と研修制度
⑤　通学地域の弾力化

今、あらためて見直してみると、ここで取り上げられた五つの項目は現在すべて、みごとに実施されていることがわかります[2]。

この「学校教育システム改革推進会議」では直接は取り上げられていませんが、一九九九年には、県教委はこれまで長年組合の間で信頼関係の上に築き上げられてきた「希望と納得」にもとづく人事異動方針を一変させ、教育委員会の思いどおりの人事異動を可能にする「人事異動方針の改変」を実施しました。

ここでは、この間行われた埼玉県内の「教育改革」をすべて取り上げることはできません。したがって、そのなかでも学校現場にとくに大きな影響を与え、それだけに反対の声も大きかった二つを取り上げてみます。

二〇〇七年、県教委は「学校管理規則」を改変し職員会議を校長の補助機関とすることを決定しました。これは一九九九年当時の文部省が校長の学校管理を強化するために「学校教育法施行規則」を「改正」したことに端を発する動きでした。これに関して、たとえば「職員会議で物事が多数決で決められ、校長の学校運営に支障が出ている」などという話が議会などでもまことしやかに伝えられていましたが、私がこれまで経験した職員会議のなかで多数決によって物事を決められることはほとんどありませんでしたし、また逆に校長が「問答無用」で決めてしまうこともほとんどありませんでした。これは職員会議で必要なことは多くの職員が意見を出し合い、合意点をつくり出すことだということを管理職も一般の教職員もそれなりにわかっていた、ということだったと思います。

これまで埼玉県では職員会議は次のように規定されていました。「（略）校長は、学校管理の最終責任者たる責任を自覚するとともに職員会議においては職員をして十分その識をつくさせ、その意見は十分尊重して学校経営にあたらねばならぬことはもちろんである」（埼玉県立高等学校管理規則の解説と7運用方針）。

この動きに対して、埼玉県教職員組合（埼教組）と埼玉県高等学校教職員組合（埼高教）は、全県の教職員に知らせるとともに合同で県教委との交渉を行いました（埼教組と埼高教は同じ立場で共同して交渉を行います。そのために埼玉県教職員組合連合（埼教連）という組織をつくっています。また、県教委も人事を含め「管理運営事項」を盾に交渉を拒否することはありません）。

交渉は四回にわたって行われ、全県からのべ一〇〇〇人を超える組合員が参加しました。最終的に「校長の補助機関」という文言は残りましたが、「（校長が）所属職員の考え方や意見をよく聞き、それを学校運営に生かせるように努めることは大切なことである」「校長がその責任を自覚し、職員の自発性や創造性を引き出すとともに、校長を中心に職員が一致協力して学校の教育活動が展開できるように努めるのは当然である」などの事項を確認することができました（この交渉は直接的には特別支援学校を含み県立高校の「学校管理規則」改変にかかわるものですが、小中学校にかかわる市町村の「学校管理規則」もおおむね県の方向に沿って制定されました）。

❖埼玉県における教職員の人事評価制度

日本全国どの都道府県でも同じだと思いますが、この間の最大の問題として浮上したのは、教職員の新しい人事評価制度とその評価を賃金や人事などの処遇に反映させるという動きでした。

学校の組織というものは、校長・教頭という職はあるものの、教員はフラットの関係にあります。それは「教員を甘やかす」ものではなく教育の条理、すなわち共同で子どもたちの教育に責任をもってあたるという必然性、教育の論理から導き出される最良のシステムなのです。ある教員の業績が高く評価され、ある教員の評価が低いなどということは本来ありえないことであり、また一年単位で教員の指導の出来、不出来を評価するなどやってはいけないことです。

学校に分断と競争を持ち込み、まさに「学校を学校でなくする」最悪の制度に対する埼玉県での動きをみてみます。

歴史的にみると国の動きを反映して、一九九八年の県人事委員会の勧告のなかに初めて「能力・業績による給与体系への移行」が取り上げられました。これは以後、文言に多少の変化はあるものの、以後、毎年出されてきました。これに対して教職員組合は県職の組合とも協力し、これをストップさせてきました。

制度の検討が本格化したのは、二〇〇一年県教委内に「新たな人事評価制度検討委員会」が設置されてからです。ここで「自己申告制度に基づいた人事評価」を二〇〇二年度四月から、まず県立高校管理職に導入することが決定さ

人事考課をめぐる団体交渉

れました。同じ年、一部の市町では小中学校での試行が始まりました。当局は一般教職員にも人事評価を導入するために二〇〇三年「新たな教職員評価システムに関する検討委員会」を立ち上げ、二〇〇六年四月からの導入を提案してきました。

この間に、県当局と教職員組合は毎回三〇〇人を超える参加者を交えながら交渉を続け、いくつかの重要な合意を得ました。人事評価・自己申告制度の目的は「教職員の教育的力量を高めるために実施するものであり」、「子どもの発達や成長を保障するものであること」、「教職員の主体性・自主性・専門性・共同性を尊重するものであること」、そして「教職員の自己評価を基本とする」「評価内容は被評価者に公開し、評価に疑問がある場合には救済システムを設ける」ことなどが確認されました。

これらにもとづき県教委は二〇〇五年六月、「埼玉県市町村立学校教職員（管理職を除く）の新たな人事評価について」を発表し、埼玉県における人事評価制度が本格的にスタートすることになりました。

私はこの交渉に参加し、「こんなかたちになりそうです」と報告したときの当時の校長の言葉が忘れられません。「私は校長だからお上がやりなさいと言えばやらざるをえないが、私のつけた評価が給料やボーナスにかかわることになるのは本当に嫌だ。この職場で一生懸命仕事をしている先生方に差をつけることはできない。私はもうすぐ退職だが、複雑な気持ちだ」。これは現場の校長たちの偽らざる気持ちだったのではないでしょうか。

新しい人事評価制度が始まれば、次にくるのは「賃金・処遇」とのリンクです。国は二〇一六年に地方公務員法を変え、人事評価を賃金や処遇に反映させることを決定しました。埼玉では二〇一五年の県人事委員会勧告で導入を提言しました。これに対して組合側は、「人事評価を賃金・処遇に反映しない」ことを交渉の基本とするが、国の法律もありそれが難しい場合には、極力「処遇」に差をつけさせないことを方針として交渉に臨みました。

三回の交渉を経て（参加者は延べ一〇〇〇人を超えた）、一四項目に上る原則を確認した。そのなかには「短期で成果と報酬を連動させた成果主義的な格差を極力つけるものではない」、「チームワークを推進して教育力を最大限発揮させる職場づくりに努める」、「単年度ではなく、毎年度の評価を積みあげて格差が極力つかない制度設計にすること。初年から一〇年程度の期間、極力格差をつけない運用とすること」など、これまでの交渉の積み重ねによって大事な点は抑えることができたように思います。

この制度は二〇一五年度に試行を経て二〇一六年度から本格実施されていますが（二〇一六年度の結果が二〇一七年度に反映）、今後教育の現場にどのような弊害をもたらすのか、見守っていかなくてはならないと思います。

❖子どもたちや保護者の声を学校運営に生かそうとする取り組み

ここでは、埼玉県内で子どもたちの声を聴きながら学校づくりに生かす取り組みを紹介します。県立高校で行われている「学校評価システム」についてです。「三者協議会」とか「四者協議会」などと呼ばれる組織を立ち上げ、学校のさまざまな課題について教員・子ども・保護者（＋地域住民）の代表などで話し合うしくみはとくに目新しいものではありません。古くは長野県の辰野高校や東京の私立大東学園の三者（四者）協議会はその先駆的な取り組みとして知られています。

埼玉県で行われているものはそれらとはスタートがそもそも違っており、いわば行政主導でスタートしたものでした。

二〇〇二年に国の高等学校設置基準が改められ、そのなかで「教育活動その他の学校運営の状況について自ら点検及び評価を行いその結果を公表することに努め……」（第三条）「教育活動その他の学校運営の状況について保護者等に対して積極的に情報を提供するものとする」（第四条）と定められました。この決まり自体はいわゆる「新自由主義教育改革」のなかでも強調される「アカウンタビリティ」（説明責任）を具体化するものといえますが、これを手がかりに校内で子どもや保護者、地域住民の声を積極的に学校づくりに生かそうという動きが出てきました。このような組織を埼玉では「学校評価懇話会」と呼んでいる学校が多いのですが、二〇〇四年度からいくつかの県立高校で研究指定校としての試行が始められました。この前年発表された調査検討委員会の報告書のなかには、以下の言葉があります。

「（埼玉県の学校評価自己システムは）学校の教育活動や組織を活性化し、学校全体の教育力を高め、保護者や県民の期待に応える学校づくりを進めるためには、各学校が生徒の状況、教育課程、学校運営の進め方について幅広い角度から点検し、積極的に評価を実施することが重要である。」

この言葉に示されるように、埼玉県の「学校評価懇話会」の大きな特徴は「生徒の参加」が位置づけられている点です。「実施要綱」によると「のぞましい」という位置づけですが、現在ほぼすべての県立高校で「学校評価懇話会」に生徒が参加しているとのことです。他の首都圏の公立高校にも同様な組織は設置されているようですが、「生徒」が構成メンバーになっているところはないようです。この点は積極的に評価し、大切にしていきたい点ではないでしょうか。

この「学校評価懇話会」も設置を積極的に受け止め、組織づくりを進めていった学校に埼玉県立草加東高校があります。とくに「生徒」を参加させることには先進校（長野県立辰野高校）の三者協議会に生徒を視察に送るなどたいへんていねいな取り組みを行っています。ここでは生徒の「意見表明権」を中心に学校づくりの不可欠な一員として位置づけられています。だからこそ草加東高校の生徒たちは生き生きと活動することができたのでしょう[3]。

また保護者の意識の変化（単なる「学校応援団」から学校づくりに主体的に参加し、子どもを支える）や、教職員の意識の変化（ある意味これがいちばん難しいのですが）の重要なファクターでもあります。

このような高校での動きに対し、小中学校では残念ながら積極的な動きはつくられていません。学校評価などは教職員や保護者に対して学期ごとにアンケートをとり、結果をまとめて公表するくらいがせいぜいです。

そんななかで、越谷市立栄進中学校の例をあげておきます。栄進中学校は、一九七六年に開校した市内でも有数の多くの生徒を抱える中学校でした。開校当初から「自主・自立」をスローガンに生徒中心の学校づくりを進めてきた歴史がありました。開校当初は「校則の少ない学校」として多くのマスコミの取材を受けたり、たとえば、今は多くの学校で実施されている修学旅行の「班別行動」を開校当初から実施している学校でもありました[4]。

そんななか、一九九〇年半ば「制服変更」が話題にのぼり、それを話し合うために「職員代表」「保護者代表」「生徒代表」からなる三者協議会が発足しました。この三者協議会はその後も存続し、「校則問題」などについても話し合いが行われていたようです。

このように、子どもや保護者を学校づくりの大切なパートナーとして位置づける動きは最近ようやく動き出してきたようにみえます。しかし、組織はできてもその組織を本当に学校づくりに生かしていけるかは、なかなか難しい課題です。いうまでもなく、職員は異動して顔ぶれはがらりと変わっていきます（最近はそのスピードが速い）。とくに管理職が変わると、学校の雰囲気はがらりと変わることは私も経験したことです。熱心に組織づくりを進めた先生方がいなくなってしまうと、組織は残ってもその性格は変わってしまうこともよくあることでしょう。先に述べた埼玉県立高校の「学校評価懇話会」も行政主導でできた組織ゆえに、その位置づけはかなりの温度差がみられますし（各学校の評価は高校のホームページで見ることができますが、協議の内容まではわかりません）、栄進中の三者協議会も今はもうありません。

せっかくつくったこの子ども・保護者・地域の人たちが学校づくりに参加できる組織を生かし、生徒中心の学校づくりが進んでいく方法を考えていきたいと思います。

❖私は何をしてきたか……

「はじめに」でもふれたように、私は埼玉の地方都市の小学校で三六年間教員をやってきました。長い間、教科研の「学校」部会で仲間とともに学んではきましたが、一小学校教師として、とりわけて誇れるような実践をやってきたわけでもなく、何か特別立派な組織を立ち上げたわけでもなく、ただ子どもたちと「毎日を楽しく過ごす」ことをモットーにして教師生活を過ごしてきました。ただ、教師生活の後半になって「このまま日本の教育が進んでいくと子どもと学校は取り返しのつかないことになるのではないか」という思いは強くもつようになりました。「私ができることは何か」を考えざるをえないような状況が目の前で進行しています（もちろん今も）。そのなかで私が心がけてきたこと、意識してやってきたことをまとめてみました。

若い教職員と一緒に

先に書いたように「二〇代と五〇代しかいない」職場ではどんなことでも職場で何かやろうとすれば若い先生たちと一緒にやらざるをえません。

こんなことがありました。職場で組合の賃金確定交渉のニュースを配布していたときのことです。ちょうどいい機会だと思って「教員の給料（賃金という言葉を使うことすらあえて避けたのですが）はどう決まるのか」という話を始めました。ところが「一般の企業は会社と労働者が話し合って給料や処遇を決めるでしょ」と言うと、そこから「？」でした。こんな経験から若い人に何かを伝えるときは、とにかく時間がかかってもイロハから始めることを私は学びました。「こんなことも知らないのか」は通用しません。これで失敗したこともたくさんありました。「知らないこと」は若い人たちの責任ではありません。「大切なこと」を若い人たちに教えない力があるからです。初任者研修で教職員の権利を教えてくれることもないと思います。

よく言われることですが、今の若い先生たちはそれ以前に「みんなで協力して何かをつくり上げる」とか、「理不尽なものを変えていく」などという経験はほとんどないでしょう。だから学校でも子どもたちのために何かを変えていくという発想はなかなか出にくいのではないでしょうか。とくに職員会議で発言することはかなり勇気のいることだと思います。若い先生が職員会議で原案に反対の発言をしたら、後で管理職や先輩の教師から叱咤されたなどという話はいまや日常茶飯事です。

私が最近若い人と同じ学年を担当したとき大切にしていたことは学年会の充実です。職員会議が以前に比べ形骸化し、何かを討論する「会議」というより、連絡、調整を行う「打ち合わせ」になってきていることは全国どこの職場でも同様だと思います。そんななかでじっくり腰を落ち着けて話ができる場として学年会を考えました。場所も職員室ではなくそれぞれの教室を輪番で回りました。たとえば教室の掲示物一つとってみても、教室の様子から担任の普段の実践の様子や個性が垣間見え、話の発端になることがよくありました。それにしても、数年前ある若い先生から「教室内の掲示物をそろえなくていいのですか」と言われたときはびっくりしました。その先生は別の小学校から異動してきたばかりで、話を聞くと前の学校では教室内の掲示物は何を貼るか、どこに貼るか、コメントの書き方まで学年で揃えていたそうです（いま流行りの言葉で言えば、いわゆる「スタンダード」でしょうか）。学年会では毎回私がレジュメを用意しました。最初の話題は「子どもたちの様子」です。さまざまな問題を抱え、とくにていねいな指導が必要な子どもたちに関する情報（ときには保護者の情報を含めて）を学年で共有することはたいへん重要なことです。ときには私を含め担任の愚痴になることもありましたが、それはそれで大切なことでしょう。授業の進み具合の確認も行いました。そのとき「この単元ではこんな工夫をしてみた」とか、「この授業ではこんなことをやってみようと思う」などという交流ができました。若い先生の新鮮な発想をこちらが参考にさせてもらったこともたくさんありました。そして「職員会議の原案の検討」です。職員会議の原案は事前に配られたので、そのなかの重要なものについては学年の先生方の意見をまとめ、本番では私が「学年の意見」として発言しました。

残念ながら、異常に忙しい職場のなかでこのような学年会をもてるのはよくて月二回ほどでしたが、この三月に退職する際、先生方からいただいたお別れの言葉のなかに「学年会で話し合ったことが一番の思い出です」とか、「学年会がとても勉強になった」という言葉があり嬉しく思いました。

そのほか大切にしたのは、教職員の「遊び」の計画と実行です。若い先生、子育て真最中の先生方は難しいですが、能率的に仕事をすることに長けている（?）ベテランの先生の助けも借りながらいろいろな「遊び」の計画を立て実行しました。

春は「花見」、山にも行きましたし、冬は「スキー＆スノーボード」など計画を立てて呼びかければ若い先生たちもたくさん参加してくれました。そのなかで思わぬ話が出てくることもあり、楽しい思い出もたくさんできました。

保護者とつながること

もう一ついつも頭のなかにあったのは保護者とよい関係をつくることでした。このことは現在、教師の仕事のなかでも最も大切な課題ではないでしょうか。

最後の学校では低学年を受けもつことが多かったのですが、そこでよく聞いたのは「幼稚園や保育園と違って学校って親との関係が気薄だよね」という言葉でした。私も二人の子が保育所にお世話になりましたが、連絡帳のやりとりは毎日ありましたし、お迎えのときに先生と話すほんの一言二言が保護者と先生のたいへん重要なコミュニケーションになっていました（お迎えの保護者同士の何気ない会話も同様です）。小学校は幼稚園などと比べると保護者が学校に出かける回数も格段に少なくなります。学校での子どもたちの様子や授業の内容、担任の考えなどを親に知らせる一番手っ取り早い方法は「学級通信」です。私はB５サイズの大きさでしたが（金曜日は来週の予定を載せるのでB４サイズ）、学級通信を三〇年以上にわたって毎日発行してきました。

内容を思い出すままあげてみると、「行事について」「今勉強していること」「授業で出てきた面白い発言や多かった間違い」「教育界の話題（学習指導要領の問題点など）」「季節の話題」「私の子どものころや若いときの話」「誕生日の子がいる場合は〇〇さん誕生日におめでとう特集」などなど。

何かの機会に以前担任した保護者に会うと、最初に出てくる話題はこの学級通信のことでした。「あれで先生との距離が縮まった」とか、「通信のおかげで子どもと学校やクラス、友達の話がたくさんできた」という声もたくさんいただきました。

発行のとき気をつけていたことは、まず「子どもの声をたくさん載せること」です。たとえば、「運動会」や「遠足」があれば全員の子の「一言感想」を載せました。また高学年を担任しているときなどは子ども一人ひとりに一号の編集を任せ発行したこともありました。漫画やイラストを描く子、家での出来事を書く子、好きなタレントの特集号にする子などさまざまでした。また「良いことだけではなく問題が起こった場合（個人的な問題は除いて）もなるべく隠さず書くこと」も大事な原則でした。その場合、担任の考えも書きますが、「一緒に考えてみてください」というスタンスで書くようにしていました。「授業参観・懇談会」がある場合は学級通信が格好の予告編になりました。必ず「どんな授業をやるか」「授業のポイントはここです」「子どものこんなところを注目してください」「懇談会ではこんな話をします」などの記事を載せることにしていました。また、学級通信ではないですが、懇談会の資料は当日ではなくできるだけ事前に配布するようにしていました。よく「先生のクラスは授業参観・懇談会の参加者が多いですね」と言われましたが、それなりの準備をしてきたからだと思います。またそのような担任の努力に保護者は応えてくれるものです。

また保護者との「双方向」を大切にしていました。たとえば「運動会」や「授業参観・懇談会」の感想や意見を書いてもらい、本人の了解を得て載せることも多かったです。先に書いた「○○さん誕生におめでとう特集」には、親からわが子に向けたメッセージをお願いし、子どもの声とともに掲載しました。

今、どこの職場でも「学級通信」や「教科通信」を出すこと自体が難しくなっています。学校の異常な多忙さもありますし、「個人情報の保護」を都合のいいように解釈し、「説明責任」の名のもとに必ず事前に教務主任→教頭→校長のチェックを受けなければなりません（学校によっては学年主任にも）。個人が特定される子どもの作品や写真は載せられないし、単なる文字や表現のまちがいだけではなく「検閲」まがいの「指導」もあるようです。私の場合は、年の功でそのようなチェックは受けることはありませんでしたが、若い先生たちはそういうわけにもいかないでしょう。それでも、私の周りには「学級通信」を発行し、それをとおして保護者とのつながりを大切にしようとする先生たちがいることはうれしいことです。

最初の懇談会では、私はいつも「保護者と担任が仲良くなりたい」ということと、「親同士が仲のいいクラスは子どもたちも仲良くなるものですよ」という話をしてきました。これは長い教師生活のなかでみつけた大事な学級づくりのポイントです。もう一つ保護者によく話をしたことは「保護者が担任を育てる」ということです。私自身、とくに若いときは保護者とどのようにかかわったらいいかがわからなかったし、独りよがりのやり方で非難されたこともありました。このような若い教員をさまざまなかたちでバックアップし育ててくれたのは、まちがいなく子どもたちと保護者でした。また、誤解を恐れずに言えば「担任が保護者を育てる」ということもあるでしょう。この両者がうまくかみ合うとき「学級づくり」が順調に進むのではないでしょうか。

❖おわりに

これからの学校教育は、どこに向かって進んで行こうとしているのでしょうか。教育の目標ははっきりしています。「人格の完成」です。これは二〇〇六年の教育基本法「改正」においても変えることができなかった「真理」です。「グローバルな人材の育成」でもなければ、「愛国心を育むこと」でもありません。

学校の異常な忙しさについては、やっと世間一般に知られるようになってきました。「最大のブラック企業は学校」という言葉もあながちオーバーではないほど現場は弊害しています。

「教員の働き方改革は待ったなし」と政府も行政も口をそろえていますが、誰もがわかっている最も簡単で確実な「改革」、つまり「教員の数を増やし、一クラスの児童・生徒の定員を減らす」ことについてはまったく手をつけようとしません。

かけ声ばかりでいっこうに多忙化が解消されず、ますます忙しくなる職場のなかで、先生たちは「小学校から英語も教えなければならない」「道徳の評価もつけなければならない」「アクティブラーニングにも取り組まなくてはならない」「保護者や地域からの要望にも対応しなければならない」。これでは精神疾患で休職や退職に追い込まれる教員が、今後もますます増加することは目に見えています。

「ゼロトレランス」や「学校スタンダード」の広がりにも恐ろしさを感じます。学校教育の基本は「子どもはみんな違う」ということです。とくに、貧困と格差が大きく広がる現在の日本の社会を背景に、学校においてこのことはたいへん重要です。たとえば、遅刻してきた子どもに対して一律に「あなたは遅刻してきたので罰を与えます」という対応は教育ではありません。「今日はどうしたの？何かあったの？先生に教えて」というところから教育の営みが始まるのです。「ゼロトレランス」は、教育とは対極にある考え方です。「学校スタンダード」も同様です。いろいろな学校のホームページなどを見ても「○○学校スタンダード」などという言葉が自慢げに並んでいます。「学校スタンダード」という言葉の奥には、「子どもを学校に合わせる」という考えが潜んでいるように思えてなりません。「子どもに学校を合わせる」のが教育の基本であることは、いまさらいうまでもないことでしょう。ここが「学校づくり」のスタートでもあります。

学校はかつての輝きを取り戻せるでしょうか。正直、なかなか展望が見いだせない現状があるのは事実です。それでも多くの子どもたちは毎日いそいそと登校してくるし、保護者の多くは学校に期待しています。このような子どもたちや保護者を温かい目で見る先生たちがいる限り、希望は残されていると思います。「教育の自由」とか、「国民の教育権」という、私たちが若いころ胸を躍らせて学んだ言葉を「死語」にはしたくありません。

かつて戦前の教師がそうだったように、決められたことを一生懸命教えれば教えるだけ子どもたちを不幸にしてきた歴史を繰り返してはいけないのです。

注

（1）現在、文科省も音頭をとって進めている学校経営の中心をなす考え方。Plan（計画）、Do（実行）、Check（評価）、Action（改善）を繰り返すことで生産や品質業務を継続的に改善していく手法で、もともとは産業界で行われてきたものです。人間の教育を司る学校に導入すること自体に強い批判があります。

（２）この時期、埼玉県で多くの反対を押し切って県教委が実施した制度は以下のようなものがあります。
一九九九年「人事異動方針改変」
二〇〇〇年「職員会議の補助機関化」（県立高校）
二〇〇一年「民間人校長」登用開始
二〇〇二年 いわゆる「指導力不足教員認定及び研修制度」
二〇〇三年 県立高校管理職に対し「新しい人事評価制度」導入
二〇〇四年「優秀教員表彰制度」開始
二〇〇五年 県立高校で新たな職として「主幹教諭」制度開始
二〇〇六年 小中学校での「新しい人事評価制度」開始
二〇〇九年 小中学校に「主幹教諭」導入、新たに「特２級」の給与表設定
二〇一八年「人事評価」の賃金反映開始
（３）草加東高校の学校評価懇話会については小池由美子『学校評価と四者協議会』同時代社、二〇一一年を参照してください。
（４）『埼玉県越谷市立英進中学校・みんなでつくるグループ修学旅行』一九九〇年、明治図書。

第三節　愛知県・名古屋市の学校・教職員の現状と課題

この節では、政令指定都市であり、愛知県庁所在地である名古屋市の学校・教職員の現状と問題点、さらに課題について述べることにします。

筆者は、小学校教員を定年退職し、学校現場を離れて八年目になります。幸い週に一度は、現職教職員と研究会をもち語らう機会に恵まれ、学校現場の息吹や教職員の苦悩などを間接的ではありますが、学び続けています。

以下、見聞してきたことを含めて、名古屋市の学校職場の現状と問題の一端を報告することにします。

❖「教職員の会」とは

名古屋市の学校、教育、子ども、教職員の問題を語るとき、「教職員の会」の存在と活動をぬきにしては、その実態を十分に語ることはできません。教職員の会は、敷き詰められた〝敷布団〟のように、その上にさまざまな教職員運動をのせ束ねながら活動しています。

その敷布団の上に、正規・常勤講師・非常勤教職員などの労働条件改善の願いや職場を大切にする分会長さんの活動や、三〇人学級にすることを求める会の活動等を載せて、交流し学習し、安心して毎日の教育活動に打ち込める状況をつくりだそうと活動しています。

❖名教組の役員選挙立候補者チラシにみる私たちの「提案」と特徴

毎年二月の名古屋市教員組合（名教組）の本部役員選挙には、数名の仲間が立候補しています。ある候補者の最近七年間のチラシに載せられた記事内容から、学校職場の厳しい実態と、切実な要求、さまざまな組合員の声などを確認することができます。

二〇一三年、二〇一五年には、生徒の自死事件が連続して起こりました。子どもの命を守り、安心して学び働き続けられる名古屋の学校をつくるために具体的な提案をしました。たとえば、①事件に対する組合見解を表明すると同時に、職場集会や生徒との対話集会をもつこと、②学級の生徒数を中学二年生で三五人学級とし、生徒との行き届いた交流・対話ができるようにすること、③教師の過労死が危惧されるような時間外勤務や労働時間管理による労働時間の制限を確保することなどです。愛知県教員組合の調査によれば、月八一時間以上の労働時間の教員は五四・四％

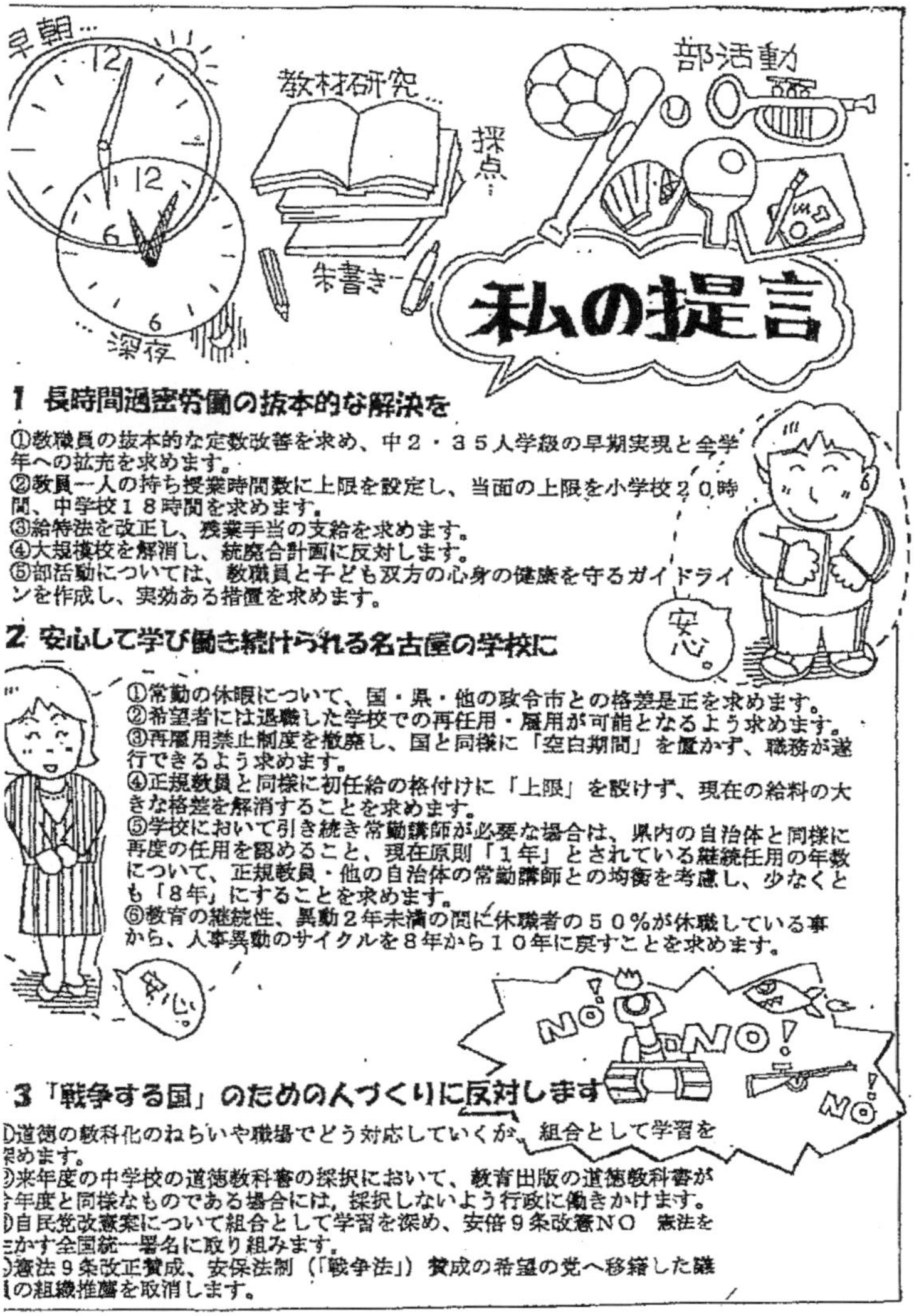

1　長時間過密労働の抜本的な解決を

①教職員の抜本的な定数改善を求め、中２・３５人学級の早期実現と全学年への拡充を求めます。
②教員一人の持ち授業時間数に上限を設定し、当面の上限を小学校２０時間、中学校１８時間を求めます。
③給特法を改正し、残業手当の支給を求めます。
④大規模校を解消し、統廃合計画に反対します。
⑤部活動については、教職員と子ども双方の心身の健康を守るガイドラインを作成し、実効ある措置を求めます。

2　安心して学び働き続けられる名古屋の学校に

①常勤の休暇について、国・県・他の政令市との格差是正を求めます。
②希望者には退職した学校での再任用・雇用が可能となるよう求めます。
③再雇用禁止制度を撤廃し、国と同様に「空白期間」を置かず、職務が遂行できるよう求めます。
④正規教員と同様に初任給の格付けに「上限」を設けず、現在の給料の大きな格差を解消することを求めます。
⑤学校において引き続き常勤講師が必要な場合は、県内の自治体と同様に再度の任用を認めること、現在原則「１年」とされている継続任用の年数について、正規教員・他の自治体の常勤講師との均衡を考慮し、少なくとも「８年」にすることを求めます。
⑥教育の継続性、異動２年未満の間に休職者の５０％が休職している事から、人事異動のサイクルを８年から１０年に戻すことを求めます。

3「戦争する国」のための人づくりに反対します

①道徳の教科化のねらいや職場でどう対応していくか、組合として学習を深めます。
②来年度の中学校の道徳教科書の採択において、教育出版の道徳教科書が今年度と同様なものである場合には、採択しないよう行政に働きかけます。
③自民党改憲案について組合として学習を深め、安倍９条改憲ＮＯ　憲法を生かす全国統一署名に取り組みます。
④憲法９条改正賛成、安保法制（「戦争法」）賛成の希望の党へ移籍した議員の組織推薦を取消します。

2018 年のチラシ

おり、一〇一時間以上の教員も三三・六％を占めるという実態になっています。④部活動についても「指導のガイドライン」を作成することを提言しています。

名古屋市では、二〇一六年から小学校の学校給食の調理業務を民間委託することを強行しましたが、民間委託化をやめ、「食育」にふさわしい直営自校方式の学校給食を維持発展させるように訴えました。

さらに、二〇一〇年から五年連続して、教員給与が削減されつづけており、二〇一二年度には退職金が四三〇万円も削減されました。これらの問題状況のなかで、長時間労働があたりまえのように行われていることに対して、「残業手当」を支給することを提案しています。そのために「勤務時間の管理」の必要性を説き、「ＩＣカードの導入」を求めました。

このように、近年ますます多忙化がすすみ「心病む教員、休職者五二〇〇人」（全国）という状況下で、教育に魅力と誇りを取り戻せるように教育条件整備を提案しました（クラスサイズの縮小、行政からの文書業務の縮小、教員の増員、土日の休日出勤の改善、など）。このような改善がされない限り、「子どもの成長を感じる余裕がなく、徒労感だけが残る」という教員の現状を改善することはできません。

以上のような状況が書かれた「チラシ」は、八〇〇〇人を超えるすべての組合員に配布されています。親しみやすい「チラシ」は、多忙のなかでも心待ちにして読まれ、「そうだったのか！」「よくわかる」と理解・共感され、そうした要求運動への期待や希望を広げています。

一枚の「チラシ」から、給与、退職金、臨時教員の諸問題などの解決の糸口がつかめたという例が生まれてきています。二〇一八年のチラシでは、「大規模校を解消し、統廃合計画に反対します」「部活動のガイドライン作成と実効ある措置」を名古屋市教委に求めました。「来年度の中学校の道徳教科書の採択においては、教育出版の道徳教科書が今年度と同様なものである場合には、採択しないよう行政に働きかけます」という具体的な提案もしました。

❖政令市権限移譲（二〇一七年四月）の問題

県から市へ教員身分が変わる

二〇一七年度、全国一斉の「政令市権限移譲」により、同年四月から愛知県職員であった小・中学校・特別支援学校の教職員が、名古屋市職員となりました。本来、「住民サービス」を目的とした国の政策でしたが、現実にはさまざまな混乱が学校現場で生じました。

最も大きな問題は、名古屋市の制度に起因しますが、義務制の学校の常勤講師一〇〇〇人すべてがその対象となり、早ければ一年後、遅くとも三年後には、二か月間の「再雇用禁止期間」（名古屋市の制度）が生まれるという問題に突き当たりました。それでは、二か月後に雇用されるという保障はなく、長期の失業を強いられる常勤講師は、生活の糧を失い教員を続けることが困難になるという問題が生じました。

さらに、市のルールが適用されることで常勤講師の労働条件は大幅に悪化します。年次有給休暇が、それまでの二〇日から〇〜五日へ、夏季休暇がこれまでの六日から〇〜三日へ、住宅手当がそれまでの最大二万七〇〇〇円から八八〇〇円に、療養休暇がなく給料カットなどのために多くの休暇が取れず、通院は給料カットされるなど、多くの休暇が無給あるいは廃止となるのです（愛知県と名古屋市との制度的格差）。

これでは、常勤講師は働けなくなるか市外へ流出せざるをえなくなり、名古屋市は常勤講師を確保することが困難となります。常勤講師の雇用の「空白」は、子どもたちの教育の「空白」を生み出します。すでに、「始業式で担任の先生が発表されず二週間もまたされた」「先生が病気で休んでも、代わりの先生が決まるまで、いろいろな先生が授業をした」という不満が保護者からも出てきています。さらにそのうえ、名古屋市の「再雇用禁止制度」は、この教員不足に拍車をかけ、同時にまた、現場の教員の負担増という問題にもつながることになるのです。

立ち上がる教職員と市民たち

「二か月の雇用禁止問題」が発覚したのは、二〇一六年八月、名教組の「退職説明会」、九月の「校長面接による就業希望調査」などをとおしてでした。説明する校長も、顔が青ざめていたといわれるほどでした。

詳しい説明は省略しますが、すでに愛知の地では一九七九年以来、臨時教員の結集と切実な願いを地を這うような活動・交流で実現させている頼もしい仲間たちがいます。市民団体「愛知・臨時教員制度の改善を求める会」（略称「求める会」）です。

このたびも、保護者・市民とともに大きく世論を広げながら取り組みを進めました。その結果、二〇一六年一二月二三日、「教育に「空白はない」！市民の会」を一〇九人もの人が参集して結成しました。これには、マスコミも注目し、夕方のテレビ番組や翌日の新聞でも報道されました。また、保護者や弁護士、大学教員、元名古屋市ＰＴＡ会長、保育園長など二〇人が、「市民の会」共同代表に名乗り出てくれました。

その結成総会のフロアートークでも、重要な発言をいただきました。「全国二〇の政令市では、次年度の任用の空白期間は一日程度でしかなく、二か月という名古屋市は異常だ」「国の総務省も空白は作るべきではないと指導しているのに、名古屋市は時代錯誤ではないか」など、本質をつく重要な発言が次々に行われました。

教員組合代議員会では

二〇一七年六月一六日に開かれた名古屋市教員組合代議員会は、権限移譲後の初めての大きな会議でした。市内三七七のすべての小・中・特別支援学校の職場から代議員が参加し、不足する「常勤講師」問題に議論が集中しました。「劣悪な労働条件が明らかになると、「これでは働けない」と市外に流出した常勤講師が三〇人にのぼる」こと、さらに、「育休は毎年一〇〇人づつ増え、今年の臨時的任用は二〇〇人も増え一〇〇〇人になる。来年はさらに一〇〇

表1　名古屋市・常勤講師の労働条件

勤務条件	名古屋市		愛知県	政令市（20市）		国
	常勤講師	正規教員	常勤講師	常勤講師（名古屋市を除く）		臨時的任用職員
年次休暇（最大）	10日	20日	20日	20日（17市） 10日（2市）		20日
夏期休暇	3～0日	5日	6日	6～4日（16市） 3～0日（3市）		3日
療養休暇	無給 10日	有給 180日	有給 90日	有給 16市	なし・無給 3市	有給
結婚・育児・介護などの休暇	なし	有給	有給	11～17市	0～8市	有給
同一校の継続	原則1年	永年8年	何年でも可能	3年以上		継続可能

求める会作成。

人増える見込みであり、圧倒的な講師不足である」「病気休職がすでに七〇人に上がっている」等々と発言が続きました。

市・人事委員会が「勧告」

七月に入ると、常勤講師七人が連名で休暇取得など待遇について改善を求める五項目の措置要求を名古屋市人事委員会に行いました。

一二月、市人事委員会は市長に、年間二〇日間であった年次有給休暇が最長でも一〇日に減ったこと、さらに、有給の療養休暇制度が廃止されたことの二項目について是正を求める勧告を出しました。市人事委員会は市長に対して「常勤講師に対して適切な休暇を速やかに付与すべきものであると認められる」と、歴史的な意味のある勧告内容でした[1]。

しかし、二〇一八年八月現在、名古屋市はこの問題に関する根本的な改善を怠ったままです。愛知県、他の政令市と名古屋市の現状につては、**表1**を参照ください[2]。

名古屋市の政令市権限移譲では、いくつかの改善点は確保することができました。それは、①二か月の「空白期間」の撤廃、②ボーナスの大幅削減の回復、③労働条件の通知書の交付、等々です。

しかし、県から市へ移っても依然として差別的臨時教員制度は変わらず、新たな苦しみを生み出しているという現状です。この現実を変革するために、力強い歩みが続いています。

❖いま、名古屋市の教職員は――現状と課題

二〇一八年度「名古屋教職員の会」(総会)の報告と提案(諸要求)

「総会」での報告と提案には、教職員のさまざまな要求が掲げられ、その実現をめざそうとしています。〃敷布団〃の上に並ぶ項目は、次のようです。

○三〇人学級を求める会……少人数学級の拡充を求める請願署名など。
○臨時教員のたたかい……「求める会」事務局会議、対市交渉など。
○若い教師たち……「チーム〇〇例会活動」など。
○女性教職員……夏の教職員の集い(七月)。
○教育実践……近畿・東海サークル合同研究会(八月)、あいち教育大集会。
○学校事務職員……情勢学習・交流。
○退職教員……退職者の会、若くしなやかな会(女性)。
○特別支援教育……教育実践交流(学級・学校)。
○教員採用学習交流会……教員採用学習交流講座(五、六、七、八月)。
○沖縄・辺野古ツアー……沖縄県庁集合(八月)。

それぞれ、切実な、中身の濃い活動で彩られています。二〇一八年度後半期は、三〇人学級を求める会を中心にして、名古屋市教育委員会が提案している「ナゴヤ子どもいきいき学校づくり計画」(中間案)をしっかり討議していくことが緊急に必要となっています。

表２　学級の子ども数の比較

<table>
<tr><th>学年</th><th>名古屋市</th><th>安城市</th><th>豊田市</th><th>知立市</th><th>蒲郡市</th><th>犬山市</th></tr>
<tr><td>小1</td><td rowspan="2">30人</td><td rowspan="2">30人</td><td>32人</td><td rowspan="6">35人</td><td rowspan="6">35人</td><td rowspan="6">30人</td></tr>
<tr><td>2</td><td rowspan="2">35人</td></tr>
<tr><td>3</td><td rowspan="4">40人</td><td rowspan="2">35人</td></tr>
<tr><td>4</td><td rowspan="3">40人</td></tr>
<tr><td>5</td><td rowspan="2">40人</td></tr>
<tr><td>6</td></tr>
<tr><td>中1</td><td>35人</td><td>35人</td><td rowspan="3">35人</td><td>35人</td><td rowspan="3">35人</td><td rowspan="3">30人</td></tr>
<tr><td>2</td><td rowspan="2">40人</td><td rowspan="2">40人</td><td rowspan="2">40人</td></tr>
<tr><td>3</td></tr>
</table>

求める会作成，2018年。

いま、名古屋市の学校は

名古屋市教育委員会は、カラーパンフレットを発行しています。『子どもたちがいきいきと輝く学校を目指して』（全一九ページ）です。どのページにも子どもの顔が登場してきます。親しみやすく、わかりやすく書いています。その内容を要約して紹介します。

名古屋市では、『ナゴヤ子どもいきいき学校づくり計画』をつくって、次のような学校ビジョンを実現しようと考えています。「教育面から」「学校運営面から」「施設面から」、そして名古屋の小・中学校には、主に二つの問題があると考えています。「学校の小規模化」と「学校施設の老朽化」、これらの問題をどのように解決するかです。「小中学校において、望ましい学校規模を確保する、児童・生徒が増え、子どもたちが多くの人と触れ合い育つことができる。学級数に応じて教員が多くなり、子どもとより向き合うことができ、指導が充実できる。学校統廃合を契機として、施設の老朽化を改善することができる……統合校では子どもたちがいきいきと輝いて見えます……小規模な学校を統合することで子どもや先生の数が増え、校舎も安全・安心で快適になった学校が名古屋市にも三校あります、……」。引用が長くなりましたが、学校統廃合に焦点が当てられた説明になっています。

一方、「三〇人学級を求める会」の運動の源は、二〇〇〇年頃に端を発しています。愛知県下の県民、教員、保護者、子育て・教育にかかわる個人・

諸団体の皆さんが、集いました。全国の運動に学び、「集い」などで考えあいながら、運動を進めてきました。「少人数学級」「少人数授業」「T・T授業」など、まずは私たちが学習し理解することから始まる運動でした。

名古屋市では、二〇〇二年度から順次、小学校の一・二年生の三〇人学級、中学一年生の三五人学級が実施されてきましたが、二〇〇八年から少人数学級への改善は見送られたままです。いまや、名古屋市は、県内の他の自治体と比較しても、大きく立ち後れているといわざるをえません。**表2**で確認してください。

表3では、教職員の休職者のなかでの精神疾患者の割合を示すものですが、それが急増しているという驚くべき実態が明らかになっています。

表3　教職員の休職者と精神疾患の割合

年度	休職者（人）	精神疾患（人）	割合（%）
2011	99	67	68
2012	109	70	64
2013	112	77	69
2014	125	90	72
2015	122	94	77
2016	136	96	71
2017（1月末）	117	103	88

求める会作成，2018年。

表4　常勤講師の雇用条件

常勤講師	2016年度	2017年度
任用数	813人	989人
前年度から同一校継続数	286人	251人
教員未経験者の任用	39人	63人
非常勤講師	1250人	1417人

求める会作成，2018年5月1日現在。

さらに**表4**では、常勤と非常勤を合わせると、約二五〇〇人の教員が非正規で働いていることがわかります。全教員の二〇%以上が非正規という信じがたい現状になっています。

子どもが生き生きする学校づくりは、どうすればできるのか

名古屋市教育委員会の「名古屋市立小・中学校における小規模校対策に関する基本方針」（二〇一〇年三月、策定）によれば、規模適正化の対象は、小学校一一学級以下、中学校五学級以下となっています。

「小規模校対策に関する実施計画」が二〇一〇年九月に策定・公表されました。実施計画期間は、二〇一一年度か

ら二〇一六年度まででした。対象校は、小学校四四校です。第一グループ（九校）、第二グループ（一八校）、第三グループ（一七校）です（名古屋市教委『教育要覧』二〇一七年版）。現在、第一グループの三校が統合して一校が誕生したところです。二〇一八年夏から、新たに仕切り直しが始まったようです。市内全一六区の区役所でも「ナゴヤ子どもいきいき学校づくり計画」（中間案）の説明会が始まりました。市当局が、住民に説明をし、対話することが始まっています。そこでの市民の発言や意見表明が続いています。

「学級編成基準」を緩和し、小・中・高校の全学年に正規の教員を配置し、少人数学級を早急に拡大実施することを、私たちは求めてきました。私たちは学級のサイズを小さくして学級を増やし、正規教員を増やすという道を歩むことによって、名古屋の子どもたちに最善の環境を用意することができると確信しています。

この節では「教育条件整備」という観点から、学校づくりにおけるその現状・問題点と、今後の課題について検討してきました。さらに、他都道府県や市町村の実態や運動から学んでいけたら幸いです。

注

（1）二〇一七年度の「政令市権限移譲」の結果、名古屋市の常勤講師の労働条件は、全国にも例を見ない最低のレベルに落とされました。しかし、当事者である常勤講師の人事委員会への提訴や署名運動、名教組の積極的な交渉などが実り、常勤講師制度は抜本的な改善が行われました。それは、二〇二〇年度から実施される全国で初めての常勤講師と正規教員の「同一労働同一賃金」の実現でした。

（2）表1に示した名古屋市・常勤講師の労働条件も大きく改善されました。

第三章　小・中学校における学校づくりの実践

第一節　かかわりあう教室と「道徳」の授業づくり

❖子どもに向かい合う学校

教職の最後の仕事としてそれまでの東京中野区の小学校から世田谷区の小学校に替わりました。転勤すれば区の方針や学校の違いがあるのは当然でしたが、「学校」というもののもつ大きな違いを感じました。朝登校する子どもたちにかける言葉、廊下で語る子どもと教師の姿などにその違いを感じ、転勤した学校に安心感を強く抱きました。学校は子どもたちにどのように向かい合ってきているのか、ここに基本的な態度の違いを感じるのだと思いました。

私は転勤した最後の学校で三年生を受け持ちました。このクラスには二年生のときからまったく学校に来ていない涼希君（仮名、以下同）がいました。始業式の日も顔を合わすことはありませんでした。子どもたちに聞くと一年生の頃からすでに学校に来なくなっていたようでした。なんとか涼希君とも勉強をしたいと思い、始業式後まもなく涼希君の家を訪れました。その日はお母さんとの挨拶だけで終わりましたが、玄関の近くまで涼希君が来ていることに気づきました。

勤務校と私の自宅が近いこともあり、特別な用事のないときは毎日のように涼希君の家に立ち寄ることにしました。少し言葉を交わす、プリントを渡すなどしているうちに、涼希君が顔を出し、話し、一緒に遊んだりするまでには時間がかかりませんでした。その後、外でキャッチボールをしたりかけっこをしたり、ときには涼希君のお姉さんも加わり遊んだりしながら一時間ほど過ごしました。

もしかすると涼希君、学校に行けるようになるかもしれないと思いました。涼希君に学校に来ないかと話をすると、「みんなには会いたくない。クラスの人がだれもいなければ、学校に行く」と言ってくれました。そこで水曜日の放課後が涼希君の学校登校日になりました。

水曜日の諸会議が終わると、涼希君は職員室に来ます。すると、職員室にいる先生方はいっせいに思い思いに声をかけてくれて、また一緒に遊んでくれる先生もいるほどでした。先生方に笑顔で迎えられた涼希君、どんなにうれしいと思ったことでしょう。学校に来ることの抵抗を少しずつ乗りこえている、そんな気がしました。教室で算数や国語の勉強をし、夏にはプールで水泳の勉強もしました。学級や学年をこえて涼希君に多くの先生が同じような思いで向かい合う、これが学校なのだとつくづく感じました。

❖ これで学校か

転勤する前の中野区の学校では事態はまったく違っていました。同じ三年生を受け持ちましたが、クラスに不登校の大樹君がいました。父子家庭であり、父親は毎朝早くから仕事に出かけてしまって、目覚ましをかけていたものの起きるときは大樹君一人です。父親も気にかけているようでしたが、三年生になって一人で起きることはできません。朝食の準備もありません。大樹君は給食を食べに四時間目に教室に来ることもたびたびありました。父親の態度が問題であることは十分思いましたが、まず大樹君が朝起きて学校に行こうという意志をもたせなくてはと思い、朝迎えに家に立ち寄りました。アパートの玄関で声をかけると、寝ぼけ眼の大樹君が出てきました。玄関から見える部屋はまさにゴミ屋敷でもありました。毎日朝、大樹君の家に立ち寄って、大樹君と一緒に学校に行きました。何も食べていない大樹君に小さなおにぎりを作りました。大樹君の父親は夜の帰りも遅く、夕食はコンビニの弁当代を渡すだけの毎日でした。給食が人と顔を合わせながら食事ができる唯一の時間でした。

しかし、これが大きな問題となりました。校長から呼び出され、「学校は、登校してきた子どもを教えるところで、迎えに行くのは教師の仕事ではない。一人がやればみんなしなくてはいけないのだ」と言われ、また職員会議でも伝える始末でした。しかし私は、大樹君が一人で来ることができるようになるまで毎朝迎えにいくことを続けました。その後、大樹君は朝学校に一人で来るようになりました。

二〇分休みに校内放送で教頭から職員室に呼ばれたことがありました。「二〇分休みは職員の交流の時間です。職員室に来てください」というのです。しかし、ゆっくり子どもたちと過ごせるのも、子どもたちのノートを見たりするのもこの時間しかありません。先生方とは放課後の時間があります。万事こんな調子でした。

理科の担当となった私は、学級園の荒れた状態が気になっていました。学級園にはその中央に池がありましたが、その池はゴミ捨て場となっていました。欠けたブロック、壊れたバケツ、鉛筆などが投げ込まれていて悪臭を放つほどでした。事務の先生と相談して、池をきれいにして生きものを育てようということになりました。事務の先生と二人で放課後、夕暮れになるまで池のごみを取り、泥を取りました。水生植物を植え、水も澄んできれいな池に変わりました。すると、事務の先生に「あの池をきれいにしたら、いったい誰があとの管理をするのか」という声が教員からかけられたそうです。これにも唖然としました。子どもたちのために少しでも良いと思うことをそれぞれが努力して、少しでも学ぶ環境を整えていく、それが学校にいる教職員の役割であることはいうまでもありません。

また、こうしたこともありました。中野区教育委員会は「いじめ一一〇番」という取り組みをして、深夜でも電話を受け付けるという対応をしていました。かつて、この地区の中学校で教師も加わっていたという「葬式ごっこ」という大きないじめ事件がありました。そこでいじめ問題には中野区は早くから積極的な取り組みをしていました。その教育委員会から、「お宅の学校の名を言い、六年の女の子から、いじめられているという電話があった。至急対応してほしい」との連絡があり、夕方、緊急に職員会議が行われました。テープで子どもの声を聞き、その内容を確かめました。音楽や家庭科の教師からは〇〇ちゃんの声にそっくりなどと囁かれました。六年の教師からは思い当たるふしはないとの話でした。私は本校の名で語られているのだから、いるかいないかにかかわらず、六年生全員対象の面接を一刻も早くすべきではないかと提案しました。しかし、校長は話し合いのまとめに「本校にはこうした子はいない。いたずら電話である」と結論づけ、教育委員会に報告しました。これで終わってしまう学校のあり方に疑問と怒りをもたざるをえませんでした。

子どもたちの日々の命や安全にどのように対処するか、ここが学校として問われているのはいうまでもありません。

❖子どもとの出会いのなかで授業をつくる

世田谷区のこの学校では、子どもたちに対して同じ方向に向かって仕事ができる、そんな思いで嬉しさを感じていました。世田谷区ももちろんいろいろ問題がありましたが、この学校では職員会議はもとよりさまざまな会議でも、まず自由にものが言える雰囲気がありました。こうした自由が学校のもつ安心感であり、それぞれの自主的な実践を支えていくものだと思います。私が着任する数年前までは、学校全体が荒れ、学級崩壊していたクラスもあったと聞いていました。そこを乗り越えてきた教職員には、子どもに向かいあうという教育観が形になっていたのだろうと思いました。また、かつて障害児学級を担当した教師や教育相談を専門とする教師が学級の担任となっていたことも、子どもたちを理解しあうという点では恵まれた環境にあったといえます。子どもたちをどう見ていくか、教師がかかわりあう豊かな関係が築かれているか、学校はいつも問われているのだと思いました。

教職最後の年、二年生の担任となり、ちいちゃんという女の子に出会いました。ちいちゃんは四〇万人に一人という難病を抱えていました。ちいちゃんには、その誕生と同時に「総排泄腔異常」という病名が告げられていて、その難病と闘う日々を誕生の日から送ってきました。排泄する穴がひとつもない鎖肛という身体で生まれてきたのです。ちいちゃんには誕生直後から大手術が繰り返されていました。母親、家族の懸命の努力のなかで小さな命が支えられてきました。そのちいちゃんと家族に出会い、二年生のクラスの担任をすることになりました。

これまでの授業でも、できるだけ生活のなかにある事実に向かいあいながら授業をすること、教材はできるだけ子どもの生活のなかにみつけていくこと、そして授業はそれぞれの考えを認めあい、豊かに交流しあえることを大事にしながら進めていきたいと常々思っていました。

ちいちゃんとの出会いによって、これまでさまざまな困難を乗り越え生きてきたちいちゃんの思いや家族の支え、友だちの支えなどを授業にして、みんなで考えあえたら素晴らしいと思っていました。授業は、豊かな人間のかかわりをとおして学びあうときに一人ひとりの子どもたちが生かされていくものだと思っていたからです。

❖聞きあう、かかわりあう授業づくり

私のクラスでは、以前からいつも子どもたちが「聞きあうかかわりを築く」ことを学級づくりの基本において、そのための努力を重ねてきました。一人ひとりが自由に考えて自分の思ったことを何でも言えるクラスづくりが、学級の人間関係をつくるうえでも教科の学習を進めるうえでも大切なこと、まして「道徳」という教科の学習を進めるうえでは大事な学習の関係づくりだと思っています。

「いい授業」を求める教師は「いい発言」をつないで授業を組織しようとするが、その途端、子どもの思考は「いいもの」と「よくないもの」に振り分けられてしまう。教師の責任は「いい授業」をすることにあるのではない。すべての子どもたちの学ぶ権利を実現し、その学びを最大限高めることにある。（佐藤学『教師たちの挑戦』）

この言葉に、これまでの自らの授業実践の大きな転換を思わずにいられませんでした。「教師の責任は「いい授業」をすることにあるのではない」とする考えは、「一人ひとりの考えや思いをしっかりと受け止めていく」という実践に大きく一歩踏み出していくことになりました。

それは、一人ひとりを生かす学級づくりの根本を問うものでした。こうした考えに立つと、子どもたちのたどたどしいと思われていた発言が光り輝くように思えてきました。子どものなかには十分自分の思いが伝えられない子も多くいます。ドキドキしながらやっとの思いで手を上げて、思いきって発言する子どもの考えをまず教師がしっかりと受け止めてあげる、これがクラスに聞きあう関係を築く第一歩なのだと思っています。そして、その発言を受け止めた教師は、その考えをクラスの子どもたちに投げかけていけばいいのです。こうすることで、一人ひとりの考えが必ず学級に受け入れられて、学びあう関係、かかわりあう関係が育っていくのだと思っています。

わたしは授業のなかでは、子どもたちのすべての発言を黒板に書き、クラスのみんなに紹介しています。発言した子どもは自分の意見が黒板に書かれたことに満足しているようでした。こうして、いつも授業が終わる頃には、黒板は子どもたちの発言でいっぱいとなり、背面黒板を使ったり、デジタルカメラで収めて、黒板を消して、再び続く子どもたちの意見を書いたりしながら学習を進めてきました。

❖全員の発言に歓喜の声をあげる

子どもたちの間に聞きあう関係を育てることで、二年生でもその発言の多くに「○○ちゃんの意見に関係して」とか、「○○ちゃんの考えにつけたし」など、学習のなかでクラスの友だちの固有名詞がたくさん出てくるようになります。どの子の考えも一生懸命考えた結果のすばらしい意見であると教師が受け止めることから授業は始まるということに授業の基本があると思っていました。

七月の国語の時間、最後の一人だったあゆみちゃんの発言が終わり、教室中が歓声と拍手で包まれました。これは「鳥のちえ」という国語の説明文の学習をしているときでした。二九人全員の発言が達成できた瞬間の子どもたちの喜びでした。これまで道徳の授業では全員がすすんで発言することが何回かありましたが、教科の学習で全員が発言できたということはありませんでした。自分から手を上げて発言することができたのは、一人ひとりが友だちの発言をよく聞き、自分でよく考え、学びあう仲間を信頼して発表した結果だったと思っています。

道徳教育を含め学校教育の根本は、「学校の主人公は子どもたち」というあたりまえのこの考えにあります。一人ひとりの考えを生かす授業にあると思います。学び考える主体が子どもであるという事実からはずれ、押しつけ的な徳目主義の道徳教育が推し進められ、道徳の評価までが強要されていますが、これはたいへん大きな問題です。大事なことは子ども一人ひとりの考えをどうクラス全体に生かすことができるか、すべての学習において、そして道徳教育においてはなおさらに大事な大原則だと思っています。子どもたちの生活の事実をもとに教科でも道徳でも学習を組み立てていく、それが子どもたちを生かし、意欲を高めていくことになると思い実践を進めてきました。

❖ ちいちゃんの悲しみ

二学期になると、ちいちゃんが元気をなくしていることが多くなりました。そして、ちいちゃんはお母さんに話して、こんな詩を書いて私のところに相談に来ました。

まけない

この間　学校の友だちに
「なんでスカートぬれてるの？」
ときかれた
ちいは
「わからない」
と言った
でもちいは心の中で
すごくきずついた
ちいだったらぜったいに
そんなことは言わない
でも
「そんなこというな」
とちいを守ってくれた人もいた
すごくうれしかった
たぶん
目に見えないびょう気は
くるしいことがいっぱい

あるんだろうね
ちいはどんなことにも
まけないで
一生けんめい
お山のてっぺんをめざす

この詩を読み終えたとき、ちいちゃんははっきりとした口調で私に、「私の病気のことを、みんなに話してください。私のことをみんなに知ってもらいたいのです」と言いました。私は大きくうなずき、ちいちゃんと固く握手をしながら、「クラスのみんなと一緒にちいちゃんの病気のこと、勉強しよう」と伝えました。

❖ちいちゃんのお母さんから

ちいちゃんのお母さんは元気がなくなっている娘に以前から気づいていました。ちいちゃんは必死に涙をこらえて、お母さんに学校であったことを話したようです。それを聞きながらお母さんは、高学年にならない今なら友だちが娘の病気に共感をもって受けいれて聞くことができるチャンスだと考えていたようです。また、今のクラスの友だちとの関係なら、ちいちゃんのありのままを受けいれ、理解しあえる、そんなことを感じていたようです。お母さんが悩む娘にどうしたらよいと思うか尋ねると「みんなにちいの病気のことをわかってもらいたい」という気持ちを話したそうです。そして、お母さんは担任の私に娘からきちんと自分の思いをクラスのみんなに伝えたいということを提案することにしたそうです。お母さんは恥ずかしがる娘に、

「そんなことで恥ずかしいなんて言っていたら、みんなにちいの病気の話なんてお母さんはできないよ」と伝えたそうです。恥ずかしいと思う自分の病気のことをちいちゃんは、お母さんの励ましでしっかりと乗り越えて、一編の詩を私に持ってきたのでした。

そうして、お母さんからの話を受けて、「ちいちゃんの病気のことをみんなに知ってもらう勉強をしよう」とちいちゃんに伝えることになったわけです。

そして、「三学期にはたっぷり時間をかけて、ちいちゃんの病気のことをもとに「いのち」の勉強をしようね」と約束しました。

❈お母さんとともに道徳授業の計画

すぐに道徳の時間を使っての学習の計画を考えました。ちいちゃんのことをとおして友だちへの見方を深めあう絶好のチャンスだと思いました。計画にあたっては、お母さんと綿密な打ち合わせをしました。お母さんから、どんなことを子どもたちにわかってほしいかをじっくり聞きました。そしてお母さんからちいちゃんのことを話してもらうことや、ちいちゃんからもみんなにしっかり自分の思いを伝えてもらうことを提案しました。それから当日の授業の次のような流れを確認しました。

テーマ「みんなちがって、みんないい」

① できること、できないこと
② 四〇万に一人の病気
③ お山にのぼるちいちゃん（お母さんの話）
④ ちいちゃんのことで思うこと（みんなの思い）

⑤　言ってはいけないこと
⑥　ちいちゃんから

一〇月二一日の五時間目の道徳の時間。保護者にも、学校の先生方にも呼びかけて、ちいちゃんのことを知ってもらおうと進めました。まだ開始五分前でしたが、いつもと違う緊張が子どもたちのなかに漂っていました。クラスの保護者の方が七、八名と、ちいちゃんのお母さん、新任の先生、他学年の先生、それにダウン症の子を抱える他校のお母さんとその子と、たくさんの人たちが見に来ていました。

この「みんなちがって、みんないい」の授業をするにあたって、校内の先生方にもその参加を職員朝会で呼びかけました。学年の補教体制を組み、新任の教員が参観できるようになりました。クラスの保護者の方々にも学級通信で呼びかけ、授業参観してもらいました。子どもたちが真剣に学びあう姿を一人でも多くの人に見てほしいという思いと、ちいちゃんの生きる姿から、子どもたちだけでなく親も先生も一緒にその意味を考えてほしいと思っていました。

クラスの子どもたちのなかにある切実なさし迫った問題を取り上げて授業をするのは、それまでの認識を変えていく大事なきっかけになります。道徳であればなおさら大切なことです。また、この授業が終わったら子どもたちの間に新しいかかわりが生まれ、友だちに対する新しい見方、そしてその行動が生まれたら素晴らしいと思っていました。学びあいながら子どもの認識が変わる、子どもの行動が変わる、ここに授業の姿があると思います。子どもたちとともに私もいつもと違う緊張感を感じながら道徳の授業に臨みました。

❖道徳の授業

「みんなちがって、みんないい」

「今日は、ちいちゃんのことをみんなで勉強します。一人ひとり思ったこと、考えたことをしっかり言ってください」と授業のはじめに子どもたちに伝えました。「どの人にもできること、できないことがあると思います。得意なことと自信がないと思っていることをそれぞれ言ってください」と話しました。意外でしたが、子どもたちの発表は、得意なことよりも不得意なことのほうが次から次と出てきました。「一輪車がうまくなった」「野球が得意」という一方で、「足が遅い」「逆上がりは無理」「字が汚い、うまく書けない」「発表がとても苦手」「引き算に時間がかかる」「野菜が嫌い」等々できないと思うことがたくさんあがりました。それでも、発表の途中には、「そんなことないよ、上手だよ」とか、「いつもがんばっているよ」とか、友だちからの励ましの声もかかりました。同じ二年生でもできること、できないことにはそれぞれの子の違いがたくさんあることがよくわかりました。できないということに多くの子どもたちの意識があり、逆にそれが子どもたちが伸びてゆく原動力になっているのだと思いました。しかし、その多くはできないことが「おそいね」「へただね」とかみんなからの批判の的になってしまっています。ここに子どもたちの新しい見方を加えたいと思いました。

「『なあんだ、逆上がりできないの』と言われたとき、みんなどう思う」と子どもたちに聞いてみました。

「言われるのはいやだ」「練習すればいいと思う」「自分だけできなくて、恥ずかしいなと思って、悲しくなる」など意見が出ました。多くは言われたときのいやな思いです。真剣なまなざしで聞いていたスポーツがんばりの啓吾君が、

「みんないつかは必ずできるようになるのだから、できないと決めつけて言うのはおかしいよ」

と発表してくれました。「できない」というのは今のことで、だれでも努力することでできるんだ、ということを啓吾君はきっぱりと言って教えてくれました。さらに続いて、とても勝気な理子ちゃんは、

「できること、できないことがみんなたくさんあるのだから、一つのことだけ比べても意味ないと思う」

と言ってくれました。人を比べることの問題を、じつにわかりやすく的確に言ってくれました。一人ひとり違いがあるのです。その違いを良さとして認めあうこと、ここが大事なことの一つでした。

話し合いをとおして、あきらめず努力していくことの大切さ、それぞれみんなちがう良さをもっていることをみんなの発言から考えあうことができました。理子ちゃんの発言で、できないから恥ずかしいのではないことを子どもたちは感じたようでした。

❖ 大きな病気を乗り越えて

「どの人もできること、まだできないこともたくさんあるし、それぞれ違いがあることがよくわかりました。一人ひとりが違うのです。一人ひとりのその違いがとても大事なんですね。そっくり人間がたくさんいたら変ですね。

このクラスのちいちゃんは、さらに四〇万人に一人だけというみんなの知らない大きな「病気」を抱えて生きています。赤ちゃんのころから今まで、繰り返し繰り返したくさんの手術をしてきました。どんなにたいへんな経験をしてきているのか、「病気」とどのように今も闘っているのか。お母さんからのお話があります。よく聞いてください」

と、ちいちゃんのお母さんを紹介しました。


お母さんは、ちいちゃんが生まれたとき、お尻がなかったこと。生まれて数時間後に大手術が始まったこと。おしりの穴をつくるのに針を体中にいくつも刺して調べたこと。その後、高熱がでたり何度も繰り返された手術の話をしてくれました。そして、お母さんから最後に、

「今、やっと自分で気づいて、トイレに行けるようになったのだけれど、まだお尻の筋肉は弱くて、自分では知らないうちに失敗してしまうのです。そんなちいちゃんを見て「汚い」と言うのではなく、みんなには優しく見守ってほしいのです。お願いします」

と話がありました。そして、お母さんは、

「ちいのことを「かわいそう」と言わないでください。障害をもっているちいが「ちい自身」なのです」

と締めくくり、話が終わりました。「障害をもっているちいが「ちい自身」なのです」、たいへん重い言葉で、人間一人ひとりを認識する大事な深い言葉だと思いました。

❖病気と生きるちいちゃんの姿から

子どもたちは、ちいちゃんのお母さんからの話を食い入るように聞いていました。「お母さんの話を聞いて思ったことをいってください」、子どもたちに意見を求めました。

「生まれたときから大きな病気で、すごくたいへんななか生きてきて、ちいちゃんすごいなあと思いました」

「ちいちゃんは四〇万人に一人という重い病気を背負いながら生きている。辛いこともあるかもしれないけれど、いつも「負けないぞ」と思う気持ちがあるから、ちいちゃんはがんばれるんだと思う」

「病気は病気だけれど、みんなと同じように、いつも元気にしているのがすごいなあと思った」

などの意見が続きました。そして、病気と闘って亡くなったおじいちゃんを思い出しながら彩香さんが発言してくれました。

「病気だった私のおじいちゃんが亡くなり、そのときとても悲しかったです。みんなとちがう体でも、ちいちゃんは負けないでがんばって生きているのがすごいと思う。ちいちゃんもお母さんも、これからがんばって生きてほしい」

と語り終わると、机に伏して泣いていました。子どもたちはちいちゃんの病気を知って、そのなかでがんばるちいちゃんの姿をお母さんの話から自分に置き換えて聞くことができたのだと思いました。

❖「かわいそう」と思わないで

そして、お母さんがなぜ「かわいそうと思わないで」と言ったのか、それはどういう意味なのかをみんなで考えました。授業の計画では「言ってはいけないこと」をみんなで考えることにしていましたが、お母さんからの話はそこを深く掘り下げる問題提起となりました。二年生の子どもたちの一つひとつの発表に私は頷きながら聞いていました。

「ちいちゃんは、幼稚園のときにみんなと違うことに気づいていたけど、でも、いつもみんなと同じと思って、いっしょにいろいろなことをしてきている。「かわいそう」と言われると、みんなとちいちゃんは違うと言っているのと同じだと思う。だから言ってはいけない言葉だと思います」

幼稚園のころから一緒だった都ちゃんがはじめにその言葉の意味を発言してくれました。どの子も真剣に発表する友だちを見つめる姿にひしひしと子どもたちの一生懸命さが伝わってきました。発言はさらに続きます。

「かわいそうと言われると仲間はずれにされた感じがする。できないことがあっても、人は神様が与えたもの。みんなと同じ人間で、「かわいそう」ということは、「みんなと違うんだ」といっているのと同じことだと思います」

「たとえば、自転車に乗れない友だちに、「かわいそう」と言うのは、いじめと同じでしょ。できるように教えてあげるのが本当の友だちだからです」

「「かわいそう」とちいちゃんが言われると、ちいちゃんだけはみんなと違うという目でみんなが見ていることになると思う」

「お母さんが「ちいのことを『かわいそう』と言わないでください」と言ったのは、病気を乗り越えているちいちゃんが、今クラスにいる「ちいちゃん」だからだと思いました」

お母さんも大粒の涙を流しながらクラスの子どもたちの発表を聞いていました。参観に来ていた先生、保護者の方にもときおり涙をぬぐう姿がありました。人間にはできること、できないことたくさんあるけど同じ人間として、お互いを認めあい、一緒に歩んでいくことの大切さを私も子どもたちからの言葉をとおしてしっかり学ぶことができました。

話し合いの終わりに、ちいちゃんにみんなの発言を聞いて、その思いを語ってもらいました。

「みんなも、ちいと一緒にお山に登ってくれてありがとう。てっぺんまで一緒に行ってほしいというのが、わたしの願いです」

ちいちゃんの話が終わると、長く続く大きな大きな拍手が教室中に鳴り響いていました。

子どもたちの言葉をつなぎ、子どもたちの思いをつないでいくことで、今までにない新しい認識を生み、新しい子どもたちの関係が生まれることに私たちが勉強する意味があるのだと、この道徳の学習を終えてつくづく思いました。人間関係の豊かさが人間をつくっていくのです。

❖みんないっしょに

ちいちゃんはこの日、家に帰って、一編の詩を書いて来てくれました。

みんないっしょに

今日　クラスの友だちに
ちいの　びょうきのことを　話した
ずっと　ちいのびょうきのことや
小さい時のことを
みんなに　知ってもらいたかった
それには　かずお先生、ママが
てつだってくれた

先生もママも
一生けんめいに　なってくれた
すごく　うれしかった
みんなも　一生けんめい
聞いてくれた
みんな　ありがとう
ちいも　がんばる
お山に　のぼろう
てっぺん　目ざすぞ

お母さんからこの日の授業に感謝する手紙をいただきました。感謝の言葉とともに娘に対して、「これから先も、たくさんの壁に直面するかもしれない。しかしそんな時は、この日のことを思い出して、がんばって乗り越えてほしい。そして、いつでも笑って、お山を登るちーであってほしい」と書いてありました。

この学びをとおして、これから子どもたちがどのように成長していくか、私はひそかな楽しみの一つにしていました。もちろんその後、ちいちゃんが悲しくなることは一度も起こりませんでした。

この子たちとは、三学期に生活科の時間を使って、三〇時間にわたる「いのち」の授業を行いました。これはちいちゃんとの約束でもあったからです。

それから中学生になったちいちゃんは、クラスの友だちのいじめに直面しました。そこでちいちゃんは、担任の先生に話し、「見える障害、見えない障害」という表題で自分の思いを文にしてクラスのみんなに読み上げたそうです。

友だちへのいじめを自分の問題と考えながら、障害をかかえる自らを赤裸々に語ることで、人としての悩みをどのように共有すべきか、人との違いを一人の人間としてどう受け止めるべきか語ったそうです。クラスのだれもがさまざまな問題を抱えていることにそれぞれが気づいたようでもあったようです。ちいちゃんの訴えが周囲の友だちの心を動かしたことはまちがいありません。その後、その友だちに対するいじめはクラスからまったくなくなったそうです。

❖「授業づくり」と「学校づくり」

子どもたちとどんな授業をつくり上げることができるか、これは一人教師の手でできるものではありません。おそらく中野区の学校でこうした実践をすることは、かなり困難だったろうと思います。保護者とともに授業づくりをすることなど、受け入れられることはなかったかもしれません。世田谷区のこの学校に来て、子どもたちを温かく迎える大勢の教師たちがいたということが、大樹君との放課後の勉強を可能にし、大きな障害をもつちいちゃんとの授業ができたのだと思いました。私たちは日々子どもとの実践をとおして、子どもの見方を深め、子どもたちのための学校に少しでも近づくよう努力しているのです。かつて世田谷区でもその名が区内中に広がるほど、この学校は大きな「荒れ」を経験し、そこから教職員の子どもたちに向かう新たなまなざしが生まれたのではないかと思っています。学校での実践を共有し、支えあう関係が「授業づくり」を支えていくことになるのではないかと思っています。

「授業づくり」も「学校づくり」も私には同じようにみえてしかたありません。個性の違うそれぞれの子どもたちが学級においてその違いが生かされる、どの子もそのもつ力が認められることで、クラス全体に豊かに生き生きとした関係づくりが生まれる、これが授業だと思います。そして学校においても自由なそれぞれの個性を生かした子どもたちのための授業ができるかどうかも、また協働しあい教職員の支えあう・認めあう関係づくりができるかどうかも、「学校づくり」なのではないかと思っています。

第二節　学校って僕らのちからで変わるね

※滋賀の学校づくりの系譜

民主的学校づくりの水脈

二〇〇八年に発行された『戦後滋賀の教育のあゆみ』の第3章「民間教育サークルの発展」として、一九七〇年代から一九八〇年代にかけての学校づくり実践が取り上げられています。そのひとつが八幡中学校の実践であり、もう一つが船岡（蒲生）中学校の実践です。両方とも湖東の学校づくりの実践です。

その湖東の地で学校づくりが発展したのには理由があります。その経過を少しさかのぼって述べてみます。一九六二年、県教委と校長会の共催で行われた教育講演会で、当時の文部大臣・荒木万寿夫の日教組攻撃と「教育正常化」発言に端を発し、県教委や校長会による組合脱退工作が露骨に進められ、組織率は三八％に低下してしまったのです。しかし、この湖東には組合攻撃を克服する方針がありました。湖東第一支部書記長・林孝は「権利と生活を守る活動と、教師として誇りのもてる教育実践の徹底追求という両輪活動こそ、教職員組合運動の本道であり、困難な状況にある日教組攻撃を跳ね返す道でもあるのだ」と述べて少数になった組合をリードしました。その後数年たつと、「組合に入っていないと教育実践や研究に取り残されてしまう」と次々に組合に入ってくる教師が出てきて、組織率を七〇％まで回復することができたのです。この方針にもとづいて一九七六年には教職員組合で湖東教育センターを設立して、教育講座を自前で開催したのです。この運動のなかで先にあげた二つの学校づくりが行われたのです。

民主的な学校づくりの担い手を学校の自己運動としてつくり出す学校

八幡中学校では地区の子どもたちの不就学の実態から出発して、地区での勉強会を始め、東上高志の指導で「教育の機会の平等・公正」を実現することに取り組むのです。具体的には、第一に、基礎学力の向上をめざした特設時間と推進組織をおいて学級の取り組みを進めたこと。第二に、教科担任主体の授業の徹底重視、教科指導の見直しを始め、「全教科で到達目標を生徒と教師で持ち合い、その達成をめざす」取り組みを進めました。教科間の相互批判も組織し、系統的に整理された「基礎学力を鍛えるための到達度評価問題集」もつくられました。第三に、教師の基礎学力の取り組みです。

特筆すべきは、三つ目にあげた「教師の基礎学力の取り組み」で、教科指導の充実が図られ、生徒会活動なども発展するなかで、教師自身の「学力」がどのようにあるべきかという課題も浮かび上がってきたのです。議論のなかで教師には、次の「三つの学力」が必要だとして、それを「読む・書く・話す」としたのです。「読む力」とは教育書などを常に読む習慣をつける、「書く力」とは自分の実践を最低一年に一本のレポートにまとめる、「話す力」とは読んだり書いたりしたものを題材にして、一〇〇人ほどの聴衆を前に一時間以上語ること。これらの要素を盛り込んで合宿研を開くのです。一人一レポートは二〇年以上続いたといわれ、合宿研でのレポートは全員が書き、当日、発表者を抽選で選んだという逸話が残っています。つまり、民主的な学校づくりの担い手を学校の自己運動としてつくり出す学校だったのです。

どの子も切り捨てない、生徒自治を追求した学校

もう一方の船岡中学校の学校づくりは、その前身である組合立蒲生中学校から始まります。蒲生中は、近江八幡市と八日市市（現・東近江市）にまたがる組合立の学校でした。一九六五年、不就学や長欠が解消され、すべての子ども

たちが学校へくるなか、困難は学校へ持ち込まれました。「暴力をふるうような生徒は警察へ言うたらええ」「真面目な生徒がかわいそう」「学校は不親切や警察に言う前に親に言うてくれ」と学校が混乱しました。それに対して、教師集団は合宿研究会などで議論を重ね、「非行克服の基本方針」を確立したのです。それによると、

①　問題生徒を排除しようとする考えは、教育の本来の姿ではない
②　問題の生徒こそ、本校教育の第一の対象者としなければならない
③　問題が起こったときこそ、指導の切り口を発見する最もよい機会であり、ねばり強く、「毅然とした態度」で指導にあたる
④　取り組みで最も大切なことは、教職員が一致団結することである
⑤　思想や信条で一致するのでなく、具体的な事実で一致することを大切にする

と記されています。この基本方針をもとに「どの子も切り捨てない」が学校の哲学になり、やがて、地域の哲学にもなり、子育て運動として広まっていったのです。

「問題の生徒こそ、本校教育の第一の対象者」という方針は、言い換えれば「学校の主人公は僕らだ」ということです。そういう実感をどう子どもたちにもたせるかを課題として、実践的に明らかにしていこうと学校づくりの取り組みが始まったのです。学校づくりの取り組みが、子どもたちに関心の高い「行事」の取り組みから始まっていくのです。体育祭の取り組みをとおして「力の支配」から「民主主義の世界」へと学校を変えていくことをめざして、体育祭の原案に次の五点を盛り込みました。

①　縦割り集団（兄弟学級団）の組み合わせを生徒総会で決定する
②　各学級の方針を、全校的に明らかにする
③　応援合戦には関心が強いし、やる気があるので応援合戦には力を入れる

④　二年生を中心にした下級学年の力で、三年生の指導力を引き出す
⑤　生活約束は、見通しのあるものだけにし、必ずやり切る

三年生は下級学年に自らの方針を示し、下級学年はその方針をもとに指導学級（三年生）を選ぶということが生徒総会のなかで行われるのです。そこで、そのことが名実ともに「下級生の力で三年生の指導力を引き出す」場になったとき、学校づくりは成功すると考えたのです。この取り組みは、少なくとも一九七八年から二〇〇八年の三〇年間続き、卒業式でも生かされ発展しました。さらに、一九八六年には、校区の八日市西小学校から「もうすぐ中学校入学をひかえ、最近私たちの仲間が中学生にいじめやいやがらせを受けている。今の船岡中はどうなっているのか」という抗議文を受けて、討議・学習を繰り返し「私たちの人権宣言」を生徒総会で満場一致で採択しています。そして、入学生に「私たちの人権宣言」とそのときの取り組みを紹介して、「学校の主人公は僕らだ」と言えるように頑張ろうと呼びかけています。

民主的人事闘争でつくり出す「民主的学校づくり」のちから

このほかにも、滋賀には八日市西小学校などのように、教職員として、民主的な運営組織をどのようにつくっていくかという方針をもっている学校がいくつもありました。それは確信に満ちていたし、私たちを励ましました。そして何より、これらの民主的学校づくりを支えたものは、教職員組合の「民主的人事闘争」と呼ばれるものです。組合の人事闘争といえば今では、生活や権利を守り、教師としての経験を豊かにするために本人が希望を書き、組合はその希望実現のために共同で行政と交渉するというイメージです。しかし、その当時は、四月からあの学校では子どもたちの荒れや暴力に方針が立たないという分析をすると、誰がその学校へ行って方針を立て、民主的な学校をつくっていくのかという論議が起こり、説得が始まりました。そして、その論議に従って人事異動の希望を書くのです。つ

まり、はじめから、民主的学校づくりの方針をもって荒れの克服のために転勤するということなのです。当時、私たち若い教師はその議論を頭の上で聞きながら、民主的学校づくりについて体に叩き込まれたような気がします。

船岡中学校の系譜には五個荘中学校、豊日中学校、玉緒小学校の実践などがあり、これから述べる島小学校の実践はどちらかというと、この系譜に位置づくものです。いずれにしても、この滋賀の湖東の民主的学校づくりの伝統の上に島小学校の実践があることはまちがいないのです。

❖島小の学校づくり

学校づくりの二つの出発点

島小学校の学校づくり実践には、二つの出発点があります。

第一に、阪神大震災の残したものです。一九九五年一月一七日に阪神大震災がありました。この震災はさまざまなものを私たちに残しました。その一つが被災した教職員が実感した「学校観」であり、「子ども観」です。震災があってから、教職員は学校で子どもたちの安否を気遣い、子どもたちが登校してくると「よく元気でいた」と抱きしめ、子どもたちが生きているということを喜びあったのです。そこには、日常生活でこだわっていた服装・持ち物・宿題などどうでもよいという世界が広がっていました。子どもたちの存在そのものを認める子ども観があったのです。そして、被災した学校は行事黒板も真っ白で、教育委員会の指示を受けることもできず、それぞれの学校で教職員自身が判断して学校の運営をしていきました。登校してきた子どもたちや避難所に集まってくる地域の人たちと協議しながら学校を形づくっていったのです。そこには、教職員と子どもたちと地域の人たちでつくる学校が存在したのです。

もう一つは、被災した青年や震災ボランティアに入った青年たちの実感でした。被災した町で茶髪の青年が、瓦礫の下に埋まった人たちを助けたり、救援物資を運んだりする。日常の世界では相手にされない自分があてにされる。自分が地域の人たちの役に立っているという実感を得たのです。首都圏からボランティアに入った学生も同じようなことを体験します。この青年もボランティア活動のなかで自分が被災した人々に頼りにされ、自分の存在を実感したと言います。それは「大学を休学して一年はここに居る」という決断を学生にさせました。ここには、子どものことを学校を構成する大切な存在として位置づける子ども観や、子どものことを頼りにする学校像があったのです。

第二に、前任校の「荒れ」の克服の経験です。基本的生活習慣の崩れや低学力を背景に、ちょっとした担任とのすれ違いから、学級崩壊的な状況に陥ったことがあります。担任の指導は通らず、授業は成立していない状況でした。学校はチームを組んで学習と生活の両面から「荒れ」の克服に全力を尽くしましたが、なかなか立て直すことができませんでした。そのうち、子どもたちから伝わる学級の状況に不安を募らせる保護者が増え、担任にも苦情が寄せられるようになりました。そこで、この問題にかかわるチームで協議して、この状況を保護者に開くことにしました。ありのままの子どもたちの姿と教職員、とくに担任の様子を見てもらうことにしたのです。そうすると「先生たちは何をしているんや！」というまなざしから、「これはたいへんやな」「自分らに何かできることはないか」というまなざしに変化したのです。その後、保護者たちは当番を決めて教室に来てくれるようになりました。そして、子どもたちと保護者と教職員の三者協議の場で生活や学習のルールについて確認することもできるようになったのです。そこには、困難があれば子どもや保護者に学校を開き、三者の力を合わせてつくっていこうとする学校像が生まれていったのです。

新教育課程の構築

私が島小学校に転勤したのは、一九九九年でした。ちょうど「総合的な学習の時間」を核に、新教育課程への移行について検討を始める頃でした。そんなさなか、私は校内事情により教務主任になったのでした。「総合的な学習の時間」を教科を発展させたものにし、九教科目をつくらないという方針を出し、子どもたちの実態や地域の特質から学校独自の教育課程が立ち上がっていくようにしました。島小学校は自然豊かな地域が広がり、各学年の教材は豊富にありました。教科の学習の再編とともに行事の再編にも取り組みました。

誰が決めているのか

小さな学校では、何もかも六年生中心で行われていました。行事もその一つでした。ところが、いろいろな取り組みは進行していくのに、その取り組みを決めているはずの代表委員会が開かれた形跡がないのです。代表委員は有名無実でした。代表委員は休み時間に集まって協議し、学級へ持ち帰って提案し、また、その結果を休み時間に行われる代表委員会にもっていくのです。こんな休み時間を犠牲にする代表委員は引き受け手がありません。間接民主制は疲弊していたのです。そこで、一年生から六年生まで一堂に会して話し合う「児童総会」を導入しました。「児童総会」の新設は担任から歓迎されました。学級討議はしなくてもいいし、決めたことについて全員がそろって実行しやすいからでした。

子どもが一からつくる行事

私は教務になったので、卒業式改革をして、子どもたちで進めることに挑戦しました。子どもたちが司会をする卒業式は、すぐに実現しました。しかし、来賓や保護者もたくさん参加する卒業式は制約が多く、台詞もこちらの書いたものを子どもたちが読むことになり、子どもたちが独自性を発揮できるものではありませんでした。そこで、そのような卒業式に力を注ぐのをやめ、代わりに教育課程の編成過程で再編する行事を子どもたちと一からつくっていくことにしました。

まず取り組んだのが、春にある「朗読発表会」と秋にある「音楽会」の合体でした。子どもたちは、「声って英語で何ていうの?」「音って英語で何ていうの?」と聞きながら、「VOICE&SOUND FESTA 21」と命名して、「声」と「音」の二文字から行事を創造していったのです。最後についている21は21世紀の略で、この行事が一〇〇年続くようにとの子どもたちの願いが込められているのです。学年ごとの発表とその合間にある誰でも参加してそれぞれの表現を楽しむ「自由ステージ」は子どもたちの人気を集め、たくさんの子どもたちが出場しました。

「総合学習」の核をつくる

各学年で「総合学習」もスタートしました。私は四年生の理科を発展させる総合学習を組みました。島小学校の前には田んぼが広がり、その田んぼを取り囲むように山があります。

その山と田んぼを見渡せる三差路があります。「ここに四年生の子どもたちを連れてくれば、四季の変化を体で感じることができる」と思ったのです。はじめのうちは一週間に一回、ここにきて景色をバックに集合写真を撮る「定点観測」を始めました。黄緑の若葉から新緑へ、田んぼは土色から、水がはられ、そして、やがて緑へと変化していきます。そのうち、遠くに、黄色く輝く田んぼを見つけるのです。そこでは菜の花畑で蜂がブンブン飛んでいました。ある子が「この実は油になるんや」と言ったことがきっかけで、実から油を摂ろうということになりました。この畑は誰のものか、この実はもらえるのかとリサーチが始まりました。この畑は村の持ち物で、実は収穫を手伝えばもらえるというのです。なぜ収穫物の菜種がもらえるのか?なんのためにつくっていたのか?が問題になりました。この菜種畑は村の祭りのために共同で耕作していたということ、菜種殻を松明づくりに使うことなどがわかりました。菜種刈り、菜種落としをやって、二二キロの菜種を手に入れることができました。

種を手にした子どもたちは、搾油に取りかかります。家庭室ですりこ木で擂ったり、茹でたり、炒ったり、と挑戦しますが、なかなか搾れません。そこで、菜種油の工場を探します。タウンページで調べて電話をします。「うちは動物の油です」「うちは廃油処理です」。そのうち、菜種油の搾油工場を見つけて、工場見学を申し入れます。「ここまでは合ってたな」「惜しかったな」とつぶやきながら、この工場で搾ってもらうことにします。一一キロ（＝一一リットル）の菜種油と同量の油かすを手に入れた子どもたちは、地域への販売を計画します。このことがもとになって、なくした秋の音楽会の代わりに「島小子ども祭り」が誕生します。この総合学習は「菜の花畑から見えてくる世界」と名づけられ、四年生に定着し、島小の総合学習の看板的な存在になっていきます。

クラブづくりは子どもたちの発議で

クラブ活動には子ども・教師双方に悩みがありました。子どもたちの側からみれば、クラブは好きな活動を好きな仲間とできるっていうけど、あらかじめ設定されたクラブに希望をもとに割り振られるだけだと、子どもたちは、自分の希望の活動ができるかどうかはわからないと思っています。一方、教師からみれば、週一時間あるクラブ活動の時間がくるのが厄介でした。授業で手一杯なのにクラブの活動内容まで考えないといけない。そこで、クラブづくりに子どもが参加することで、この双方の悩みを解決しようと考えたのです。それが「子ども発議制のクラブ活動」です。言い方をかえると、子どもたちによるこの指とまれのクラブ活動です。まず、クラブをつくりたいと考えている子どもたちは、模造紙の上半分にクラブ名、発議者、活動方針（内容）を書いて貼り出します。次に、四年生以上の子どもたちが入りたいクラブの模造紙の下半分に自分の名札を貼っていきます。多くの名札の集まったクラブから成立していきます。教師集団は、三人以上名札の集まったクラブはできるだけ成立するように協議します。二人以下のクラブは合併を促すこともあります。このつくり方は先に示した子ども・教師双方の悩みを解決させました。子どもたちが好きな仲間とやりたいことを発議するのですから、子どもたちの側の悩みはほぼ解消します。教師の悩みはどうか。子どもたちが活動方針と活動内容を主体的に考えているわけですから、教師が活動内容を考える必要はないのです。極端なことをいえば、クラブの子どもたちがその日の活動内容を考えていなければ、何もせずにつまらない時間にすればいい。子どもたちが活動において自立しているということは、教師一人で複数のクラブ活動を担当することもできます。ですから、クラブを担当できる教師の数以上にクラブを誕生することもできるので、子どもたちの利益につながる。自然いっぱいの島小学校では、校外へ出かける釣りクラブやサイクリングクラブから、四季の自然を楽しむフォーシーズンズなど、この校区ならではの豊かな活動が展開されたのです。

日課表も自分たちの手で

単級の学校では、よく縦割り活動が行われています。島小学校の実態は、六年生は企画する中心として、それなりの意欲をもって参加しています。最も配慮される一年生は楽しみにしています。保護者は規模の大きな中学校へ進学するときのためにできるだけクラスの友だち以外とも交流を広げて、人間関係で困らない力をつけてほしいと願っています。しかし、二年から五年生にとっては、自由な遊びのできない時間、一年生に配慮して遊ばないといけない時間になっていて、決して歓迎されてはいませんでした。そこで、縦割り遊びの廃止と四五分の休み時間の設定を児童総会に提案しました。縦割り遊び廃止は異論なく可決されました。しかし、四五分の休み時間には、五年生から反対意見が出ました。「休み時間は短くてもいいから、早く下校させてくれ」というものでした。六年生は「家に帰ってしまうとみんな習い事があって、一緒に遊べない」「学校にいるときは、友だちと遊べる。その時間が長いほうがいい」と四五分の休み時間に賛成意見を述べました。討議の末、四五分の休み時間が児童総会で可決されました。休み時間が四五分間になると、子どもたちは本格的な遊びを展開し、クラス内ではとどまらない多学年での遊びが展開されるようになったのです。この休み時間は、「一五分学級事務をやっても、子どもたちと三〇分も遊べる」と教職員にも歓迎されました。

この日課表について、新しく赴任した校長が「五分前予鈴」を提案してきました。これに対して、「校長先生、この日課表は子どもたちと協議して決めたものですから、子どもたちとの協議が必要です」との同僚の発言で、「五分前予鈴」は児童総会の議案になりました。校長が提案すると、子どもたちの意見は二つに分かれました。一方は「五分ないと不安」という低学年中心の慎重派。もう一方は「五分前に遊びをやめなくても、三分前でいい」「運動場の端からでも間に合う」。両論拮抗し、ついに挙手採決。五五対五三で五分前予鈴否決。この討議をつうじて、子どもたちは時間を守る主人公になったのです。

子どもの学校通信簿と委員会活動

この時期、「開かれた学校づくり」が官民ともに盛んに提唱されていました。その一環として、学校の外部評価や子どもによる学校評価も、一つの注目点になっていました。島小学校では、高学年での実質的な授業不成立の一つの打開策として、子どもたちがどんな授業のどんな内容を面白いと感じているのかをアンケートで明らかにしようと考えていました。「一年間で心に残る授業は何ですか」という設問を核に、「一番楽しかったこと」「一番嫌だったこと」などを含む「子どもの学校通信簿」として編成され、保護者、教職員の評価とともに「学校評価」の重要な一角を占めるようになりました。「学校通信簿」は一月に実施され、二月に児童会執行部（運営委員会）の六年生の手によって集計され、次年度の児童会活動に反映されました。

その「子どもの学校通信簿」の設問の一つに、委員会活動に関するものがあります。「今年の委員会活動ではやりがいがありましたか」、いわゆる、「やりがい調査」です。やりがいないと評価された委員会は、次年度廃止されるか、児童の運営委員会が仕事内容のガイドラインを提案することになります。それらが児童総会に提案されどんな委員会活動を行うか決定されるのです。

このようなしくみのなかでいくつも取り組みが誕生します。昨年度の六年から委員会案を受け取った新六年は新しく「新聞委員会」をつくりたいという構想をもっていました。それは、彼らが進学する八幡中学校が五〇〇〇号に及ぶ「かがやけ八中僕らの学校」という日刊新聞を発行していたのにならって、あんな新聞を出したいという要求（憧れ）にもとづくものでした。担任として相談を受けた私は、日刊新聞を委員会活動として出すのは指導することが難しいと考え、六年生の学級で受けもつ委員会活動として児童総会に提案するように指導していました。児童総会で「六年生に新聞委員会を任せていいですか」と提案すると、五年生の女の子がすっと手を挙げて「私もやりたいです」と言ったのです。他の学年にも聞いたところ一年生から四年生のなかにもやりたいという子がいて、学年を超える係活動が誕生したのです。その後、六年生のリーダーシップのもと、日刊新聞「Ｗｉｎｇ～はばたけ～」と命名し、全校配布のＢ６判の新聞を毎日出しつづけ、五〇〇号を突破したのです。

また、体育委員会は「縦割りウォークラリー」の計画を立てました。四五分の休み時間を使ってするもので、児童総会に出す原案をつくるために、コースの計画・下見、所要時間、縦割り班の編成、クイズの立案など精力的に行動しました。児童総会で可決され、四五分の休み時間を使って実施することになりました。委員会が行事をつくったのです。その後、この行事は山を越えて琵琶湖畔へ向かい、全校で遊んだ後、高学年の「宿泊リーダー研修」に発展していくことになりました。このことは児童総会への議案提出権の拡大という意味ももっていたのです。

ほかにも、給食委員会は、自分たちの育てた野菜などを入れて作るオリジナル献立やラッキー給食、リクエスト給食などを実施しましたし、保健委員会は保険文化賞の賞金でトイレの独自改修をしたり、飼育委員会はうさぎの世話をめぐっての討議を巻き起こし、自分たちの力で飼育活動の存続をかちとったりしていました。これらの委員会活動のなかで、子どもたちは「子ども祭り」の企画がしたければ後期の運営委員会に入ればいい、「縦割りウォークラリー」の企画がしたければ前期の体育委員会に入ればいいと、見通しをもって委員会活動に参加するようになったのです。

「子どもの権利憲章」のつくる世界

子どもの「学校通信簿」の集約作業のときでした。「一年間で一番嫌だったこと」を集約している六年生の顔が曇ってきました。「何これ！六年の嫌なことばかり書いてるやん」。「いじめられた」とか「登校旗でたたかれた」とか「低学年の日やのに六年生が体育館を使ってる」とか。はじめは怒りだったものがだんだん困惑に変わってきたのです。「こんなにみんなに嫌がられたまま、怖い人やと思われたまま卒業していいか？」と思ったのです。そして、憲法学習を生かして島小に憲章を残そうと考えたのです。六年生の運営委員は、社会科の資料集を開きながら前文を次のように書きだしました。

「私たち島小の者が本来望む事はみんなが仲良く助け合い「自由」というお互いの権利を尊重し合い、また、「自由」のもたらす恵みを全学年にわたって確かなものとし、決して「いじめ」「仲間はずれ」「暴力・言葉の暴力」などでおどしたり、解決したりせず、島小の伝統ともいえる「児童総会」や「話し合い」を解決の方法とする。そして、どんな子でも意見を出し合い子どもの力・先生の力を両立しながら一人ひとりが楽しい学校生活を送れるように時には力を合わせ努力する。」

この前文の下に「島小の仕組み」が、憲法と子どもの権利条約を生かしたものとして次のように書かれました。国民は子どもで、内閣は運営委員会、そして、国会は児童総会。子どもから矢印が児童総会に向けて書かれ、そこには直接民主制と書かれているのです。さらに、全体を子ども中心の学校と位置づけています。この文書は六年生の学級会に提案され、後輩たちに贈る文書として決定されたのです。第一条には「島小の子どもは楽しく生活できる権利がある」と明記されていました。

島小子どもの権利憲章を託された私は、担任として新六年の子どもたちにこの憲章を贈りました。受け取った彼らは二〇〇四年度版を自分たちの生活に合わせてつくり変えることにしました。そのつくりたい理由には「自分たちの

島小・子どもの権利憲章

第１条　島小の子どもは楽しく生活できる権利がある。
第２条　島小の子どもはみんなと自由に楽しく遊んだり休む権利がある。
第３条　島小の子どもは１年から６年まで平等である
第４条　島小の子どもは一人でも児童総会を開けてだれでも気軽に意見を言いあって学校を変えていける権利がある。
第５条　島小の子どもは分からなかったら先生やみんなに教えてもらうなど、わかるまで学習できる権利がある。
第６条　島小の子どもは講師や先輩を呼べる権利がある。
第７条　島小の子どもは、島の豊かな自然の中で遊ぶ権利があり、島の自然を守るよう努力する。
第８条　島小の子どもは、子ども祭りや卒業式などの行事に地域の人やお世話になった先生方を招待状や手紙などで呼べる権利がある。
第９条　島小の子どもは、好きなクラブを計画して作りあげる権利がある。
第10条　島小の子どもは、先生たちに手伝ってもらって、委員会を作る権利がある。また、自由に入れる委員会もある。
第11条　島小の子どもはビデオトープ係りやＷｉｎｇのような学級をこえた係りやグループを作れる。
第12条　島小の子どもは気軽に島小の良い所や悪い所を発表できる権利がある。
第13条　島小の子どもは「先輩たちからの贈り物」を受けとる権利がある。
第14条　島小の子どもは、大変な時、助けてほしい時、みんなで助け合い、最後までやりとげる権利がある。

やったことを反省して、島小みんなの気持ちを考えてつくってすごい」と先輩たちへの敬意が示されていました。条文は八条だったものを自分たちの生活のなかで実現したことなどを加えて一三条からなる憲章につくりかえ児童総会に提案しました。付け加えたもののなかに「環境権」に属するものがありました。「第4条　島小の子どもは、ビオトープをふくむ島の自然全部を大切にし、島の環境を守る権利がある」。この条文には括弧書きの一文が添えられています。(保留　現五年生を中心に考える)。この条文をめぐっては権利か義務かについて一定の論争があったことがわかります。二年間の論議を経て、「第8条　島小の子どもは島の豊かな自然の中で遊ぶ権利があり、島の自然を守るよう努力する」というような条文になりました。このように、島小子どもの権利憲章は先輩から贈られたものをそのまま守るというのではなく、自分たちの生活に合わせてつくり変える、憲章から学んで生活を向上させる、向上させた生活を自分たちの権利として憲章に書き込むというサイクルをつくり出したといえるのです。

その典型といえる実践が「体育館フリー計画」です。この取り組みの原案の「みんなの様子」（提案理由）には「権利憲章の児童総会で問題になったように「ボールをけってやってこわ」と思っている人がいます。ボールのことは前児童総会で決めたように「〇学年だけ」の時間は使っていいことになっています。これで「いやだ」と思っている人がいると「島小みんなの宝物（憲章を二〇〇六年に改称）」の1条・2条が実現しない。でも、ボールをけることができなくなると、サッカーなどをしている人が楽しくない。それに今のままだと、一年と六年が一緒に遊んだりはできません。そこで、体育館フリー計画を提案します」とあります。これは正しく憲章の「第1条　楽しく生活する権利」と「第2条　自由に楽しく遊んだり休む権利」を真に実現させるために運営委員会が児童総会に提案した生活改善案なのです。体育館割当表にはフリー計画の名のとおり、ボールを使えるかどうかしか書いていない。そこには児童総会で出された「ボールを使う自由」「怖いボールのない空間で遊ぶ自由」そして、「学年を超えて遊びたいという願い」の実現をめざした子どもたちの思いがありました。

教育課程の自主編成

「総合的な学習の時間」は「菜の花畑から見えてくる世界」の実践から、教科の学習内容を発展させたものが学習が深まるし、無駄が少ないことが明確になってきました。それらの学習の核になる行事として「子ども祭り」を位置づけることもできました。「子どもの学校通信簿」には、「心に残った授業は何ですか」と子どもたちの授業に対する要求を聞き取ることもできるようになりました。保護者からは「島小の教育活動に関するアンケート」を実施し、教育要求をつかめるようになりました。それらを教師の専門性を発揮してコーディネイトすることを「教育課程編成の基本」という図にまとめました。その中央には、昭和二六年の学習指導要領の教育課程編成の一般方針より「教育課程は教師と子どもと保護者でつくる」を引用して、島小学校の教育課程編成の基本を体現させたのです。

保護者・地域と学校

島小学校では、保護者との関係を重視してきました。先に述べたように「島小の教育活動に関するアンケート」を一二月に実施し、教育要求をつかんでいます。そのとき、重視したのが教職員との関係が良くなるようにと、このアンケートの基本を教職員の頑張りを励ましてもらうことにおいたということです。設問の第一は「今年の教育活動でよかったことは何ですか」とし、その後に課題を書いてもらうことにしたのです。保護者からは、子ども祭りや児童会活動などに生き生きと取り組む子どもたちの姿が語られます。教師集団はこのアンケートに励まされると同時に、学校では見えなかった子どもたちの姿にも出会います。保護者が感動されたことと、自分たちがめざしている子ども像が一致していることを実感するのです。このアンケートの結果は、翌年の四月に保護者に対して行う教育課程説明会で報告され、成果は発展させ、課題は改善できるものから改善し、教育条件が整わないとできないものは率直に説明するようにしました。

学校評議会も設置しました。教育内容や人事への介入などのような外からの圧力になるのではないかとの教職員の不安などについて十分話し合い、将来、子どもたちもその構成員になれるような目標も同時にもちました。はじめのうちは評議会で学校が活動報告をして質疑したり、行事を見てもらったりというどちらかというと受け身的なものが多かったのですが、はじめの話し合いを受けて徐々に変化しはじめました。一つは、「この体操服、乾きにくい」という保護者の声がきっかけでした。これは学校評議会に子どもを参加させるチャンスだと思ったのです。体操服の改定をするのに、実際に着る子どもたちの意見、体操服を購入する保護者、その体操服を着た子どもたちを指導する教師、この三者協議が必要な内容だと判断して、学校評議会の規則にもとづいて三者で構成する専門委員会を立ち上げることにしたのです。業者からサンプルを取り寄せ、着心地・肌ざわり・乾きやすさ・価格などの観点から検討し、展示や試着会などを行い、体操服につけるロゴマークも全校に募集して体操服の改定に取り組みました。評議員は、子どもたちは仕事を任せたら力を発揮するという感想をもたれました。

もう一つは、子どもたちの学校評議会への参加です。評議会に対する学校の活動報告を子どもの運営委員会に任せたのです。運営委員はどんなことを活動報告に盛り込むか相談のうえ、資料を作成しました。そのなかに島小子どもの権利憲章も入れることにしました。学校評議員会で報告すると、年配の委員が「この憲章の1条に「島小の子どもは楽しく生活できる権利がある」って書いたあるにゃけど、うちの一年生になる孫が、昨日「上級生に筆箱こわされた」って言ってたけど、どういうことやろ」と質問されました。運営委員は質問されたことにどう返事を返すか頭を寄せ合って相談して、「どんなことが起こっているのか調べて、次回に報告します」と応えたのです。自分たちのやっていることに対して、地域の方とこんなやり取りができて、子どもたちが応えることの責任を負う。まさに主権者として認められているということではないでしょうか。また、管理職も私もゆったりした目でこのやり取りを見ていられることが、これからの学校づくりにとってとても重要な意味をもつのではないかと思ったのです。

❖島小の学校づくりの今日的意義

子ども・青年たちの現状と主権者教育

私は今年の四月から大学で「生徒・進路指導論」を担当しています。授業のはじめに、学生たちに今までに経験した生徒指導（生活指導）のイメージを聞いています。「怖い」「話が長い」「基本どなっている」などのイメージとともに、「「生徒指導」の先生がいなければ学校は成り立たない」「社会のルールを守るためにも学校のルールを守ることから始まるので生徒指導は必要だ」という見方も同時に出されました。この学生たちと「子どもたちが校則をつくることができるか」というテーマで討論を試みると、意見が次の四つに分かれました。一つ目はつくれる。二つ目は、つくれない、大人がつくった校則のない世界は自己責任の世界だから、校則に守られていたい。四つ目は、つくる必要はない、校則は大人が自分たちの将来のためにつくってくれたものだから守っていればいい。「つくれない、つくる必要などない」という意見が圧倒的に強いのです。「自分たちの生活するうえでのルールなのに人に決めてもらってもいいの」とやや挑発的に働きかけても、討論を続けてもこの構図が大きく変わることはありませんでした。そこで、「生活指導」と「生徒指導」の歴史や両者の違いについて授業を進めていていくと、学生のなかに少しずつ変化がではじめました。「自分自身は学校の校則に縛られて生きてきたので守ることがすべてだという考えがある」「守らないやつは出ていけぐらいの勢いで、校則をつくりたいという意見さえ出なかった」というふうに体験を語るようになりました。そして、「自分も生徒を一人別室に呼んでやる生徒指導だった」「生徒指導は生徒のための指導のようで、生徒のためのものではない」「私には生活指導の経験がない。生活指導の経験をしっかり積んでいたとしたら校則をつくれるという意見になっていたかもしれない」「子どもは自らの生活を自らつくっていく存在。この考え方が広まり、実践されていくのはいつになるのか考えるだけで気が遠くなる」と、自分たちの体験をふまえて、今の学校のあり方に意見をもつようになったのです。この学生たちには、今まで自分たちの社会は自分たちが働きかけることで変わるという体験はないのです。だから、学生は自分が一票投じたところで世の中は変わらないと思っています。その思いの源は、小中高での生活指導のあり方にその一因があることはまちがいありません。そうだとすると、小学校の早い段階からの身近な生活のなかでの主権者教育はとても大切なものなのです。

この観点から、今まで述べてきた島小教育を整理しなおしてみます。

一つ目は、児童総会という直接民主制を生み出したことです。二〇〇五年度版の子どもの権利憲章の６条にこんな条文があります。「島小の子どもは、一人でも児童総会を開けて、気軽に質問や意見を言い合って、学校をいろいろ変えていける権利がある」というものです。ここから子どもが一から考えてつくった行事「ＶＯＩＣＥ＆ＳＯＵＮＤ　ＦＥＳＴＡ21」も生まれたし、日刊新聞「Ｗｉｎｇ」も全校の縦割り係活動として生まれたし、体育委員会の縦割りウォークラリーも、四五分の休み時間も生まれたのです。みんなが集まり意見を言いあい決定していく場があるということが、子どもたちの意見を実現していくことを可能にしているのです。

二つ目は、子どもの学校通信簿の存在です。この集計を子どもも教師も真剣に受け止めているということです。子どもはここに書かれた委員会活動に対するやりがい調査をもとに委員会活動を見直すし、ここに書かれたことを本当の意味で反省し、自分たちへの批判を原動力に「権利憲章」をつくり出しました。教師は「心に残る授業」をもとに、総合学習や日常の授業を見直すことにしたのです。

三つ目に、クラブ活動のように子ども発議制という方式を取り入れたことです。自分たちのやりたいことを頭を寄せ合って真剣に考え、発議する。発議したものに責任をもって取り組む。子どもたちが活動の主体になるのです。子どもたちが活動の主体になったときには大きなちからが出ることを知っているのです。

これらのことが主権者教育の内実になっているのです。なぜなら、第一に、民主的な手続きさえすれば願いや要求が実現するという見通しを子どもたちがもつことができるからです。第二に、自分のもっている夢はどの活動の場へ行けばかなうのかという見通しが子どもたちにあるということです。第三に子どもたちが学校に合わせて生活するのではなく、自分に合わせて学校を変えていく。学校の現実に自分から働きかけて自分の願いや要求がかなう方向へ学校を変えていくということです。これは子どもたちが自分の思いどおりに学校を変えようとするものではありません。

子どもたちは学校の現実に働きかけることで自らも変革していくのです。主体として学校を担う主人公になる。言い換えれば主権者になっていくのです。

島小の学校づくりを可能にしたもの

この学校づくりを可能にしたものがいくつかあります。

一つ目に、新教育課程の編成期で総合的な学習の時間や開かれた学校づくりなどを豊かにする方向で考えたこと。二つ目に、子どもの力を引き出すしくみがうまくつくれ、教職員や保護者がその生き生きした子どもたちの姿に出会えたこと。三つ目に、教職員の困り観を大切に解決する方向で取り組めたこと。四つ目に、自然豊かで、第一次産業が盛んな校区の特徴や戦前の郷土教育の伝統を生かしたりしながら、保護者や地域の人が参加できる学校づくりにしたことなどがあげられます。

現場では、学校のスタンダード化のもとに、子どもの声、教職員の声、保護者の声も届かない学校が増えています。学校づくりの担い手にこの三者が座ったときのちからの大きさを大切に、お互いの信頼を深める方向で学校づくりが進められればと願っています。

第四章　高校における学校づくりの実践

第一節　大東学園高校の学校づくり――三者の協同による開かれた学校づくりの可能性

本節では、東京都世田谷区にある私立大東学園高等学校（以下、大東学園と表記）の教育実践に触れていきます。大東学園は、「人間の尊厳を大切にする」を教育目標に掲げ、憲法、（旧）教育基本法、子どもの権利条約などにもとづいて、民主主義の担い手を育てる教育を追求している学校です。その教育理念の実践として、今から一五年前に「三者協議会」を立ち上げ、以後今日に至るまで協議会を中心にした「三者の協同」による学校づくりを続けてきました。「三者」とは、もちろん学校づくりの主体としての「生徒」「保護者」「教職員」を指しています。三者協議会とは何か、その実践は何をめざし、何を獲得してきたのか、そしてこれからの教育にどのような指針を示しうるのか――私たちの実践の記録と考察が、これからの学校づくりを考えるうえで何がしかの課題提起になるよう願っています。

まず最初に、三者協議会の概要について記します。①協議会を中心とした年間の活動の様子と発足以来の経過を振り返り、現状と課題を概説します。②続いて、生徒の成長・発達、③そして教職員の変化・発展という異なる視点から実践をとらえていきます。

❖三者協議会とは何か

三者協議会の概要

大東学園の三者協議会は二〇〇三年度に発足しました（発足の経緯については後述）。以後、年二回の協議会を約一〇年間続け、二〇一四年度の第二三回からは原則として年一回の開催になり、現在では七月に三者懇談会、一一月に三者協議会という流れが定着しています（ただし二〇一五年度、二〇一六年度は、臨時の協議会を含めて年二回開催）。

三者協議会の目的　その目的は、規約の冒頭にこうあります。

「学校生活をよりよくしていくために、生徒会・保護者（東和会）・教職員が対等の立場で話し合い、お互いの合意をつくっていくことを目的とする」

まず指摘しておかなければならないことは、この協議会が学校運営に関する議決機関ではなく、「協議体」であるということです。たとえばフランスなどヨーロッパの一部の国々では、生徒や保護者の代表が参加する「学校協議会」（名称はそれぞれ異なる）が、カリキュラムはもちろん、教職員の人事まで決定する正式な議決機関です。また、オランダでは、公私立の別を問わずすべての学校に対して、保護者や一六歳以上の生徒の参加による「経営参加委員会」を設置することが法律で義務づけられていて、そこでは行政や理事会が決める学校の運営方針に対する「同意権」と「勧告権」が保障されています（リヒテルズ直子・苫野一徳『公教育をイチから考えよう』日本評論社、二〇一六年、参照）。もとより、このような法的根拠のない日本のことゆえ、大東学園の三者協議会は、三者が「対等の立場で話し合い、合意をつくる」ことが目的です。学校運営の責任主体はあくまでも教職員、その責任者である校長であり、その議決機関は職員会議なのです。

したがって、協議会で得られた「合意」をどう扱うかが重要になってきます。規約には「三者で合意された事項は、それぞれの組織により実行される」とありますが、より具体的には、三者協議会で、毎回協議終了後に各団体の代表者が集まって合意事項を文字で起こし、それを協議会の参加者全員で最後に確認します。そして代表者はそれぞれの執行機関に合意事項を持ち帰って確認します。このプロセスを厳密かつ誠実に尊重し実行することが、そこに参加する生徒や保護者の発言権を保障し、ひいては参加と協同による学校づくりを実体として実現するうえで不可欠でしょう。とりわけ、学校の運営主体である教職員にこそ求められる姿勢です。「対等の立場で」という位置づけも、このことにかかわっています。繰り返しますが、運営主体が教職員である以上、本当の意味で（ヨーロッパの学校のように）「対等」であるはずはないのですが、そうであるからこそ、代表者による協議や合意を尊重し、その実行に誠実に努めることが、「対等の立場で話し合う」という体験を教育的に意義のあるものにする担保となるのです。

三者協議会の構成と運営　次に、規約に沿って、三者協議会の構成、運営、および事務局について簡単に説明します。

三者協議会の構成員は役員や執行委員など、各団体の代表者です。この代表者は、後述する事務局の構成員とほぼ一致します。また、協議会の司会と記録は、各団体からそれぞれ一名ずつ選出されます。協議会は司会の進行と代表者の発言によって運営されますが、各団体の一般構成員もオブザーバーとしての参加が認められていて、司会者が許可すれば発言もできます。実際の協議会では、ロの字型に配置された机の各辺に代表者が座り、それぞれの後ろにオブザーバーが連なっています（正面の辺には司会と記録が座り、その後ろはたいてい見学者の席になります）。

教職員の代表は「教頭、教務部主任、生徒指導部主任および決議事項に関わる教職員」です。校長ではありません。校長は何をしているのか。じつは三者協議会には校長の出番はいっさいありません。校長は協議会の間ずっと議論に耳を傾け、合意事項の確認も含めてすべて終わったあとに「講評」を述べるのです。これは規約に明記されているわけではなく、いわば運営上の扱いなのでしょうが、先に述べた「対等の立場で話し合う」ことを担保する工夫のひとつといえるでしょう。また、教職員の構成員のうち生徒会顧問団の教員は「生徒の代表の援助をする」と規約に明記されていて、実際の協議会でもほとんどの場合、生徒席の後方に座ってアドバイスしています。

三者の代表者は、月一回ほどのペースで集まって定例の事務局会議を開きます。三者協事務局の活動は、三者協議会の運営上とても重要な意味をもっています。協議会の運営事務全般はもちろんのこと、後述する三者の協同のあらゆる取り組みについて企画・運営を担います。協議会の日程が近づいてくると、各団体がそれぞれの取り組みを持ち寄って、協議の方向性についてときに熱の入った討論になることもあり、事務局会議の場が「ミニ三者協」（あるいは「プレ三者協」）のようになります。生徒はもちろんのこと、保護者や担当する教職員も、事務局会議でおおいに鍛えられ、民主主義の担い手としての自覚を深めます。

ここでも、教職員の支えがカギとなっています。教頭および四名の分掌主任を「事務局担当者」とし、週一回の担当者会議が時間割内に保障されています（通称「ジムタン」）。また、事務局会議を運営する責任者の事務局長は、規約上は「事務局構成員の互選により」となっていますが、実態としては校務分掌上に位置づけられ、四名の主任のいずれかが担当することにしています。本来は三者の代表者による集団運営が望ましいわけですから、これは教育的なしくみを優先した過度的な措置といえるでしょう。

なお、協議会本番が休日（土曜日）であるのに対して、毎月の事務局会議は平日（一七時から生徒最終下校時刻の一八時三〇分まで）に設定されます。三者の折り合いをつけて定期的な会議を運営するのは難しく、この設定によって事務局会議への生徒の参加が促進される一方で、保護者の参加が思うように増えない、という点は検討すべき課題のひとつでしょう。

三者の協同の運動

ここまで、「三者協議会」「三者協」「三者の協同」などの表記を厳密に区別せずに用いてきました。もちろん、年間を通じた取り組みは「三者の協同」であり、その最大の山場が年に一回開催される「三者協議会」なのですが、あえて区別をつけなかったのは、「三者協議会」という呼称がそれ以外のさまざまな活動を含めた取り組みの総体（あるいは換喩）として、一般に広く理解されているためです。本節全体の記述に際しても、それに倣って「三者協議会」という名称を幅広い意味で用いていることをお断りしておきます。

三者の協同の取り組みは年間を通して多岐にわたっていますが、主なものは二〇一六年度を例にとると、以下のとおりです。

三者交流会（五月）：三者の協同の入門編。チームに分かれてゲームで気持ちをほぐし、分散会では、架空の要求項目を設定し、それについて話し合うという「模擬三者協」。真珠の会（東和会の一部門で、卒業生の保護者の組織）の「パルちゃん食堂」がつくってくれたお昼ごはんを一緒に食べて、最後に模擬三者協の報告交流。

二者懇談会（生徒と教職員）（七月）：三者懇談会に向けたプレ懇談。学年ごとに、定期試験後に実施。一年生は進行も含めた討論の練習と本番への意識づけ。ここでも始める前にみんなで一緒に簡単な調理と昼食。

三者懇談会（七月）：代表者のみによる協議ではなく、参加者全員が発言権をもつ懇談会。議事も要求項目よりも授業問題などが中心。とはいえ、代表委員や教科主任など、それぞれに母体での議論をふまえて発言することが多く、それがまた下級生にとって学びになる。

三者協議会（一一月）：年一回の協議会。その年度の要求項目は、原則としてこの一回で決着をつける。

地域交流懇談会（一月）：学校近隣の方々を招いて、交流とミニ討論。今のところ交流ベースで、三者の協同における発展的な位置づけはまだはっきりしない。

以上が年間の活動の柱ですが、このほかにも、二者協議会があります。これは、たとえば体育祭や文化祭などの行事に際してシングルイシューで事前に確認または協議を要するような場合に、いずれかの申し入れによって開かれます。ちなみに、協議会の規約には先述の三者協議会のほかに二者協議会（生徒会・教職員と東和会・教職員）の合計三種類の規約があります。また、それぞれに固有の課題を話し合う「保護者と教職員の二者懇談会」や「クラス三者懇談会」などを試みたことも過去にはあります。さらに、直接の関係はありませんが、毎年夏から冬にかけて学校全体で取り組む「公費助成署名運動」には、推進母体として「公費助成署名推進協議会」があり、その事務局は、三者の担当者による月一回の事務局会議を開催する点で、三者協の組織を模倣しています。

なお、各団体におけるさまざまなレベルでの討論が、全体としての三者の協同の運動を支えていることはいうまでもありません。教職員は職員会議や教科会、東和会では役員会や各部会、そして生徒会は中央委員会、縮小中央委員会、各委員会、代表委員会（学年別）などです。生徒会の場合、討論の基礎単位は当然「クラス」です。このクラス単位の話し合いをどう活性化させるか、それが、発足から一五年を経た現時点で最も重要な課題であるといえます。

三者協議会の歴史

「三者の協同」や「開かれた学校づくり」を長年にわたって研究してきた浦野東洋一東京大学名誉教授は、全国の（そう多くはない）実践を分析するうえで、いくつかの共通点を見いだしています。

①　自主的に三者協議会を立ち上げた学校はたいてい何らかの教育的あるいは経営的困難を抱えていた。

②生徒（子ども）を権利の主体と認識する生徒観、教育観の共有が背景にある。

③　発足当初は服装、頭髪などの校則や施設・設備などの問題が協議のテーマとなり、次第に授業や教員のあり方などが恒常的なテーマになっていく。

④　最大の壁はじつは教員集団である。

（浦野東洋一ほか『開かれた学校づくりの実践と理論』同時代社、二〇一〇年、参照）

このような分析をふまえて、大東学園の一五年間の実践をおおまかに振り返ってみます。なお、ここでは発足以前の準備期間も含めて四つの時期に区分していますが、記述の濃淡も含めて、それは便宜的なものにすぎません。

発足までの準備期間　一九九九年度、三者協議会準備委員会が発足。長野県辰野高校、日本学園高校、和光高校、大阪千代田高校（現大阪暁光高校）などを見学。翌二〇〇〇年度から試行的に三者懇談会、二者協議会、事務局会議を順次開始。

つまり、準備に丸四年を費やしたのです。当時の大東学園は、学校五日制や全国に先駆けた総合科目の導入など、全校的な改革の途上にあり、さらに福祉コース導入や共学化の議論も並行して進められていました（二〇〇三年度から年次共学化実施）。これらの学校改革の淵源に一九九一年の学園民主化闘争があったこと、さらにその背景などについては、次項に詳しくあります。ここでは、当時校長を務めていた菅野亨一先生の発言（筆者によるインタビューへの回答）を引いておきます。

・子どもの権利条約（日本は一九九四年に批准）の精神を学校や自治体が受け止めて具体化していくには、その制度化を本気で考えなければならないと思った。
・公式資料にあるような「不満をもった生徒会が保護者に相談したのが発足のきっかけ」という事実は確かにあったが、より本質的なのは、教員のイニシアティヴによる周到な準備と時代の要請をつかんだということだと思う。
・大東の教員が生徒に対等な立場でかかわる姿、率直に語り合う姿を見て、確信をもった。
・長期にわたる生徒減、つまり経営的側面から共学化に踏み切ったことは事実である。しかし、共学化と三者協議会発足が同時だったことはたまたまであり、両者の動機は根本的に異なっている。
・ただでさえ忙しいのに余計なことを、という声も確かにあった。それに対しては周到に議論を重ねた。

一当事者の、それも事後的な見解とはいえ、生徒観の共有やあるべき教育の探求などに加えて、「時代の要請」に応えるという教職員集団の積極的な姿勢が、ここから読みとれます。なお、子どもの権利条約でとくに関連があるのは、第一二条「子どもの意見表明権」です。

当時の記録を繙くと、「教師と保護者が本音で話し合うことができた」「真剣で白熱した議論が重ねられた」とあり、保護者との対話もていねいに進めていったことがわかります。四年間に及ぶさまざまな議論と試行を経て、「保護者もわが子だけでない子ども全体の子育てを考えていく雰囲気づくり」が提起され、保護者の基本的な取り組み姿勢が確立されたことは重要です。

発足初期　二〇〇三年度正式に発足。同年七月に第一回三者協議会開催。以後半年に一回のペース。最初の数年は制服改善（女子スラックス、青シャツ正装化など）や施設改善（トイレ、空調、放送設備など）が話し合われ、とくに服装について目に見える成果がありました。また、授業規定や身だしなみ規定などについても、おもにその指導のあり方について議論が交わされました。一方で、「わかりやすい授業とは」（二〇〇五年度以降）や「差別について」（二〇〇七年度）など、扱われるテーマが次第に広がっていきました。

保護者の側でも、発足当初は全家庭対象のアンケートに過半数の回答があり、関心の高さがうかがえます。ただ、回数を重ねるごとにアンケートの回収率が下がり、独自の要求立案が果たせない、といった課題も浮き彫りになってきました。三者それぞれが手探りで型（スタイル）をつくっていった時期だったといえます。

発展期　発足から五年を経て、協議会の回数も一〇回を超え、一定の経験が蓄積されてきました。この頃は、「授業づくり」「学園生活の規定」「施設・設備」の三つの討論テーマが定着し、要求づくりや議事運営にも習熟していきます。ときには、大規模な施設改修や制服多様化など、時間を要した討論の末に、教職員の「認められない」の回答で終わるようなこともありました。また、教職員から「単位認定・評定・進級規定の改定」が実施に先立って提起され

(二〇一一年度)、一年間の議論を経て、当初計画していた全校一斉の実施が年次実施(入学してくる一年生から順次実施)に変更して施行されました。生徒の要求を教職員が受けるばかり、という一方向的な討論のあり方に一石を投じた試みだったといえるでしょう。

二〇一〇年度より、七月の三者協議会を公開研究会として実施したことも、この間の大きな変化でした(公開研究会は二〇一五年度以降は授業研究に移行)。体育館での協議会は見学者も含めて数百人の規模になり、記念講演、シンポジウム、分散会など、三者の協同を検討する多彩な取り組みが展開されました。それまでは担当者と有志に限られていた教職員が、この五年間は全員が参加したことも、潜在的に大きな成果になったに違いありません。

もうひとつのエピソードは、二〇一三年度から三年間に及んだ「制服改善プロジェクト」の取り組みでした。事務局に編成された特命チームが中心になり、業者との折衝、協議会でのデモンストレーション、アンケート活動などを地道に展開しました。実際に新しい制服を着るのは自分たちではない、つまりまだ見ぬ後輩たちのために真剣に取り組んだ、というのがこの活動のポイントです。成長を促すきっかけはこんなところにもあったのです。

保護者にも、意見集約の難しさを乗り越える主体的な取り組みが生まれました。見学者の多い体育祭でのアンケート活動と、その集約・分析を深めたことです。みんなの声を集めて、議論を重ねる、という民主主義の基本に立ち返ることが、結局は局面を打開する力になりうる、ということに気づかせてくれました。この体育祭での全校保護者アンケートは、スマホで回答できるウェブアンケートへと進化しています。

現在　発足から一〇年、協議会が二〇回を超え、二〇一四年度からは、三者協議会を年一回一一月の開催に改め、七月に三者懇談会、一月に地域交流懇談会を開始。

直近の五年間の取り組みをみるうえで、重要な三つの点にふれておきます。

第一に、三者協議会の発足と同時に定められ、その後折々に議論に供されてきた「学園生活の規定」。その前文には

「いつかは、三者でこの「学園生活の規定」が全面的に改訂されることを願うものです」「そして将来は、「学園生活の規定」そのものが最小限になるような学校をめざしていきましょう」とあります。ここ数年の協議によって、男子の靴下の制限や頭髪基準（整髪料の使用）が緩和される合意を重ねてきましたが、そこには上記の「規定を生かす道」の精神が、教職員も含めた三者によって充分に自覚されたことがうかがえます。現在検討中の「携帯機器の授業中の使用禁止」の一部緩和も、その延長線上にあるといえるでしょう。

第二に、ほんのわずかではあれ、学校外の社会とつながる回路が生じていること。「一八歳選挙権にともなう学園生活の規定の変更」や「いじめ防止及び対策の基本」などです。前者は議題としては教室使用の許可に関する変更にすぎないのですが、自主的な活動のあり方や高校生の政治意識などに議論が膨らみました。また、後者のいじめに関しては、法律にもとづいて教職員が定めた基本方針を紹介した際に、生徒や保護者から体験もふまえた発言が次々に起こったことです。学校や教育を相対化する視点の獲得につながっていく契機として、これらの議論をとらえたいものです。

第三に、最も大きな課題としての「授業づくり」。発足以来一貫して取り組んできた「永遠のテーマ」ともいえますが、従来はとかく「規律」の問題に傾きがちで、そうなるとたいてい「教員の指導の徹底」を求める方向へ討論が流れてしまいます。しかもそれは、「指導かしつけか」という役割の分担をめぐって、保護者と教職員が対立する火種にもなるのです。ところが、二〇一五年度の協議会で、生徒会から示された懇談テーマは「なぜ学ぶのか」でした。しかも生徒たちは、卒業生を招いた討論会「ダイトーク」を、懇談に先立って実施していました（以後、この「ダイトーク」は協議会のプレ企画として回を重ねていくのですが、そこには生徒が自分たちだけの力で運営する討論会の可能性がみられます）。本番の協議会では、初回こそ、参加者が個々に「私ならこう考える」「いや、こうじゃないか」と発言を重ね、それはそれで有意義な討論になりましたが、その後、数学、国語、英語の各教科に討論と報告を要請したり、三者がそれぞれへのメッセージを話し合って一覧表にまとめる「３×３の表」づくりへと発展。揺れつつもさらに息長く継続する方向がみえています。

先述の政治やいじめのテーマのときもそうでしたが、実際にその場にいると、次々に手が上がり、表情や身ぶりも交えて豊かに自分の思いを語り、ときに笑いもあり、身を乗り出して他者の発言に耳を澄ます、そんな光景が三〇分くらい続きます。要求実現や合意形成といった、ある目的に向かっていく討論とも異なる、いわば討論のプロセスそのものに意味があり、しかもそれ自体が楽しいような濃密な討論。そこに流れる受容の空気も含めた「討論の空間」を獲得したこと。それこそが、長い時間をかけて大東学園の実践がめざしてきた教育の成果のひとつだといえるのではないでしょうか。

❖生徒の成長と発達

はじめに

三者協議会を開催しはじめて一五年になります。一〇年間は毎年二回の開催をしてきましたが、協議会での発言が生徒会の代表である執行部だけになり、参加者であるクラスの代表委員がなかなか発言をできないということを改善するため、ここ五年は「三者懇談会」というかたちで年に一回行い、「三者協議会」を一回にして行っています。

この一五年のなかで生徒が声をあげ、要求を実現してきたことを中心に報告をします。

三者協議会のあゆみ

生徒会執行部は、週に二回の執行部会議をします。半年の間で全校生徒にアンケートを行い、要求化していきます。意見が出たり、反対されたりすることもありますが、それらを検討してまとめていきます。生徒会執行部だけでなく、縮小中央委員会（各委員会の委員長と執行部）や中央委員会（全学年各クラスの代表委員と各委員会委員長、執行部）を開催して要求化していく過程を経て、三者協議会を迎えることになります。

過去の三者協議会では、以下の要求が出され、実現しました。

・二〇〇三年、青シャツの着用可。セーターのワンポイント可。スニーカー登校許可。紺色のハイソックス着用可。茶色、灰色のコート着用可。

・二〇〇四年、女子のネクタイ、スラックスの着用可。

・二〇〇五年、授業アンケート結果はアンケートを行った学期に、アンケート結果を見やすく配布するように改善。

・二〇〇八年、女子トイレを和式と洋式の半々にする。

・二〇〇九年、体育祭の翌日を休みにする。

私は、生徒会顧問団の主任として二〇一〇年度から三者協議会にかかわることになりました。

・二〇一三年、授業アンケートを生徒と教員でともに改善していくこと。男子の靴下の規定を廃止。各階の女子トイレにナプキンの購入機を設置すること。既存の自動販売機に他社の飲み物を追加すること。

・二〇一四年「洗えて軽く動きやすく、撥水性がある生地」に変えることを基本にした制服のリニューアル。女子スラックスの色、柄、ポケットの改善、体操着の改善、四階のトイレの開放、軽食自動販売機の本格的な設置などの要求、授業アンケートを含めた授業改善についての話し合いを行う。

・二〇一五年、紺ポロシャツが準指定品となる。一階の網戸設置。各更衣室にエアコン設置。放送室内のスピーカー設置。

・二〇一六年、一八歳選挙権にともなう規定の変更。整髪料の使用許可。黒板の一部張替え。「なぜ学ぶのか」について交流、授業改善について話し合いをした。

・二〇一七年、いじめ防止の基本方針、髪型基準から「ツーブロック」の削除、便座クリーナーの試験設置から常設、感染症にともなう出校停止による皆勤賞の扱いを協議しました。

「今日の決定は鳥肌が立ちました」

この言葉は、二〇一〇年一月、三者協議会の最後に生徒会長が述べた言葉です。私が生徒会顧問団の主任になる直前の三者協議会でした。何が生徒会長にこう言わせたのでしょうか。

生徒会側からの要求は「体育祭の翌日は休みにしてほしい」というものでした。この要求が出るまでは、体育祭は平日に行い、次の日は三時間目から登校して授業をしていました。学校のグランドが狭いこともあり、外部の施設を借りる関係から平日（おもに火曜日）に、施設を借りていました。しかし、生徒会側からは「体育祭の次の日に授業をするのはつらい」「体育祭は一日中外にいて疲れるのに、次の日も登校して、授業をしても集中できない」という声があがっており、それらの声を集めて要求化して、二〇〇九年七月、第一三回・三者協議会に臨んだのです。

「先生たちは、体育祭の次の日を休みにすることをどう思っているのか」
「先生たちも翌日授業は、つらくないのか」
「金曜日に体育祭をして、翌日は土曜日なので休みなのでいいのではないか」
「生徒たちは八〇％の生徒が賛成している。それでもダメな理由はあるのか」

半年間で全校生徒にアンケートをとり、集約して、分析してまとめたものを、生徒会執行部と各委員会委員長が全校生徒の代表として発言をしました。

二〇一〇年一月、第一四回・三者協議会で、教職員側からの回答が出されました。

「先生たちも話し合いを重ね、体育祭の翌日を休みにしてほしいという要求を認め、来年度からは金曜日に体育祭を実施します」

この回答を受けて生徒会長が、

「回答ありがとうございます。今日の決定は鳥肌が立ちました。一年間かけて、要求を出して、回答が出されたことに感謝しています」と述べたのでした。

彼は、自分たちが取り組んできた要求が実現したことをかみしめていました。本当に嬉しそうにしていたことが今でも忘れられません。ただ、私はまだこのとき、一年間の生徒会執行部の取り組みがどれだけたいへんかを知らないで、漠然とその光景を見ていたのだと後になって思うことになったのです。


「体育館に冷暖房を！」

「体育館に冷暖房をつけて欲しい」という要求は、二〇一一年一月の第一六回・三者協議会で出されました。その後第一七回、第一八回と協議し、第一九回のときに「設置しない」という回答が教員側からなされたのですが、約二年半の協議事項となった要求であったのです。要求のやり取りの一部を以下に紹介します。

生徒：施設設備についてです。体育館の冷暖房設置について要求しています。回答をお願いします。
教員：前回は予算を確保していないから無理と回答した。現在、来年度の予算を組んでいる。来年度、大東は八〇周年。これを機に校舎をどうしていくかなどについても発表される予定なので、次回まで回答は待ってほしい。ただ、環境が苛酷なのは知っているので、大型扇風機の購入も考えている。冬は大型ヒーターを使用していくが、ヒーターをつけると結露が出る。安全性の問題からも解決を急いでいく。
生徒：この要求は去年（二〇一一年）一月から。九割がつけてほしいと思っている。
保護者：アンケートをとった。賛成が多い。健康上必要。賛成の意見を見ると条件つきのものが多い。工事費やランニングコストについて。
生徒：今使っている暖房機器が温まらないので、同じものの購入はやめてほしい。
生徒：扇風機の購入検討については感謝している。ただ、アンケート結果としては冷暖房をつけてほしい。
教員：暖房機は購入せず、現状の四台でやっていきたい。

生徒会執行部は、毎回の協議会に向けて全校生徒約一〇〇〇名に対してアンケートをとり、集約し、分析して協議会で発言する論拠を考えてきました。あるときは体育館の室温と湿度を一週間調べて報告し、また、別の協議会では実際にあった危険な出来事をアンケートで聞き、「朝礼のときに長く立っていられない」「体育の授業に夏は暑すぎて、冬は寒すぎて集中できない」などの声を協議会で伝えてきました。三年生になると数人の生徒は司会者に発言を求め、権利を得て発言する生徒もいました。大きく成長を感じる瞬間です。惜しくも要求実現はされませんでしたが、夏場は冷風機を二台いれてもらうことができた。生徒たちは要求実現とはならなかったが、体育館の環境が改善されたことには少なからず達成感をもったようです。
三者協議会に参加した生徒からは、
・夏にも参加したけど、三者協議会で授業のことや施設・設備が決まるのはすごいなあと思いました。……色んな人の意見が聞けたりするのでいいなあと思います。
・冷暖房をつける現状の難しさを感じました。

・自分なりに大束のよいところ、悪いところは見えていたつもりだったけど、今回の三者協で自分の見えてる範囲はとても狭いものなんだなと思った。
・もう少し時間をとって話し合いをしたほうがいいと思った。先生や生徒の話しを聞けてよかったと思いましたが、やはり時間がたりない、もっと発言の時間があってほしい。個人的に先生方一人一人の話を聞いてみたかったです。あまり深くは話し合えないなと思いました。

などの感想がだされました。要求の実現の難しさを感じていたり、三者協議会のすすめ方や形態についての課題を指摘する声もあります。毎回、限られた時間のなかでの協議になるので、議論しきれない現状はたしかにあります。

「洗えて軽く動きやすく、撥水性がある生地」に変えることを基本にした制服のリニューアル

二〇〇三年に男女共学となり、二〇一四年の三者協議会で生徒会側から制服に関する三つの要求が出されました。①「洗えて、軽く、動きやすく、撥水性がある生地」に変えることを基本にした制服リニューアルを要求します。②女子スラックスの色、柄、ポケットなどの改善を要求します。③体操服の改善を要求します。これを受けて、協議会で以上の三点において要求が通った場合は、三者で話し合いながら進めていきたいと考えていますと回答し、教職員側は、①、②、③の要求を認めました。

進め方は、以下のとおりです。「制服改善（女子スラックスも）については、新たな三者での委員会をつくり進める。進め方の詳細は、三者協議会事務局で決める。体操服については、生徒や保護者の意見を参考にして、体育科の教員が最終的に決める」。三つとも来年（二〇一六年）の六月をめどに決めることを確認しました。

プロジェクトチームを生徒会、保護者、教職員から代表を出して結成して、制服のリニューアルを進めました。生徒会、保護者、教職員と同じアンケートを取って意見を集めたり、制服の会社にプレゼンテーションをしてもらい新制服の新機能を比べたりして、約一年間、プロジェクトチームは活動をしました。そして、二〇一五年七月に全校生徒、保護者、教職員の投票により新制服、新ジャージを決定した。当時の三者懇談会で生徒たちは以下のような感想を残しています。

変えてほしい。デザインより機能を（三年）。体操着の色を変えてほしい。ブレザーは重いので軽くしてほしい。制服が洗えるといい。バッジは賛否両論（三年）。何年たってもいいから、絶対にかえてほしい（三年）。自分には関係ないけど、将来につながるいい議論になりました（三年）。リニューアルしたほうがいい。機能性を重視で（二年）。制服は洗えるような生地にしてほしい。しかも、リボンとネクタイを同じ種類にしてほしいです。バッジをつけてほしい。一年生の体操服は赤色なので、見ていると目がチカチカしていて嫌です。もうちょっと薄い色にしてほしいです（一年）。

「三者協議会があるから、クラスの人に困っていることがないかと聞ける」

二〇一二年七月に生徒会役員選挙が行われ、新体制で執行部が動きだしました。選挙後、恒例の執行部と校長・教頭との二者懇談会が行われるのですが、その場でこんなやりとりがありました。

校長が「みんなは三者協議会を知って入学してきたかな」と聞くと、一〇人いる生徒会執行部は、みんな「知っていました」と答えました。次に校長は、「では、生徒会執行部に入って、三者協で学校を変えようと思って、生徒会に立候補した人は？」と聞くと、一〇人中二人でした。私は「えっ、こんなに少ないの？」と思い、動揺しました。

校長は興味をもったのか、「お～じゃあ三者協をどうしてやっているの？やらされていると思っているのかな？」と、生徒たちに話を振ったのです。

ある生徒は、「最初はあるからやる感じだった。でも、必要性は感じている」と答え、別の生徒は、「やらされているると言えばそうかもしれない。でも、ないと先生たちに意見を言える場がなくなる。それは困る」と述べました。また、三年生の男子が、「三者協がないなら、クラスの生徒に何か学校生活で困っていることないかなんて聞かない。三者協があるから聞ける。もし三者協がなかったら、先生たちの言うことだけを聞いて、困っていることなんてクラスの人に聞かないと思う」と述べました。

校長は頷きながら話を聞いていましたが、最後に「そうだよね。困っていることをクラスの人に聞いて、考えていることは大切だよね。もっと自分たちの学校をよくしていくために何をしたらいいか考えていってもらいたい。みんなの意見を集めて要求してきてほしい」と話してくれたのでした。

生徒たちには、三者協があることでたいへんな苦労もあります。半年間、執行部の生徒はずっと頭を働かせているのです。「先生たちは何て言うだろう、どんな質問がされるだろう、そのときにどう返事を返そう?」などと考えて、三者協議会の日を迎えます。しかも、なかなか要求が実現することは難しいのです。

しかし、そういう経験のなかから学ぶこともたくさんあるのだと思います。三者協議会があるから、クラスの人に困っていることを聞けるという言葉にあるように、たいへんだけど学校を変える可能性がある、より良い学校にすることができるかもしれないと思い、行動しているのです。彼らは要求を掘り下げ、探すことができるから行動に移せるのだと思うのです。なぜ三者協議会をしているのかと聞かれれば、生徒が自分たちの学校を自分たちがつくっていく主体性を育むためだ、と私は思っています。

おわりに

二〇一一年の生徒会長は、二年半生徒会執行部をやってきて、次のようなレポートを残しました。

私は生徒会執行部に入って、自分が変わったこと、学んだことが沢山ありました。

まず、私が入る前に思っていた執行部のイメージがすごい上から目線でみんなを動かすから偉そうな感じがありました。きっと私だけじゃなく、生徒の沢山の人がそう思っていると思います。けど、実際、執行部は上からみんなを見下ろしていくのではなく、むしろ下からみんなを持ち上げる役目なんだと知りました。上から言って、生徒会の言う事を聞けみたいなことを言うと生徒は反発をして言う事を聞いてくれません。だから、「やってくれませんか」くらいのポジションでいかないとみんなが動いてくれません。指示をしている人の言うことを聞くのは当然ですが、大東では当たり前のように指示をしてもダメだということを知り、正直悔しい思いをしながらも、大東生が動いてくれるような指示をしていました。

三者協議会を通じて、個人の意見からみんなの意見を聞いて理解できるようになりました。（二〇一一年高校生交流会レポート）

生徒は三年間で卒業していきます。三者協議会は年一回と懇談会一回とで続いています。一五年間、三者協議会の取り組みは、生徒たちのなかに三者協議会はあるものだという感覚はありますが、なかなか浸透していかない現状でもあるのです。生徒会執行部、各学年代表委員会までは三者協議会のなかで変化はあるのですが、次の段階にきています。全校生徒の問題という意識のなかで取り組みを進めることができるのではないかと思います。今はアンケートに答えてもらうことでの参加でとどまっていますが、もっと自分たちの問題だという意識から声をあげていけるようなしくみを考えていくべきだろうと思います。

二〇一八年から、クラス代表委員を主体として要求づくり、授業アンケートづくりと進めてきています。そのことで多くの生徒が三者協議会にかかわり、発言していく機会がふえることで今後の運動が進んでいくと思います。

❖教職員集団の変化・成長と学校づくり

はじめに

大東学園は、現在「三者でつくる学校」と「生徒が主体となる授業改革」の二本を柱に学校づくりをすすめています。

生徒は、年に一回開かれる「三者協議会」に向けて、自分たちの願いや不満を要求としてまとめて練り上げていく経験をしています。話し合いを重ねるなかで、規定（校則）や制服の改訂の要求だけではなく、授業の内容に対する意見も要求として出てきました。また、授業について話し合うなかで、自分たちの授業を受ける姿勢や態度についての話し合いもクラスから起こってきています。三者でつくる運動にかかわった生徒（生徒会役員やクラス代表委員）はどの子も、自分の成長に自信と確信をもち、今はこの経験をいかに全校生徒にひろめていくかという問題に取り組んでいます。

教員も三者協議会の議案や提案を正面から受け止めて、生徒からの規定の改訂提案に対しては、職員会議で議論して教員間でまとまったことを回答しています。また、教員から生徒に向けて、規定上の問題提起を行うこともあります。授業の問題については、生徒から出された意見や質問を、各教科会が受け止めて、教科で議論して、まとまったものを回答するようにしています。今、新しくつくっている「カリキュラムづくり」にも、「生徒や保護者の意見や要望をいかに」取り入れていくか、カリキュラムを三者でつくる道が模索されています。規定（校則）を変えるときは職員会議で承認するだけではだめで、必ず協議会を開いて三者で確認するようにしています。今は、三者でつくる学校の運動を、三者協議会という一時的な「行事」にとどめるのではなく、日常的な活動にするためにはどうしたらいいかを課題に議論がされています。

保護者も三者協議会に向けて、授業問題について、アンケートをとって集約するなど積極的にかかわります。最近は「保護者も学ぶことが大切だ」を合言葉に、民間研究団体の研究会に参加したり、学校に教育学や社会学の研究者を招いて講演会を開いたりしています。

このような学校づくりを可能にした教職員の団結と集団はどのようにつくられてきたのでしょうか。歴史を振り返りたいと思います。

創立から廃校の危機まで（一九三二～一九六七年）

本校は一九三二年、女性の地位向上、弱者の救済に奔走したクリスチャンで、女性社会活動家の守屋東氏によって、肢体不自由児の教育と治療をめざして、「クリュッペルハイム東星学園」として東京都世田谷区の上野毛に創設されました。一九四二年、「大東高等女学校」へと再編・創立されました。戦時中も排除されていた英語教育を行い、ときには防空壕の中で、英語の歌や讃美歌がうたわれたこともあったようです。

戦後は、学制改革により、「大東高等女学校」から「大東学園中学校・高等学校」となりました。守屋東氏を中心として個性的な学校づくりが進められて、良家の子女が多く通う学校になりましたが、高校生急増期を迎え、「高校全入運動」の高まりのなかで、校舎を建設・増築を重ねていきますが、一九六五年から、入学生は激減していきます。そのことが、学園の財政状況を悪化させていきます。

一九六〇年、組合が結成されます。これまで、守屋校長のもとで聖職者としての役割が求められていた教職員が、守屋氏の人格に魅かれながらも、低い賃金や厳しい労働条件の改善に取り組みはじめました。

廃校の危機を乗りこえて（一九六八〜一九八〇年）

学校を守る闘い　理事会の不始末から膨れ上がった債務（借金）によって、一九六八年三月、学園は突然、廃校の危機へと追い込まれます。教職員・生徒・保護者には何も説明のないまま、債権者の申し立てにより、封鎖されていく校舎・校地を目の前にして、教職員や生徒たちによる大東学園の教育を守る闘いが始まります。

一九六八年五月、「財産権より教育権」と訴えて「大東学園の教育を守る教職員の会」が結成されます。教職員が債権者によって張り巡らされたバリケードの中に立てこもると、生徒や父母が寝具や食事を運んで、昼夜教師を励ましました。運動は急速な盛り上がりをみせて、マスコミも取り上げました。多くの生徒は、東京都の斡旋で他校に転学しましたが、校地校舎の無くなった大東で学び続けることを希望した生徒が翌年の三月になっても五〇数名もいました。こうした生徒たちの声が債権者を動かして、学校と和解が成立し、校舎の一部の使用権を確保して教育を続けることになりました。

このように廃校を阻止した大東学園には、六教室の校舎と五四名の生徒と一三名の教職員が残りました。学園は大きな支援の輪に支えられて再出発することになります。「財産権より教育権」と訴えた教職員の願いも、校地校舎は小さくなりましたが実現しました。教職員のなかには、「校舎ではなく人間が教育を担うのだ」という確信が生まれ、それが、次から始まる厳しい教育条件のなかでの教育・学校づくりのエネルギーになっていきました。

困難な条件のなかで教育をつくる闘い　新しく校長になった黒滝チカラ氏は、教職員とともに四つの教育目標を立てました。

1　仲間を大切にし、仲間と協力し合う
2　本当の意味での実力を身につける
3　目的に向かって粘り強くやりぬく心と体を養う

4　平和を愛し、祖国の未来に心をよせる

「ほぼ全入」の入試のなかで、学力だけでなく、さまざまな困難を抱える生徒が入学してきました。教師たちは、厳しい条件のなかで、どの子にも正面から向き合い、新しい教育に挑戦し、工夫を重ねていきます。廃校阻止の運動に参加してくれた支援者や中学の先生は、新しい大東学園のことを心配しながらも、自分の娘や大切な生徒を送ってくれました。そのおかげで、翌年の入試では七二名の入学者を迎えることができました。入学者はその後も増えて、一九九六年には、同じ世田谷区の上野毛校舎の近くに新校舎をつくり、一九七七年には六クラス募集が開始されました。

教師たちは、授業成立の困難や日々起こる問題行動の対処に直面します。英語と数学では少人数教育を始め、「ダブル授業」と名づけました。生活指導の基本方針は、生徒の悩みを聞き、問題をともに解決すること、過ちをおかした時はそれをしっかりと見つめること、生徒集団、保護者の力を借りることでした。こうした教育活動は「面倒見のいい学校」という評価になっていきます。

プールがなければ、施設を借りて集中授業を一週間行う、体育祭も卒業式も世田谷区の施設を借りる。グラウンドがないので、多摩川の河川敷まで歩いていき、石ころだらけのグラウンドで石を拾って整地したこともありました。国語では「考える力」を一年生から追求し、三年生では自分でテーマを決めて「三〇枚論文」に挑戦させたりしました。授業についていけない生徒たちが社会的な問題になっていましたが、大東学園でも到達度評価の研究や到達目標づくりが各教科で検討されました。

校長が先頭を切って、東京私学教育研究所の「研究」に応募し、国語や体育の実践が日教組全国教研の代表レポートに選ばれました。また、春と夏の二回、校内の教育研究会が開かれて、授業や生徒指導、ホームルーム、部活動など、自由に実践報告がされていました。困難な生徒に向き合いながら、「教育研究と教育実践の自由」を大切にする雰囲気が教員たちの間に生まれ、そのあとも引き継がれていきます。

保護者と連携し、支援者の力を借りて 学園が債権者の攻撃にさらされたときも、学園存続の運動にかかわった生徒の保護者たちは、娘と一緒にその運動を支え教師を励ましてくれました。保護者たちも「教育を守る」という立場に立って活動する基盤ができたのです。一九六九年一〇月、これまであった「東和会」という保護者組織は「後援会」と「ＰＴＡ」に分離されます。廃校阻止運動のなかで生まれたさまざまな組織（共闘会議、生活を守る会、学者文化人の会など）は後援会に合流しました。入学した生徒の保護者は、この両方に入会し、教職員とともに私学助成拡充の署名や全国私学研究会などに取り組みます。

廃校阻止の運動は、マスコミに大きく取り上げられたこともあり、大きな広がりをみせました。キリスト教関係者や教育研究者から強い支持が寄せられました。再建後、黒滝校長への応援もかねて、五〇名を超える方々が「教育顧問」として名前を連ねました。教育顧問の方々は、教員の研修だけでなく、保護者や生徒、入試説明会の中学生まで話をしていただきました。

新校舎移転と学校規模の拡大路線のなかで（一九八一〜一九九〇年）

一九七五年、黒滝氏が校長をおりて、理事長だった小尾茂氏が校長を兼任します。小尾氏は再建闘争のとき、私教連から派遣され大東学園共闘会議の議長として、校舎の確保に大きな力を発揮し、その後も、理事長として大東学園に残っていました。彼を中心に現在の世田谷区希望が丘に校舎の移転が計画され実現します。

一九八一年、広い体育館や特別教室もそろった新校舎が完成します。そのために多額の借金を抱えてしまいます。生徒の入学者も、それまでの六クラス三〇〇名から、一二クラス六〇〇名へと倍増します。そのためには、大量の新人教師の採用が必要でした。三年連続して新人教師が一二〜一四名入りました。平均年齢は一九八二年当時二四歳くらいになり、三〇歳前の教師が主任として学校のリーダー的役割を果たすようになります。職場は若い先生で活気にあふれて、のびのびとはしていましたが、ほぼ全入で入学してくる生徒の問題行動に対して深刻な教育上の困難が生じていました。一九八二年には年間一〇〇名を超える退学者の多さで、マスコミにたたかれたこともありました。また、退学者問題を機に、教育顧問の方々との関係も距離が生じてしまい、顧問制度もなくなりました。そういう動きのなかで、学園の存続に貢献した当時の中心的人物（再建闘争にかかわった教師は四人しか残っていなかった）であり、理事長と校長を兼ねた小尾氏に学校の権力と責任が集中していきます。

授業や学年運営に干渉することはありませんでしたが、人事や学校運営、カリキュラムをはじめとする教育づくりに対しては、完全に自分が掌握して現場の教師が口を出すことはできませんでした。そのなかで、一九八一年から二名の教師に対する分掌外しが始まります。それは職場に深い傷を残しながら続いていきました。

また、六クラス時代の行事を一二クラスに倍増してもそのまま続けたので、一年中、次から次へと行事に追われて、授業に教師も生徒も落ち着いて取り組めない状況がありました。カリキュラムの作成・変更に関しても、小尾氏の片腕であった教頭一人に委ねられていました。職員会議は開かれていたものの、現場の声が、行事やカリキュラムに反映されることはありませんでした。

頻繁に起こる生徒指導の問題に対しても、方針づくりや指導・懲罰の内容については、小尾氏の判断がなくては先に進めないで、夜の一二時近くまで小尾氏の体があくのを待たされることもありました。職場のなかには、差別的・恣意的な人事と、現場の声を反映しない行事やカリキュラム、生徒指導について不満や憤りがたまっていきました。

それでも、職場がくさらないで団結を強め、若い教師が成長していったのは、

1　大東の再建に大きな功績のあった学園指導部と先輩教員への信頼があった。
2　教育研究と教育実践の自由を大切にする職場の雰囲気があった。
3　困難な生徒への指導を支える学年を中心とした同僚性があった。

4　年に二回の自由な発表が許される校内研究会があった。
5　保護者との強いつながりがあった。
6　東京私教連からすぐれた学校づくりの指導があった。
7　教科研や高生研、全私研など、民間教育団体や組合の研究会へ参加者があった。
からだと思います。

経営者のワンマン化に対して、組合を中心に教職員が団結していたことは大事なことでした。ここで、校長派と組合派というように職場を分断しなかったのは正しい選択でした。職場を分断させないためには、校長への要求や批判だけではなく、職場に対して前向きな教育づくりの提案をしていくことがたいへん重要でした。そのうえで当時私教連副委員長の野辺氏による学校分析は、とくに貴重な経験でした。この会議は、斬新なものとして受け取られ、教師は「目からうろこがおちる」が合言葉になるくらいでした。このことによって、学校改革の機運と展望が生まれ、私教連に対する信頼感が増していきます。また、学校の内側にばかり目を向けるのではなく、学校を外に開いていき、客観的に学校をとらえることの重要性に気づいていきました。

小尾氏は高校校舎の移転の後、大学・短大建設構想に乗り出します。一九八六年、川崎の山を切り拓いて大学短大用の土地をつくりました（現在は川崎フロンティアの練習場）。経営が拡大していくなかで、遂に卒業生の女子教員を解雇するといった大事件が起こります。

第二次民主化闘争と新しい学校づくりのなかで（一九九一～二〇〇二年）

一九八八年秋、担任代行を頼まれた女性教員が、それを断ったことを理由に解雇されました。彼女は卒業生で、当時体調を崩していました。職場は「解雇撤回・現職復帰」という旗を前面に掲げ、解雇反対闘争に踏み出します。私教連からも支援を受けて、団体交渉で撤回を迫りますが、なかなか話し合いは進みません。一九八九年に始業時一〇分間、一九九〇年の春の教育研究会では、開始一〇分間のストライキも打ちました。女性教員の解雇については、初めから解雇反対の職場の合意があったわけではありません。同僚に対する職場の目はときには厳しいものがあります。同僚のいいところもですが、欠点もよく知っているからです。欠点のない人間などいないのですが、どうしても「解雇される理由もある」という発想は出てきます。そういう人たちに対して、ていねいに小さな集会を開きながら説得と納得を得ていきました。

解雇闘争をするなかで、小尾氏に対してさまざまなかたちで批判や不信も広がっていきます。事態がなかなか動かないなかで、私たちは、この状況を保護者にも訴えて、協力と理解をもらうことを決意します。「六項目の公開質問状」というかたちにまとめて全保護者に郵送して、後日開かれる説明会に参加していただきたいと要請しました。当日は何人集まっていただけるか不安でしたが、二日間で五〇人以上の参加があり、たいへん励まされました。この集会に参加していただいた保護者のなかから、後の理事会のメンバーが出てくることになります。

学事部の監査もはいり、運動が理事会も巻き込んで大きく盛り上がるなかで、片腕だった教頭も退職し、小尾氏は孤立を深めていきます。一九九一年五月、小尾氏は自ら辞任・退職します。私たちは、小尾氏辞任後の学園について、大同団結の方針を発展させて、学園民主化一〇項目要求にまとめました。それを小尾氏の抜けた理事会へ申し入れます。

1　理事選出の正常化を図ること。
2　評議員会がチェック機関として役割を果たせるように寄付行為を改正すること。
3　不正の究明と学園損害金復元、経理の正常化を早急に図ること。
4　教職員の意見が反映されるように職員会議の運営を改めること。
5　当面新たな土地投資をやめること。

6　短大建設を断念し、川崎グラウンドを売却すること。
7　財政を公開し、高学費の検討を行うこと。
8　二名の先生を分掌につけること。
9　解雇を解決して現職復帰を基本とした解決をはかること。
10　校長給与を引き下げること。

新しく校長になった菅野氏（それまでは小尾氏の下で教務主任をしていた）は、「生徒・保護者・教職員の合意」を大切にした学校運営をしていくことを表明して、制度的な改革に意欲的に取り組んでいきます。教育研究、校務運営、校務分掌決定方法、寄付行為と校長選考規程、教育目標などについて、それぞれ検討委員会が発足して、新しい学校運営について検討し、答申を出していきました。誰もがどこかの検討委員会に所属して論議に参加しました。答申は職員会議に出されて、多くの意見が寄せられて、時間をかけて訂正、確認されていきました。自分たちのことを自分たちで決められるという解放感と幸福感と充実感にあふれた日々でした。

教育目標を「人間の尊厳を大切にする」に変更し、生徒の自治を大切にし、入学式や卒業式も三者の企画で進められ対面式となりました。生徒と教師の二者協議会、保護者も入った三者懇談会を積み重ねて、二〇〇〇年に三者協議会準備委員会が発足し、他校の三者協議会の見学、三者で合宿しての学習交流などを通じて三者協議会を始める準備を進めていきました。

一九九二年、学校五日制に対応して、カリキュラムを改訂する大がかりで全教職員を巻き込んだ検討が始まりました。一九九六年から学校完全五日制が開始、「性」「平和」「人権」の総合科目を中心とした授業づくりと、生徒が主体的に学ぶ授業改革を進めてきました。それを公開しさらに発展させることを目的に、一九九八年、公開研究会を始めます。

二〇〇〇年には多感で困難を抱えた生徒たちを日常的かつ継続的にケアするために「相談室」が開設されます。カウンセリングにとどまらず、教室に入れない生徒への学習援助の場ともなっています。

二〇〇一年度には、「人間理解と自立」を教育目標に、総合的な選択授業の発展したかたちとして「福祉コース」が開設されます。

男女共学と三者でつくる学校づくりへ（二〇〇三年〜現在）

男女共学は生徒減のなか、経営上の必要性から理事会から提起されたものでした。教職員はそれを受けて、「共学検討委員会」を発足させて、先に実施した学校の先生を招いて話を聞いたり、チームを組んで大阪などへ学校訪問するなど、研究と学習を重ねて、「どんな学校にするのか」を話し合いました。生徒会からも意見や要望を聞き取り、「今までの女子校の良いところを生かした共学」という基本線で合意をして準備を始めました。

二〇〇三年、男女共学がスタートします。これまで大東学園には生徒や保護者に明示した校則がありませんでした。これでは指導に不安があるという声が生徒から起こり、これまであった「生徒心得」を廃止して「学園生活の規程」を定めるとともに、これも話し合いで規程を変えることができるように、生徒・保護者・教職員が対等に話し合う場として三者協議会を発足させます。また、男子生徒やその保護者の要求を検討するなかで、「情報」や新しい総合科目の「未来を拓く」の導入など、カリキュラム上の改革も行われました。あらたな「学園生活の規程」の制定が実現されることを受けて、その規程内容をめぐって、第一回の「三者協議会」で話し合われることになりました。三者でつくる学校づくりを日常的にすすめることと、三者協議会を成功させるために、月に一回「三者による事務局会議」が開かれて、その会議を準備するために、週に一回、三者協担当の教員（教頭・教務・生徒指導・保護者・生徒会担当の主任）五人で打ち合わせをしています。

まとめにかえて

三者協議会が正式にスタートしてもう一五年たちました。紆余曲折を経ながらも、三者の奮闘によって力強く発展してきました。生徒や保護者は三年で卒業していきますから、継続的な取り組みを保障していくためには、やはり教員の意識的な取り組みが不可欠です。そのためには教員のなかでの歴史と文化の継承が必要です。一九九一年の学園民主化を経験している教員も残り少なくなっています。大東学園の差し迫った課題は、大東の教職員集団が教育を守る戦いを生徒・保護者・支援者とともに行ったこと、そのなかでたくましく鍛えられたことを、若い世代にどのように伝えていくのかだと思います。

第二節　大阪暁光高校の学校づくりと発展——生徒一人ひとりに寄り添う

❖本校における学校づくりの歴史

本学園は一九五〇年、真言宗盛松寺住職によって創設されました。学園がめざす教育は日本国憲法と旧教育基本法にもとづく「人間教育」です。「人間教育」とは、人格の発展を目的とし、一人ひとりの豊かな成長をはかる教育です。七〇年代初頭の学園危機と学校再建の過程で教職員組合結成、大阪私学教職員組合加盟と同時に、「国民のための私学づくり」を模索する方途として本校特有の生徒会活動が生まれてきました。当時、生徒も教師も無権利状態、正門を通るときには寺に向かって最敬礼を強制されていたと聞きます。

そうした理事会中心の運営を変えるための組合づくりと、生徒が「学園の主人公」とする生徒会を中心とした教育づくりを両輪として、民主的な学園として再生されてきました。その独特な教育内容が「リベラルな私学」として、一部で評されてきた学校でもあります。

近年、偏差値競争一辺倒ではないかたちの改革を進め、本校らしく「人間教育」を大切にした五年一貫課程の看護科を二〇一三年度に開設。二〇一七度からは幼児教育コース、教育探求コースを創設、進学総合コースと合わせて四コース併設されています。

本論では、二〇一六度の進学総合コース三年生のクラス実践、とくに文化祭、体育大会を中心に報告いたします。進学総合コースは、発達上の課題を抱えていたり、経済的事情からくる困難さを抱えていたりする子どもたちが少なからず存在しています。

このような生徒たちに私たちはいったいどう向き合うのか。本校では生徒会活動を中心に「奪われてきた学力」を回復させる取り組みを強めています。生徒会顧問団と、それをバックアップする学年教師集団とが一体となって生徒の自主活動を支えていきます。基礎学力が身についておらず、生活経験が乏しい生徒たちに「自主活動でしょ、だから自主的にやりなさい」では事は進みません。そこには生徒の「声なき声」、つまり「どうでもいい」「ほっといて」など、どんなに表面的にはなげやりであってもそのなかに必ず潜んでいる「わかりたい」「変わりたい」「認められたい」という人として誰もがもっている要求へのあたたかい信頼と、それをくみとる教師の目、そこに確たる指導構想があって初めて成り立つものです。

その具体的な方針のひとつが、日常的に全校で取り組まれているＫＧノート、充実ノートです。ＫＧノートとは家庭学習ノートで、家、もしくは教室でその日の授業を復習するためのノートです。生徒は親しみを込めてＫＧノートと呼んでいます。充実ノートとはＫＧノートから発展したもので、主に社会科で取り組まれています。板書の内容に、教師の説明のメモを加えてまとめなおし、その後にわかったこと、驚いたこと、感じたこと、疑問に思ったことなど感想を書き、翌日、担任はそのノートを教科担当のところへ持って行きます。教科担当は、よく考えられた感想、その子らしい発見のある感想には赤線を引き「よいノート」と大きく書いて励まします。これは数字一辺倒の評価で序列づけられてきた生徒たちにとって、自分の可能性に気づかされ、意欲をひきだすきっかけともなる、独創的評価だと思います。どの生徒も一様に「初めて自分の存在を認めてもらった」と嬉しそうに語ります。教師にとっても生徒の感想を読むのは、楽しいものです。「この子、こんな風に考えているのか。賢いやん！」「そんなたいへんな生活を送っているんだな」など、生徒理解の助けや発見ともなり、生徒の感想に学ばされることも多々あります。

❖体育大会

本校では体育大会においても学習の取り組みを軸にした全校集団づくりが行われます。三年生の応援団長を中心に、縦割りで色集団をつくり、一、二年生は三年生の取り組みに学びます。

クラス分けの段階から応援団長として位置づけられていたミサキ。彼女に団長が務まるのかどうか、私も不安でした。中学時代は教師の言葉がきっかけになり、いじめられ不登校。地域の民間教育団体の紹介で入学。遠方から二時間かけて登校していました。集団のなかでもまれる経験に乏しく、優しく繊細でセンスはあるものの、学習やクラス活動においても中途半端、前年度には生徒会本部役員も途中でやめてしまっていました。

団長をさせるからには彼女ととことん勝負しようと、四月の早い段階から彼女には充実ノートと、クラス活動への参加を厳しく要求しました。それらは彼女が二年時に逃げてきたことでした。

その過程において、生徒会長でのちに色集団の運営委員長兼副団長になるユカと不仲であることも判明しました。ミサキにとってユカは「自分がやりたかった生徒会長」、嫉妬にも似た感情が内在していました。クラスをつくりながら、この二人の関係性を再構築していくという難しい指導が迫られました。役員会議やＨＲでミサキの充実ノートの感想を紹介し、ミサキのいいところをクラスに吹聴し、応援団長はミサキでいこうという世論づくりを行いました。また、応援団のアンケートを早めにとり、迷っている子にはミサキから声をかけさせ、その取り組みを通じて彼女をクラスに認知させるという指導を行いました。人見知りのミサキは、「応援団をしよ」という声をクラスメイトにかけることで、コミュニケーションがとれ、彼女のなかに自覚も芽生えていったようでした。

私自身、応援団の取り組みは生きた民主主義を学ぶ場として大切であり、生徒がまちがいなく達成感をもつことができると確信しており、応援団をやるよう執拗に迫りました。その結果を逐一、ミサキやユカをはじめとするクラス役員に伝え作戦を練っていきました。保護者との進路三者面談でも訴え続け、当初四～五名だった希望者はクラスの半数近い一六人でスタートできることになりました。

進路の三者面談においても「進路を決めるには応援団ですよ！応援団をやり切れば、高校生活がいかに充実していたかわかって即合格ですよ！」と保護者に吹聴。冷静に振り返ると、よくもこんなことうそぶいていたなと思いますが、そのときの私は本気なのでした。

同じ色集団になった三年のクラス（看護科）の六人が病院実習後のたいへんな日程のなか、応援団に参加したことは双方のクラスの生徒にとって大きいことでした。当初一人も出ないのではないかと危惧されていました。

普段かかわることのない両学科の生徒たち。応援団の取り組みを通じて、生徒の言葉を借りれば、「どんどん仲良くなっていった」。「みんなで最高のものをつくり上げていこうという思いが一つになっていった」（ミサキ）のです。

たまたま練習日が誕生日であった看護科のアカリのサプライズパーティに象徴されるように、三年生同士、クラスの壁は確実に超えていきました。

毎日昼休みに団長（ミサキ）と副団長の三人（ユカ、アヤネ、看護科のユミ）でその日の練習の打ち合わせを入念に行い、練習後には反省会を行い、課題を明確にしていきました。ダンスが苦手な生徒が多いブルー団において、振り付けは困難であったものの、苦手なりにyoutubeで研究したり、試行錯誤で決定していきました。時間はかかるものの、何かを決めるときには全員で集まり話し合いをする。このプロセスがのちの団結を生み出していくことになりました。「三年になったら全部自分たちで決めないといけないのがたいへんだった。自分はあまりアイデアを出せなかったけど、みんなで取り組めてとても楽しかった」など、生徒の感想のなかにその話し合いがよかったという声も多くありました。

一・二年生が練習に合流すると、三年生は、下級生に育ててもらうという表現がぴったりなほど、主体的に動くようになりました。キレたら手のつけられないショウタがお茶くみをし、コップを運び、教室で練習できるように自ら掃除を……と、教師が言わなくても必要なことを自ら判断し、行動するようになっていきました。

唯一のトラブルも、看護科二年との関係がうまくいかなかったことぐらいでした（自治の経験をするという意味では、もう少し三年のメンバー間でトラブってほしかったのですが）。わがままで、露骨に不快感を顔に出す二組の生徒。自分たちだけの関係に閉じこもり、ややもすると他者を排除するかのような行動をしていました。二年生の問題でありつつも、同時に団を率いる三年生の問題だと考え、これは指導のチャンスととらえ、どう彼女たちと関係性を築いていけるか、三年生を集めミーティングをし、問題提起をしました。

私「二年生がやる気なく見えるんやけど、みんなどう思ってる？」
ミサキ「二年生やから本気じゃないのは仕方ないんかもしれんけど、やる気ない姿見てたら一年生にも悪い」
私「そうやな。このままいってしまったら崩壊の危機やで。どないするん？」
ミサキ「それは絶対にいやや」
ショウタ「それやったら自分らからいくしかないよな」
ユミ「二年の子ら、舌打ちしてたり、腹立つけど、自分らからいくしかない」

次の日から積極的に二年の子たちにかかわっていこうとする三年生の姿が見られました。練習最終日には、二年生自らが振り付けの方法を変えることを提案。それをミサキが「言ってくれてありがとう」と笑顔で応えたことで、わだかまりがとけたように思えました。二年二組の応援団のほとんどの生徒が「来年もやりたい」と感想に書いてあったことを紹介すると、生徒たちは一様に喜んでいました。

本校の体育大会といえばその間の学習の取り組みも独特です。三年生は運営委員から「クラス全員よいノート」の方針が提案され、応援団と運営委員は必死に全員が「よいノート」になるようにクラスで学習会に取り組みます。学習を通じて団の団結をつくろうとする取り組みです。運営委員長のユカは、副団長を兼務しながらも踊りが苦手で声も出ず、殻が破れずにいました。しかし、充実ノートを中心とした学習の取り組みへの粘り強さにおいてユカは特筆ものでした。クラスのヤンチャな子たちを誘い、感想をともに考え「よいノート」にしていく。運営委員会・応援団共催の学習会では全体を指揮し、一年生に充実ノートの感想の書き方を指導していく。ユカたちを中心に三年生は一年生に充実ノートを教えるため、一年生の先生に授業内容を聞き、感想を事前に書いて準備をする。一年生にとっては、この学習会の場が憧れの先輩から充実ノートを教えてもらえるかけがえのない場になり、これが伝統になっています。

体育大会の取り組みをとおして大きく変わってきた生徒が出てきました。当日の終礼で涙ながらにクラスへの感謝を語ったミサキ、全員よいノートになったことをクラスに報告したユカ。それぞれが大きな達成感をもち、成長感をもつことができた取り組みになりました。結果発表での彼女たちの涙に、充実した熱い二週間がみてとれました。終礼後、「生徒会長問題」をめぐって対立していたはずのユカとミサキが抱き合っていました。応援団を経験した彼らがその後のクラス活動の中心を担っていきます。彼女たちの体育大会の感想を紹介します。

○ミサキ：きっと私には強い力はなくて、それでもみんなの力があったから団長をやってこれたんだと思う。最初は不安で不安で仕方なかった。自分からやりたいと言ったものの、みんなに受け入れてもらえるかどうか、ちゃんと団長として引っ張っていけるかすごく不安だった。けど応援団の練習が、毎日ある中でどんどんみんなと仲良くなれたこと、みんなで最高のものを作り上げていこうという思いが一つになっていったこと、本当にうれしかった。楽しかったこと、悔しかったこと、全部私の大切な思い出になりました。優勝はできなかったけれど、みんなのがんばり、団結力、それは本当に優勝したと思っています。やからうちの記憶のなかでは本当にブルー団が優勝っていうことにしております（笑）ほんとうにそう思うから！最後の体育祭は最高の体育祭でした。みんなのまぶしい笑顔が私の救いでした。ホンマにホンマにホンマにホンマにホンマにありがとう！さがやま先生もありがとう！

○ユカ：一・二年に苦手ながらダンスを教えてる時も、笑顔で練習してくれて、わからんところもどんどん聞きに来てくれたり、そういう姿を見て、一・二年から元気をもらえた。団練後の放課後の三年との時間もほんまに楽しかった。疲れてる時も笑わせてくれて、明るくさせてくれてほんまにありがとう。充実学習会もあんなに参加してくれるとは思ってもなかったし、成功できてよかった。一・二年生に教えてあげるのは難しかったけど、それでも頑張ってくれて嬉しかった。四組全員がよいノートになってほんまに嬉しかった。

❖生徒会議案書討議

六月、全校で生徒総会に向け、「生徒会議案書討議」が取り組まれます。社会、授業、施設、学校への要求を出し合い、全クラスで語り合います。生徒は彼ら自身の要求を実現させることができない背景に、社会のあり方があることを学んでいく取り組みになっています。

クラスで生徒会の議案書討議に取り組んでいたとき、貧困と学費の問題でとてもいい話し合いができた翌日、そうした問題に立ち向かっていった先輩の姿に出会わせようと考え、大阪府知事との面談の映像を見せたときのことでした。卒業生が、いじめが原因で不登校になったという話を涙ながらにする場面をクラスで感想交流していると、ヤマサキが突如「いじめられんのって自己責任やろ。いじめられる子に原因があるやろ」と大きな声で発言。ヒトミが「ほんまそうやろ～」と同調。

「貧困が自己責任」という考えはこれまでも出会ってきたものの、「いじめられるのが自己責任」と考える生徒に初めて出会いました。クラスが凍りついたのはいうまでもなく、クラスの出来事にあまり関心を示さないカナですら「え?」と反応。いじめられてきた当事者だったミサキは机に顔を伏せる。私は慌てて「それ、ほんまに言うてるん? ここにはいじめられてきた子もたくさんいるんやで」と、せいいっぱいその場を取り繕い、職員室へ戻りました。すぐにユカとナオミが真っ赤な顔でやってきて、「あの発言は許されへんわ」と言います。「それならなんであの場で言わんかったん?」と聞くと、「ヤマサキたち、苦手やもん」と返答。それなら緊急クラス役員会議を開こうと提案し、その日の放課後に緊急招集をかけました。

そのときの会議は彼女たちの人間観を大きく揺さぶるものになったのではないかと思います。

以下はその時のやりとりです。

私「今日のヤマサキの発言、どう思った?」

ミサキ「めっちゃ苦しかったし、悔しかった」

私「そうやんな。もしできるなら、ミサキのいじめられた経験語ってくれへんかな?」

彼女の外見を揶揄した教師の一言がイジメに発展したと語るミサキ……。

私「つらいことを語ってくれてありがとう。ほかの子はどう?」

シオリ「私もいじめられてきて、不登校になってたからすごいつらかったよ。なんかいじられていたらしいけど、私は嫌やってん。でも先生に言って、助けてもらおうって発想もなかった。ただ私は明るい引きこもりやったけど」
ナオミ「私も仲良し学級にいて、いじめられたよ。あほやあほやって。いろんなものを隠されたりした」
アヤネ「私自身じゃないけど、お兄ちゃんがいじめられて不登校になって中学校に行けなかった。そのときのお兄ちゃんのつらさ、少しわかる」
ユカ「私はいじめられたことはないけど、絶対にいじめられてる側が悪いなんて思わん。だからこそ、何であの場で自分が発言できんかったんかなってずっと考えてる」
私「みんなありがとう。でも、なんであの子ら、あんなこと言ったんやろうと思う?」
シオリ「あのさ、ヤマサキのことはわからんけど、ヒトミってさ、虐待受けてきてるやん。そのなかで一生懸命生きてるって思うねん。だからこそ出た発言やと思う。今大事なのは、あの子らを孤立させへんことやと思う」

ユカは翌日、自分が発言できなかったことも含めて、考えたことを書いてきました。「クラスで読んでほしい」と言ってきたのです。「いじめる側もいじめられる側も自己責任とは思わない。社会のサポートが足りていないのだと思う。あんなときに自分の意見が言える、そんな人に私はなりたい。社会に出たらもっと自己責任論と出会うと思う。その時に私はどう伝えればいいのか。じっくり考えていきたい」と書かれていました。「自己責任論」という社会で流布された考えに出会い、その考えを、自分たちの体験を通じて相対化し、他者に対する見方も深めていく、そんな場面でした。
後日談ですが、ヤマサキと三者面談をしたときに、このときの真意を尋ねたところ、彼女自身が小学校のとき、「自分が原因」でいじめられてきて、「そのときの経験をふまえて言った」と答えました。そのやりとりも後日、ユカたちに報告しました。

このクラスでの対話を通じて、二学期の文化祭の取り組みで、よりいっそう相互理解がすすみ、関係性が深まっていくだろうと確信しました。

❖文化祭

本校は「学びの文化祭」に取り組みます。クラスでテーマを決め、夏休みから二か月間にわたってテーマを掘り下げ発表します。私自身は文化祭で生徒が自らの生活をみつめ、綴ることを要求しています。そこから生徒を再発見することも多く、生徒同士の出会い直しをさせることもできます。

私のクラスはアンケートを取り、「ブラックバイトと労働問題」をテーマに取り上げました。『蟹工船』の読書会をベースに、福山和人弁護士による労働法講座、寺西笑子さん（「全国過労死を考える家族の会」代表世話人）による過労死・過労自殺とその遺族のたたかい、生田武志さん（野宿者ネットワーク代表）から野宿者と日雇労働、大内裕和氏「ブラックバイト」、日経連「新時代の日本的経営」などについて学んでいきました。夏休みは釜ヶ崎へのフィールドワークを含めて一〇回ほど感想交流会（学習会）を行い、二学期に入ると隔日で学習会をもちました。生徒の半分以上が放課後の自主学習会に参加し、感想を出し合い作品を読み深めていきます。

釜ヶ崎へのフィールドワークは二回、子どもの里をドキュメンタリーにした映画「さとにきたらええやん」上映会、山王子どもセンターと子どもの里へのボランティアに連れて行きました。「ブラックバイトならぬブラック文化祭やで」といい、「生き生きと　ブラック体験　文化祭」（ナオミ）という名句？も詠まれました。

学習会ではおもに『蟹工船』で読書会を行い、労働者に心を寄せながら、社会科学的な資本主義理解にまで到達したような意見にも出会えました。アヤネは「浅川は結局誰からも信用されず、誰も信用していない。労働は大変やけど、本当の意味で信頼できる仲間がいる労働者に私はなりたい」と書いていました。階級的自覚の芽生えとともに、自らの生き方も問うています。労働者が苦労しながらも団結を築き上げていく場面に、生徒は感動していました。

現代のブラックバイトやブラック企業の問題を学習するなかで、自分たちが現状に対して黙っていてはいけないという、生き方を揺さぶる学習ができたのではないかと思います。

生田氏の話を聞き、釜ヶ崎フィールドワークで野宿者に出会い、過労自殺の話を聞くなかで、『蟹工船』と重層的に知識がつながっていくという実感が生徒のなかに生まれていったからではないでしょうか。

また特徴的なことは「役に立つ学び」という言葉が生徒からたくさん聞かれたことでした。「勉強」から疎外されてきた彼ら自身のかけがえのない学びに対する発見をあらわした言葉なのだと感じました。

「ブラックバイト」というテーマの狙いは学びにおける当事者性の追求でした。その点でいうと、「自分がこんな風になったら……」と考えられていたこと、生徒のバイト体験のなかでリアルなブラックバイトの実態（ノルマが達成できないと売れ残りを買わされたヒトミ、高校生だけでスーパーの店じまいを命じられるシオリなど）が出されました。また、『蟹工船』の労働者の闘いに学び、「立ち上がる勇気をもらえた」という感想もよく出されていました。「知り合いがブラックバイトに出会ったら、文化祭で学んだ知識を伝えたい」（アヤネ）という感想も出されていました。

文化祭のハイライトというべき瞬間は、アヤネがはじめて父親の暴力のことを明かしたときでした。このことは私や彼女の周辺も含めて誰も知らない事実でした。『蟹工船』の感想交流をするなかで、労働者と自分の過去が重なり合ったのです。学習会の場で、「浅川に殴られる労働者を見て、昔のことを思い出した」と泣きそうになりながら少し語った場面を覚えています。

夏休み、山王子どもセンターのビデオを見せて、ボランティアに参加。そのあとで映画「さとにきたらええやん」を見せました。鑑賞後、映画館のロビーで、アヤネはまたも泣きそうになりながら、親から暴力を受けてきた男の子と自らの境遇を重ね合わせて感想を述べたのです。「先生、このへんで勘弁して」というので、彼女自身の変化を評価し、「自分を表現できるようになったことはすごいことやで。なんであんな風に話ができるようになったか、考えてきて」と課題を出しました。

「中学生の男の子がお父さんの暴力から逃げていたのがちょっと昔の自分の姿と重なって泣きそうになった。けど、こういう話を誰かに話せたのは自分でも不思議やった。昔やったらかわいそうって思われるのも嫌で、絶対に話さなかったけど、みんなやったらかわいそうってただ思うだけじゃないってわかってたし、みんな言わないけど同じような経験をしている人が割とおるって知って話しやすかった」と書いてきたアヤネ。これまで誰にも話さなかったという虐待の経験を語りました。仲間を信頼できるようになった彼女の成長に感動しました。

体育大会や文化祭の生徒会行事、日常のクラス活動を通じて、「自分のことを受け止めてくれる」というクラス集団への信頼が生まれてきていること、議案書討議や「いじめられるのは自己責任論」討議、文化祭の学習のなかで、じつは母の貧しさ、父の暴力というのは自己責任ではないのではないかという認識の揺らぎが彼女のなかで起こりつつあったこと、また同じような経験をしている仲間がいるということを文化祭の学習を通じて理解してきたこと、その苦しみはおそらく社会的につくられてきたものだろうという認識が彼女の心を開かせたのだと思います。

生徒会長を務めたユカは、「勉強についていけなかった」ということはよく語っていましたが、自分の母親や父親との葛藤をはじめて明かしたのは二年生のときでした。母親に暴言を吐かれること、ときに殴られること（中学時代は腕にあざをつくり、長袖を着用し登校していた）、父親が単身赴任中に不倫をしていることなど明かしてくれました。勉強や生徒会活動を熱心に取り組むものの、どことなく影があり、気持ちが解放されない背景にはそのようなたいへんな生活があったのだと知りました。障がいをもった双子の兄をかかえて生きていかざるをえない彼女の目に映る世界は、おそらく絶望感でいっぱいだったように思います。

生徒を連れて帰る車の中で、ユカが「アヤネってすごいよなぁ。私もあんな風に自分の虐待のことを話せたらなぁ」とボソッと語りました。ここに、議案書討議から始まった関係性づくりの種が文化祭の学びを介在させて花開きつつあるなと思いました。ユカも家庭内暴力、さまざまな心理的虐待に悩まされながら登校している生徒でした。後日の学習会で、釜ヶ崎の感想交流をして、ユカに「話をしてみる?」と促してみたところ、「え、どこまでいってええかわからん」とそのときは自分のことは話せませんでした。ところが、その日の夜に彼女から、「次の学習会のときにいえたらいいたいです。家のこと」とLINE。アヤネの発言に刺激され、悩みながらも、次の学習会で自分のことを語ることができたユカ。それを受け止めるクラス集団に対してもより信頼を寄せるようになっていきました。また、文化祭を通じて、暴力をふるう母親への見方も変わり、自立の道を歩んでいくきっかけともなりました。彼女は、釜ヶ崎のボランティアで出会った、たいしん君の「ユカちゃん、いい先生になってね」という言葉をきっかけに、母親が強くすすめていた理学療法士（足に障がいのある双子の兄を彼女に世話させるため）の道を方向転換し、保育士の道へと歩み始めました。

ほかにも生田さんの話を聞いて、女性の野宿化がおもにDV・虐待に起因していることを学び、「いじめられるのは自己責任」発言に同調したヒトミが、自分が受けた虐待のことを感想に書きました。それをクラスに返すと、ショウタが「俺、ヒトミの意見を読んでていろいろ思い出したわ。子どものころ血だらけになってたもんな」とつぶやきました。文化祭の取り組みで虐待をカミングアウトしたのは四人になりました。新自由主義による貧困化は、子どもたちを「暴力」というかたちで襲っているように感じます。

その後、ショウタは毎日残ってビデオづくりに精を出すようになりました。学びが心を開いていくような、こうした関係性づくりは本校の生徒会活動の神髄だと思います。

アヤネやユカの語りをはじめ、生徒の語りを担任と生徒個人との関係に終わらせずに、クラスに返すようにしています。ユカは、「ある子とはお互いの家庭のことを言い合うようになったし、聞いてくれたときもあった。今まで周りの子に深くまで話したことがなかったから、話せたときは少しスッキリしたし、自分だけが苦しんでるんじゃないんやとわかることができた。同じようなことを話し合える友だちがいるってだけで安心できるというか、気持ちが全然違うように思えた」とも語っています。

❖卒業式

卒業式においても、「生徒が学校の主人公」のポリシーが貫かれます。式典では、卒業生が三年間の成長を語った言葉が構成詩というかたちに紡がれ、読み上げられます。三学期、卒業式を感動的なものにしようと、卒業式運営委員会が組織され、方針が議論されます。私のクラスでは、ユカ・アヤネ・ナオミの三人が立候補しました。本校で学び、成長したことの意味を再確認しようと、クラス全員「よいノート」（授業で学んだことに生徒が感想や意見を「充実ノート」に書き、教師が励ましの意味を込めて「よいノート」と評価します）の方針をたてました。社会科では、「住友ミセス」の裁判をたたかった方を呼び、生徒の生き方を揺さぶる授業をしてくださり、生き生きとした感想が生徒からどんどん出されます。それを学級通信にし、終礼でクラスに返していくということを毎日行っていきました。放課後の学習会では、「今日のあの子の感想がよかったよね」といった声も出されて、主体的に学習する集団が形成され、自然なかたちで方針追求が生まれていくようになっていきました。

そんななかでクラスにドラマが生まれていきました。全員「よいノート」まであと三人となったとき、私は運営委員の三人に対し、「最後はあなたたちの力で方針をやりきろう」と突き放しました。その後、ユカ、アヤネ、ナオミの三人で相談し、残った三人の感想を、嬉々として持ってきたのでした。ナオミがリョウトに対して「感想を書くで！」と声をかけると、ロッカーへ黙って行き充実ノートを出してきたそうです。全員「よいノート」を達成した瞬間でした。彼女たちのうれしそうな顔は忘れられません。

クラスのなかに相互理解や信頼関係が芽生えていることの証左でもあった象徴的な出来事でした。その後、リョウトはすべての課題をやり切り、卒業式の前には自発的に髪を黒く染め、胸を張って卒業していきました。リョウトは暴力的で「地域で一番大変な子」と言われていたのですが、彼の成長には三年間ほぼずっと席を隣にしてきたナオミの存在が大きかったのです。生徒会活動を軸にしたクラスづくりがつなげた絆だと思います。

ナオミは知的障がいをもち、七歳の知的年齢であることを母親から告げられました。しかし彼女の頑張りを疑うものはクラスに誰一人としていません。毎日、KGノートを提出し、授業ごとに充実ノートに取り組み、行事ではみんなを引っ張っていく彼女への信頼は、たいへん厚いものがありました。ナオミの成長には、すさまじいものがあると思います。私は彼女の姿に、本校の生徒会活動の意味を再確認するのです。

アヤネは、卒業式の取り組みを通じてさらに大きな変化を見せていきました。在校生に向けたスピーチのなかで「去年はやらされていただけだった。今年は構成詩の言葉一つひとつが自分の言葉になっている。こんなふうに思えるとは思わなかった」と発言していました。そこに彼女のかけがえのない高校生活が垣間見えました。卒業式の日にもっとも泣いていたのはアヤネでした。四月、クラス分けの日、私が担任と知り、イヤで泣き崩れたといいます。そのアヤネが卒業式後、「じつは嵯峨山と離れるのが何より一番寂しい。なんか話したいときにすぐ行ったり、何気ないことを毎日話すことができなくなると思ったらほんまに寂しい。まさかこんなに泣くとは思ってなかった。四組、じつはめっちゃ楽しかったんやなって最後の最後で気づいた（笑）。アヤネにいろんな経験、挑戦させてくれてありがとう！嵯峨山はすごい大好きな先生になりました（泣いてや）」とメッセージ。子どものころに虐待を受け、名門大学に通う兄と比較され、併願落ちで本校に通うことに否定感をもっていた彼女が、学校生活についてこんな風に思えるようになったことを幸せに思います。

卒業式当日、構成詩の最後の一節をアヤネが読み上げました。――「ここで過ごした青春の日々は、いつまでも私のなかであたたかく、なつかしいものとして残っていくだろう」。

彼女の涙交じりの声に、彼女のかけがえのない三年間を思いました。私たちの学校は、彼らに生きる希望を育む場所となりえたでしょうか。

第三節　新名学園・旭丘高校の学校づくりと課題――地域とともに歩む

❖ 地域とともに一一六年を歩む

建学の精神を今日の教育目標に継承・発展させて

小田原駅東西自由通路の東側階段を降りて右へ、「お城通り商店街」を天守閣の方向へ歩き始めると、正面突き当たりにレンガ色の建物が見えます。これが、国指定史跡小田原城址の一郭に位置する旭丘高校の城内キャンパス（第一校地）です。さらに、この駅前の校地から車で約一五分、箱根の宮城野へ抜ける林道沿いには、豊かな自然環境に抱かれた久野・荻窪キャンパス（第二校地）があります。

新名学園は、一九〇二年に新名百刀女史が、裁縫・造花・編物伝習所として創設。「手に技をつける」という当時の地域社会の教育要求に応え、女子の実学教育のさきがけをなしたものです。以来、この地域とともに一一六年を歩み、「悪しきとてただ一筋に捨つるなよ、渋柿を見よ、甘干しとなる」とよく講話で語った創立者の建学の精神は、「日本国憲法と教育基本法、子どもの権利条約の理念に基づき、人権と自由、平和と民主主義、学習権・発達権を保障する学校の創造を図る。自主的民主的な活動と社会参加を通して豊かな学力と勤労を重んじる全面的に発達した人間の育成を図る」とした現在の教育目標に継承され、現在、普通科・総合学科の二科を併設、約一三〇〇名の生徒が通学しています。

私学をめぐる厳しい社会状況と向き合って

旭丘高校は、つねに地域や社会の厳しい状況と向き合って学校づくりを進めてきました。その一端を述べるならば、第一に、少子高齢化・人口減少社会における生徒減と私学の財政基盤問題です。神奈川県下の公立中学校の卒業者数は、一九八八年三月のピーク時における一二万二一六七人から二〇〇六年三月（ボトム時）の六万三六八〇人まで約半減した後に微増に転じ、二〇一四年三月の七万五七一人から再び減少期を迎え、長期的には約五万九四二四人（二〇三二年三月時点）まで減少することが見通されています。さらに、学園が所在する小田原市の人口は一九九九年八月の二〇万六九五人をピークに減少が続き、二〇四〇年頃には一五万人台となることが予測されています。こうしたなかで地域再生の課題が鋭くせり上がり、小田原のまちづくりがどのように展開されていくのか――具体的には、急速に進む小田原駅周辺の再開発や小田原市行政が進めようとしている「史跡小田原城跡整本丸・二の丸整備基本構想」（学園が所在する国指定史跡・小田原城跡を江戸末期の姿に復元するとしたもの）の「見直し」作業等――が、学園の存立基盤や将来展望と深くかかわっているのです。

さらには、新自由主義がもたらした「優勝劣敗」のシステムや「格差と貧困」の広がりは、「子どもの貧困化、発達異常」現象などをもたらし、それは、「国際化」「高度情報化」が進む時代状況のなかでいっそう深化し、教育実践に新たな困難をもたらしています。

旭丘高校のこれまでの学校づくりの歩みは、危機を希望に変える取り組みの連続であったといって過言ではありません。では、危機を希望に変える力は、どこに存在するのか。以下、学校づくりの具体的な足跡を述べながら、この主題について考察していきます。

❖教育条件整備・教育制度改革・教育課程改革を結んだ学校づくり

「学園総合整備計画」（一九八六年）**にもとづく一連の取り組み**

旭丘高校の学校づくりは、教育条件整備・教育制度改革・教育課程改革を結んだ取り組みとして展開されてきました。まず教育条件面では、一九八六年に策定した「学園総合整備構想」（後に「計画」）にもとづき、第一校地の総合整備と久野・荻窪キャンパス（第二校地）の取得・整備が行われました。そして、その教育条件整備を土台に、男女共学の復活実施（一九九九年）、総合学科開設（二〇〇二年）、不登校生徒の発達保障を図るためのベーシッククラスの設置（二〇一〇年）、全教育課程の単位制化（二〇一四年）、クリエイティブクラスの新設（二〇一五年）、大学進学スポーツクラスの新設（二〇一七年度）等々の一連の教育制度改革を実施してきました。

二つの校地・二つの学科、「地域が学校」「小田原のまちが教室」

現在では、二つの校地（城内と久野・荻窪）と二つの学科（普通科・総合学科）のもと、「地域が学校」「小田原のまちを教室」として、異なる生育歴と個性をもった生徒一人ひとりが自らの発達の課題や関心、進路の希望にあわせて学び発達することを保障するための多様なカリキュラム（学科・クラス）がつくられています。

また、陶冶と訓育を結ぶ教育課程づくりを進めていることも大きな特徴であり、各学年に自治と学びの活動にかかわるテーマ（一年次「交わりと自治」、二年次「平和と人権」、三年次「進路と生き方」）を設定して進路・キャリアにかかわる教育が展開されています。

旭丘高校の教育課程の特徴

現在の旭丘高校の教育課程は、次のような特徴をもって展開されています。

○教科（陶冶）と教科外（訓育）、そして地域参加・社会参加とを結んだ広義の教育課程づくりを意識的に追求し、生徒の「新しい学び」を創造しています。

○「学力」と「発達」の問題を、教室や学校の枠のなかだけでなく子ども・生徒が生きる現実としての生活や社会のなかでとらえ「生活と教育の結合」を図っています。

○生徒たちを「学ぶ主体」としていくことを重視し、生徒たちの「なぜ、何のために、何を学ぶのか」という問いかけに応え、「平和」「人権」「環境」など、現代社会の重要なテーマを積極的に取り上げ、問題解決型の学習を大切にしています。

○全学協議会や全学研究集会などの場をとおして生徒・保護者の授業・学習への要求を受け止め、生徒・保護者の参加で授業・カリキュラムづくりを進めていることです。

こうした教育課程のなかで学び成長する子ども・生徒たちの声の一端を紹介します。

●ホームルームの班長としての活動に取り組み、「自分でも人のために役に立てる」と思えたときの喜び、仲間が働きかけに応えてくれたときに覚えた信頼感が、自分自身を変える原動力になりました。そして自分や仲間、学校の問題を解決するための具体的な行動に参加することに充実感を覚えるようになりました。

●（ホームルームや生徒会の活動をとおして）自分自身の考え方や価値観も大きく変わりました。それは視点の転換です。震災復興と私学助成金の活動を結びつけるときに、ある視点をもつとどんな物事でもつなげて考えることができることを学びました。そして、一方の側からの意見だけでなく第三者の視点をもって考えることで、考える視野が広がることを知りました。この経験をとおして日常の授業においても地域や社会とかかわる課題や問題とつなげて考えることができるようになり、学ぶことが楽しくなりました。（※この生徒が言っている「ある視点」とは「人権」のことである）

創立一二〇周年に向け「新総合計画」を策定

そして、学園は、先に述べた「学園総合整備計画」にもとづく学校づくりの到達点を継承し、創立一一〇周年（二〇一二年）を機に、来るべき創立一二〇周年（二〇二二年）を視野に入れて「新総合計画」を策定しました。「新総合計画」では、学園の学校像・将来像として「地域立・市民立」の私学の構築を図るとともに、今や世界的潮流である「無償教育」の理念と運動に結んで「公営私学（公費私学）」の創造を展望しています。さらに具体的には地域の教育要求にそって現行の高等学校教育課程以外に新たに「専攻科」や「幼保子ども園」を設置するビジョンと青年期発達教育の視点から「現行教育制度・教育課程の多様化」を図る構想とをもっています。

※参加と共同の学校づくりの推進力——六者懇談会・旭丘高校の教育を守る会

私学助成運動への共同から生まれた「五者共同」

旭丘高校には、公費助成・無償教育運動や学校づくりを進める全学の共同体である六者懇談会（理事長、学校長、同窓会長、ＰＴＡ会長、父母懇談会支部代表、職員組合委員長から構成）がつくられています。

先に述べた「学園総合整備構想」が策定された一九八六年は、「学校づくり元年」と呼ばれます。この一九八六年には、理事長・学校長・ＰＴＡ会長・父母懇支部代表・労働組合委員長の連名によって、公費助成運動への共同と学校づくりの理念を示した「五者共同文書」が出されました。その内容は、「生徒を主人公とする学校」「楽しく授業がわかる学校」「学費に頼らない学校」「父母参加のある学校」「地域に開かれた学校」といったものです。

「五者共同」から六者懇談会・「守る会」へ

その後、国指定史跡・小田原城跡を江戸末期の姿に復元するとして将来構想図のなかで民家と旭丘高校を消し去った「小田原城跡本丸・二の丸整備基本構想」を小田原市が一方的に公表し、学園が計画した第一校舎の建て替え（国指定史跡の中であるため文化庁長官の許可が必要）が大きな壁にぶつかるといった困難に全学が向き合うなかで、「五者共同」は、「六者懇談会」へと組織的に発展を遂げていきました。さらに一九九四年五月には、この問題を公教育私学の財産権・教育権にかかわる重大問題ととらえ、「六者懇」を母体に全国・全県の有識者や教育運動家の賛同・参加を得て「旭丘高校の教育を守る会」が結成され、以降、この問題を小田原のまちづくりの問題、公教育私学づくりの問題ととらえた運動（公開まちづくりシンポジウムの開催、地域との対話・懇談の積み重ねなど）が展開されてきたのです。

こうした全学共同はさらに発展して、二〇〇四年五月には全学協議会（「新名学園旭丘高等学校のよりよい学校づくりをめざす生徒・父母・教職員・同窓生・学園による全学協議会」）の設置、二〇〇九年一〇月には新名学園私学教育研究所の設立がなされ、全学と地域の参加・共同で進める教育づくり・学校づくりの組織と活動へと進化しました。

子どもの声を聴く学校づくり——全学協議会

「全学協議会」は学校の教育課程や運営上の決定権はもちませんが、本校における学校づくりと結びついて発展し、授業・教育課程の改革、施設・設備の改善、学費問題と公費助成への共同、制服の改訂など学校づくりの全分野に亘る討議を展開し、ここでの協議を生かした各パートの活動をとおして学校づくりを推進する役割を果たしてきました。

二五回目の開催となった二〇一八年七月の全学協議会では、テーマを「子ども・生徒の声を聞き取り、人と地域をつなぐ、地域づくりとよりよい学校づくりを考える」とし、生徒会の活動報告・意見表明を受け、それを素材に全学各パートの代表やオブザーバー参加者が自分たちの活動と結びつけて学校づくりにかかわる課題について討論がなされました。

現実の課題と結んだ研究活動——新名学園私学教育研究所

また、新名学園私学教育研究所では、次の五つの研究課題のもと、子ども・生徒や保護者、教職員、地域の現実の課題と結んだ研究活動を進めています。

①私学と無償教育と公費私学創造の課題。
②子ども・生徒の発達研究（建学の精神・教育目標にそって）
③日本国憲法の平和的生存権の保障、核兵器のない世界に向けた平和教育創造の研究。
④地球環境と地域環境の問題についての研究。
⑤小田原のまちづくりにかかわる「学校と史跡の共生」「小田原のまちの教育・文化の創造」の課題。

参加と共同で学校づくりの検証を——全学教育研究集会

さらに、旭丘高校ではこれまで全二三次（通算五七次）に及ぶ全学教育研究集会が、毎年継続で開催しています。一九六一年から始まり、半世紀を超え、学園の歴史の半分近い年月にわたって積み重ねられてきたこの全学教育研究集会が学校づくりのうえで果たしてきた役割には大きなものがあります。

この教研は、最初は組合主催で、職場の悩みや生活や権利の問題を中心に討議されていました。しかしその後、私学助成運動への参加をとおして教職員が子ども・生徒を社会のなかでとらえる視野を獲得し、民間教育研究運動への参加をとおして、国民の教育権やカリキュラムの自主編成の視点、全国の教育研究運動の財産がもたらされ、質的な発展を遂げてきたのです。

生徒が初めてこの旭丘教研に参加したのは、一九九四年。先にもふれた「旭丘高校の教育を守る会」が結成され、日本で子どもの権利条約が批准された年でした。その二年後、一九九六年から全学での主催による教育研究集会となったのです。そして、二〇〇〇年からは、それまで夏休み期間の最後の土日に開催されていた教研集会に加え、秋の全国三〇〇〇万署名運動スタート集会と冬の校務レベルでの九教科公開研究授業を全学教研に位置づけ、夏の基調教研、秋の運動教研、冬の教育課程づくり研の三部構成として整えられました。

全学教研は、先に述べた一連の学校改革・教育改革について全学討議し共通認識をつくるための重要な場となってきました。また、全学教研第二部では、公費助成運動・無償教育から学校づくり・人間形成をとらえる視点での検証が大きく進められ、現在の「無償教育」を基調とする全学共同の学校づくりの理論的土台を築き、また「公営私学（公費私学）」という学校づくりの将来展望を与えるものとなっています。

生徒・保護者とともにつくる授業・カリキュラム

ここでは、教育課程づくりを主題として毎年一月末に開催している全学教育研究集会第三部を素材に、全学・地域の参加と共同で進めている教育づくり・学校づくりの検証・討議の具体的な様子を紹介しておきます。

全学教育研究集会第三部では、一日目には一一教科（分野）を自然科学、社会科学、人文科学、身体・生活科学等の各教科の学問の基礎にもとづいて四つのブロックに分け、午前中に公開研究授業を行い、午後には合評会を行います。そして、二日目は、午前中に参加者全員が総合学習の公開研究授業を参観して合評会を行い、午後に教育課程づくり・学校づくりを主題とした記念講演とシンポジウムを開きます。

合評会には、生徒・保護者も参加し、とくに授業を受けた生徒たち自身の感想・意見表明を素材に、教科内と教科外の教員から分析者を立てるとともに、共同研究者の助言を得て、実践者の指導案のねらいにそって授業を評価する討議を進めています。実践者がねらいとしたこと（生徒の認識の変化や技術の獲得）が実際に達成されたのかどうかということを当事者の生徒の声から検証できることや、生活者として授業への求めを発言する保護者から授業を新たな視野で見直す契機が得られることもこの合評会の特徴です。

また、公開研究授業の指導案は、事前に各教科で実践者が作成した原案にもとづく討議が何度も積み重ねられてつくられていきます。そのことをとおして、その授業の検証とともに各教科の授業・カリキュラムづくりの到達点や課題を検証する視点で討議が深められていきます。研究授業を終えた若手教員は、「教科会合の論議のなかでさまざまな意見が出され、自分だけでは成しえなかった授業にできたことは、私の財産になっています」と感想を述べています。

これまでの全学教研第三部に参加した保護者と教師の感想を一つずつ紹介しておきます。

●今日参観した家庭科の授業は、事前に子どもたちが班ごとに地産地消・品質・安全性などのテーマを立て食材を購入し、その活動を発表して調理実習を行うというものでした。生徒の発表に対して先生は、一人ひとり違う性格、考えをもった子どもたちの良いところをみつけ、ほめていました。まずほめてからまちがいを正す。だから子どもたちは、自主的にやってみようという気持ちになるんだと思います。事前の買い物も、子供たちなりの考えで話し合いながらしている姿が想像できて楽しくなりました。私たち親も学べるような、現代の社会を生きていくうえで必要な授業だと思いました。（保護者）

●二日間の教研を通して、あらためて「学ぶ喜びを教えたい」という自分が教師になろうと思った原点を確かめることができました。そして学ぶことを喜びにしていくうえでは、生徒が感性や感覚でとらえていることを科学的な認識に発展させていくことが必要なのだと痛感しました。そのことは難しい課題ですが、やはりまず生徒の声に耳を傾け、生徒が生きている現実をリアルに理解すること。そのうえで、生徒の発達課題や発達の求めにていねいに応える授業をつくっていきたいと決意を新たにしました。（若手教員）

❖「史跡と学校・市民生活の共生」――国指定史跡・小田原城跡内での学校づくり

危機を発展の契機とした九〇年代の取り組み

先にもふれた「史跡小田原城跡本丸・二の丸整備基本構想」（一九九三年に小田原市が策定）の公表から国指定史跡内での一連の校舎建て替え（文化財保護上の「現状変更」）が実現するまでの、子ども・生徒を真ん中にし全学・地域で共同して展開された取り組みは、学校づくりの将来展望を拓くという点でとても重要なものでした。

また、この時期は冒頭にもふれた神奈川県における第一次生徒急減期の最中にあたり、学園は生徒募集のうえでも危機に直面していました。さらに、生徒数が増えた時期には「私立高等学校設置の基準」を緩和して私学のマスプロ化を容認してきた県行政が、生徒急減期を迎えるなかで、「設置基準」を厳しく適用し学校規模の縮小を図る政策に転換。旭丘高校にも「設置基準」の原則どおりの適用が求められました。しかし、これを機械的に行えば、当時の旭丘高校の校地・校舎の条件では、学則上の生徒定員を大幅に減らさなければならないという問題が浮上してきたのでした。

こうした危機に対して、地域の教育要求と結んでこれを乗り越えてきたのが、先にふれた男女共学復活実施や第二校地（久野・荻窪キャンパス）の取得・整備などをはじめとする学校づくりの諸施策の実行であったのです。

この一九九〇年代から二〇〇〇年代初めにかけての取り組みについては、すでにさまざまな場面で報告もしてきたことです（この取り組みについての参考資料として日高教・高校教育研究委員会・太田政男・浦野東洋一編著『高校教育改革に挑む』ふきのとう書房、二〇〇四年、の「Ⅲ．地域と教育課程」「2．実践報告」の「②地域と友育ちする二一世紀・人間の学校」）。

ここでは、小田原城跡整備とまちづくり・学校づくりにかかわるその後の展開についてふれておきたいと思います。

「史跡と緑、学校・市民生活の共生」を求めて

「史跡小田原城跡本丸・二の丸整備基本構想」と学園の財産権・教育権問題にかかわる前進面としては、①「おだわらＴＲＹプラン・後期基本計画」（平成二九年度〜平成三四年度）のなかに、これまで小田原市が策定した総合計画にはなかった「財産権尊重」の文言が盛り込まれる、②二〇二〇年以降に市から土地の所有者等に買収の申し入れをしたときは市に譲渡することを約束する「承諾書」の提出を現状変更許可の要件とした「取扱い基準」が廃止されるといった変化が生み出されてきたことがあります。

しかし、根本には、依然として小田原城跡を江戸末期に復元する「純化論」に立つ整備構想が存在し、それにもとづく城跡整備が進められてきたことで、旭丘高等学校の教育活動との間でさまざまな問題が生じ、これに対して生徒も参加した全学の取り組みがなされました。

この間において焦点の課題となったのが、旭丘高校の第一校地南西面に隣接する土塁（小田原城跡・御用米曲輪の北東土塁）の緑と教育環境の問題です。経過の詳細にふれる紙面の余裕はありませんが、土塁上のクスノキ樹木群が二〇一〇年に小田原市が行った伐採・剪定により電信柱の乱立するような状態になり、生徒の豊かな学習環境を形成していた緑が失われてしまった問題です。

その後、学園と小田原市の協議が積み重ねられるなかで、小田原市長から「学校に隣接する土塁と御用米曲輪の緑を再生し、史跡空間と学校空間、市民生活の空間との共生を図る緩衝地帯とする」とした「共生論」が示され、問題解決に向けた取り組みがなされました。

ここでは、問題解決に向けた道筋についての市と学校の合意文書が取り交わされた市長懇談（一九九四年一二月）の席上で当時の生徒会長が述べた言葉を紹介しておきます。

●全校生徒の願い・要求の実現が、このような形で大きく進んだことをとても嬉しく思い、あらためて市長さんのイニシャティブに感謝し、また、ご尽力いただいた担当部局等関係者皆さんにもお礼を申し上げます。引きつづき学校と市の連携と協議を進め、この確認文書に盛り込まれた様々な課題を必ず実現していただくことを願います。また、今後の御用米曲輪北東土塁のクスノキ等の植栽管理や御用米曲輪の整備についても、私たち生徒会の生徒や学校の先生方、事務・用務の皆さんに計画を丁寧に示し、意見を聞き、合意をつくって進めてください。

引き続き、まちづくりと学校づくりを結んで

小田原市は、二〇一八年九月、小田原城跡の内郭部分にかかわる「史跡小田原城跡本丸・二の丸整備基本構想」と大外郭部分にかかわる「史跡小田原城跡八幡山古郭・総構保存管理計画」を見直すとともに、これらをあわせて、新たに史跡小田原城跡全体にかかわる「史跡小田原城跡保存活用計画」を策定するとして、平成三〇年から三二年までの三年間で計画の策定を進めるための検討委員会を設置しました。学園としては、この問題についての調査・研究活動を新名学園私学教育研究所の活動のなかに位置づけ、小田原市がこの間表明してきた民有地や学校の財産権・教育権尊重の立場を「見直し」作業においてもさらに継承していくことを求めるとともに、まちづくりと学校づくりを結ぶ視点で、地域とともに生きる公教育機関の立場から市への意見表明や提言を行っていくことが求められています。

❖ 国際連携教育と学校づくり

創立一一〇周年を機に国際連携教育に着手

新名学園旭丘高等学校は、創立一一〇周年（二〇一二年）を機に国際連携教育（本校では「足元からのグローバル教育」と呼んでいる）に着手し、これを推進してきました。

具体的には、これまで、中国の二つの姉妹校（西安外国語大学附属西安外国語学校と安陽市開発区高級中学）との交流協定にもとづき、旭丘高等学校からの五回の中国・姉妹校訪問が実現し、中国の姉妹校の高校生たちの四度の日本・旭丘高校訪問が実現しています。旭丘高校から姉妹校を訪れたのは、生徒会代表とともに、演劇部・書道部・相撲部・吹奏楽部・剣道部・陸上競技部の代表部員やヒップホップダンス世界大会出場生徒などです。相互訪問した高校生たちは、それぞれ自国独特な伝統文化やスポーツ・技術を披露し、両国の文化への理解を深めています。

本校の国際交流の特徴的な点は、交流の要として学校教育の命である授業交流（校内・校外）や学校の行事・催しへの参加（入学式への参列等）をとおした交流と同時に、地域と結んだ交流（西湘日中友好の集いへの参加等）が位置づけられていることにあります。

なかでもユニークなのは〝治水神〟として崇められている中国古代夏王朝の禹王の碑を西安の碑林・安陽の羑里城と酒匂川上流の文命堤の碑文で読み解く日中高校生共同フィールドワーク授業です。参加した生徒たちは「深くて長い日中両国の友好・交流の歴史を知りました」と学びを深め、両国の友好の架け橋になりたいとの意思を表明しています。

新たな留学生制度の創造や地域間交流の進化に向けて

さらに、西安外国語大学附属西安外国語学校との間では、同校との間で結ばれた第三次交流協定書にもとづき、西安外国語学校内に旭丘高校の教育課程を取り入れた新たなコースを設置し、あわせて旭丘高校側に日本留学生試験と大学入学試験に対応する専攻科等を設置する事業計画が、両校におかれたプロジェクトチームの共同で進められています。

また、もう一つの姉妹校である河南省安陽市開発区高級中学（日本の高校）との間でも、「両校の交流・連携が安陽市と小田原市に所在する学校及び教育機関相互の交流に結びつき、さらに両市間の交流の発展に寄与するものとなるようにする」とした協定書にもとづき、安陽市と小田原市の地間間交流と結んだ姉妹校連携が発展しています。

❖課題と展望――公費助成運動・無償教育と結んで

生徒を真ん中にした広い共同の力で

この小論の最初に、旭丘高校の学校づくりは、危機を希望に変える取り組みの連続であり、危機を希望に変える力がどこに存在したのだろうかかと問いを立てました。以下、このことについて考えてみたいと思います。

危機を希望に変える力の第一は、子ども・生徒を真ん中にした広い共同の力です。全学と地域、そして教育にかかわるさらに社会的な広がりをもった共同の力は、教師や学校の力だけではつくり出しえない子ども・生徒の新しい学びや変化・成長をつくり出すのです。

ここでも、生徒の声を紹介しておきます。

●社会や大人に対して怒りや不信の気持ちしかなかった私は、私学助成運動に参加するなかで、ふと自分の周りを見ると、一生懸命頑張る人の姿を見つけることができました。そのなかで一生懸命に希望を確かなものにしようと頑張る大人の姿を見て、何もしなければ何も変わらないと知りました。今度は私たち自身も自分たちが学んだことを人や社会のために役立てたいと思うようになりました。

そしてまた、こうした生徒たちの変化にふれた大人たちが元気をもらい、子どもたちの発達・成長やその教育条件をつくり出す共同の力が増していくのです。

地域に根ざし、地域とともに生きる

危機を希望に変える力の第二は、第一の点とも重なりますが、地域に根ざし、地域とともに生きることです。

生徒募集が定員を大きく割り込む状況となり旭丘高校が女子校から男女共学制へと急速度に舵を切った一九九九年当時、まだ青年教師であった私は、自分なりに学校存続の危機を痛切に感じ、全国私学夏季教育研究集会のレポートに次のように記しました。

●（男女共学化にかかわる調査のなかでふれた）新潟の私学も多くが旭丘高校と同じ時期に裁縫伝習所としてスタートしていることを知り、新名学園の創立も、その時代の社会的教育要求に応えるものであったのだと認識を新たにしました。（中略）よく考えると、私たち教師が生活基盤を守っていくこと＝教師という専門職として働く基盤をつくっていくことは、子ども・青年の発達要求や父母・国民の教育要求に応えなければ出来ないことであり、それは、私たちの側からいえば、自分が教師として現代に生きる意味を問い返していくプロセスでもあるのではないかと考えるようになりました。

地域連携・地域共同の発展

旭丘高校は先にふれた「旭丘高校の教育を守る会」結成アピール（一九九四年）のなかで、「地域教育文化センター」「地域防災センター」としての学校づくりを進めることを宣言し、さらに創立一〇〇周年を機に「地域立・市民立の私学づくり」を掲げ、地域連携・地域共同の取り組みを発展させてきました。その現段階の特徴は、生徒たちの文化・スポーツ活動の発展と結んで、これまで以上に広い地域の各界・各層の人々との協力・共同関係が進んできていることにあります。

とくに現在、少子高齢化・出生率の減少に加えて地域から若者が流出し、「地方消滅」等といった言葉で警笛が乱打される状況のなかで、「地方創生」「地域再生」は切迫した国民的課題となっています。この課題を解決していくうえで学校の果たす役割は大きいのです。

日本と世界の進歩的な教育運動と結んで

そして、危機を希望に変える第三の力は、国民的な教育運動や公費助成運動など、未来を指向する日本と世界の進歩的な教育運動と学校づくりを結ぶことです。とくに、旭丘高校においては、公費助成運動・無償教育運動が学校づくりの基《もとい》となっています。旭丘高校全学教育研究集会の基調報告では、公費助成・無償教育運動への参加が学校にもたらしてきた積極面を次の四点にまとめています。

① 学園の将来展望とかかわり、「公営私学（公費私学）」創造の課題と展望について、この間の私学教育研究所の活動や全学教育研究集会等で探究が深められてきたこと。

② 公費助成・無償教育運動への参加をとおして生徒（会）の参加・自治・学びが豊かに展開されていること。

③ 子どもを「社会の宝」とし、社会（みんな）の力で育てていくとする無償教育の理念と運動が、教育づくり・学校づくりのあり方を問い直す契機を与えていること。

④ 公費助成・無償教育運動を土台とした学費・校納金問題への全学共同の取り組みがつくり出され、生徒の就学・修学保障の力となってきたこと。

また、先にふれた「地方創生」「地域再生」の課題との関係でも、子どもを産み育てやすい環境づくり・地域づくりを進めることや、地域再生の拠点となる学校の存立基盤を守ることにおいて無償教育は重要な羅針盤となります。

「公営私学（公費私学）」への道を探究

ここでは、「公営私学（公費私学）」への展望についてふれておきます。世界の学校の設置形態は、統計上「国公立」「公営私立」「独立私立」に区分されています。「公営私学」は、「公営私立」に相当するもので、政府機関からの拠出が主たる財源の五〇％以上を占めるか、あるいは教職員の給与が政府機関によって支払われている教育機関のことです。後期中等教育（高校）に関しては、ＯＥＣＤ諸国（三四か国）平均で「国公立」八一％・「公営私立」一四％・「独立私立」五％であるのに対し、日本では「国公立」六九％・「公営私立」〇％・「独立私立」三一％です。たとえば、フランスでは「公営私立」は「契約私立学校」と呼ばれ、国との契約にもとづき、国の教育課程基準に従うことを条件に国が教員給与の全額を、地方公共団体が公立と同等の経常費を負担しており、その占める割合は三一％です（イギリス六二％、ベルギー五七％、オーストラリア三六％）。

新名学園理事会が学園の将来展望を拓くために今年三月に設置した第二次「ビジョン委員会」への諮問事項にも、「公営私学」にかかわる調査・研究の課題が位置づけられています。

❖ おわりに

さて、最後に、私が最近出会った印象的な生徒の姿について述べて、この小論を締めくくりたいと思います。

Ｈさんは、総合学科三年次の課題研究（インターンシップ）で毎週一日、障害者福祉施設で働く体験をし、そこで利用者の二〇代後半の女性とおしぼりの枚数を数える作業をしました。しかしその利用者は、その作業がとても苦手で、Ｈさんは最初は一緒に数えてあげていたのです。しかし、ある日、福祉施設の職員の方から利用者へのサポートは「その人が社会的に自立することをめざしてすること」だと言われて、とても衝撃を受けます。そして、どうしたらその人が出来るようになるのかを一生懸命に観察し、考え、そのなかで、一〇枚を一束にして、それを一〇束にして一〇〇枚を数えるという方法を見いだし提案し、その人は確実に数えられるようになったのです。実習を終える日に「Ｈさんと一緒に作業が出来て本当に楽しかった」と利用者に感謝されたＨさんは、「涙が出るほど嬉しく、福祉の仕事に、やり甲斐を感じた瞬間でした」と言いました。

その体験を夏の研究会で発表したＨさんに対して、参加したある公立高校の先生が「自分自身について新たに発見したことはありましたか?」と質問したのに対し、Hさんは、「中学校で不登校を体験し学校に行けなかったときに、私は、皆が学校に行っているのに行かない自分のことを我がままで利己的な人間なのだと思っていました。けれど、この福祉施設での体験をとおして、自分は本来、人の為になりたい、社会の役に立ちたいという気持をもった人間なのだということがわかりました」と答えたのでした。

ある哲学者の「人間的本質は社会的諸関係の総体である」という言葉があります。いま、子ども・生徒の学びと発達を保障していくためには、一人ひとりの教職員の努力とともに、これまで繰り返し述べてきたように、子ども・生徒たちの生きる現実を変えていく広い共同の力をつくり出していく必要があるのです。一九六六年に採択された「教師の地位に関する勧告」(「ユネスコ勧告」)では、「教師の地位向上は学校の子どもや教職員、親をはじめとする地域の人びととの教育共同による教師への期待や信頼の深まりを基本に考えられている。学校(教育)改革・地域社会の変革における教師の役割や責任、地域に開かれた学校づくりという改革者の役割が、さまざまな教育共同者をまとめる〝コーディネーター〟として強く期待されている」(三輪定宣「ひらかれた学校と教職員の役割」季刊「人間と教育」一七号、一九九八年収録より)といわれます。

国際人権規約の履行を促す国連の社会権委員会が、日本に改善を求めている問題(二〇一八年問題)の一つである日本の教員の教育労働条件の改善の課題とも結んで、新たな時代の学校づくりに求められる教師像を探究していきたいと思います。

第五章　教育条件整備と父母参加の学校づくり

第一節　教育費無償化運動と学校づくり

高校卒業後、学校事務職員に採用されて衝撃を受けました。生活困窮家庭に対して、義務教育には「就学援助制度」、公立高校には「授業料減免制度」があるということを初めて知ったのです。

私は半農半漁を生業とする家に生まれました。幼少のときに酪農経営に参入。しかし事業に失敗し莫大な借金を抱えました。父は出稼ぎに出て、母は日雇作業員の仕事についたものの厳しい生活が続きました。小学校高学年では絵の具が買えずに、図工がある日は不登校に。高校は、早朝と夕方の一日四時間のアルバイトをしながら就学しました。それでも期日に授業料が払えずに事務室に呼ばれ、「進級できませんよ」と容赦なく請求されました。

貧困家庭を援助する制度があっても誰も教えくれない現実に疑問をもつとともに、学校事務職員として「どの子にも学ぶ権利を保障する学校」をめざすことを決意しました。

現在、子どもの貧困格差が社会問題になり少子高齢化社会や地方衰退が叫ばれるなか、全国各地で子どもたちの生きる権利・学ぶ権利に目が向けられています。私たちの念願である「教育費の無償化」は夢ではなく、今こそ願いをつないでいけば実現は可能です。

❖厳しい教育条件の義務教育現場

自治体の財政力や施策により、極端な教育条件の学校間格差が生じています。学校施設の不良箇所・危険箇所は放置され、劣悪な教育環境のなかで教育活動が行われています。そして、予算配分の減額分は教育内容の緊縮と不足分を保護者やPTAに負担を依存せざるをえないのが今日の学校の現状です。

一九八〇年、義務教育費国庫負担法が大きく見直され、国からの補助金として一定確保されていた教材備品費が除外されました。これによって市町村の財政力によって格差が生じ、なかには教材備品が一〇〇万円から三万円までに減額された学校もあり、充分な教育活動を保障しきれずに苦慮する義務教育現場が増えてきました。

さらに、自治体でも教育費は国の規制で縛られている費目が少ないこともあり、行革や財政削減のターゲットとなってきました。

国民からその実態が見えにくいため、あろうことか就学援助制度にまで削減が始まりました。二〇〇五年に就学援助の準要保護の国庫補助金が廃止されると、生活保護と同等程度以下の収入でないと就学援助の認定をしない市町村が現れました。大阪府を例にだすと、二〇一七年度では、堺市・箕面市・田尻町・忠岡町・岬町等がそれにあたり、他市町村でもほとんどが生保基準の一・三倍以下での認定です。また一・四倍は大阪府では泉佐野市で、本来あるべき生活保護基準の収入一・五倍での認定は島本町のみとなりました。

住む町によって制度受給の認定該当・非該当が決まり、生活苦であっても多くの子どもたちが認定されていない現実があります。

支給額についても自治体が独自に減額し、たとえば兵庫県丹波市では給食費が半額支給です。支給項目も、大多数の自治体が通学費・クラブ活動費・生徒会費・PTA会費などを支給していません。自治体によっては制度そのものを保護者に通知していないとか、認定基準すら公表しないなど、政府・文科省のいう「貧困対策としての就学援助制度」がセイフティーネットになっていないのが実態です。

❖子どもの貧困に市町村支援の沖縄県

子どもの貧困率三〇％の沖縄県は、就学援助が二〇％にとどまっています。二〇一六年度の県の調査で貧困世帯の二割の人が制度を知らないとの回答を受け、テレビとラジオを使い就学援助制度のコマーシャルを二月下旬から一か月間放送するようになりました。一五秒のコマーシャルは、最初子どもたちの「シュウガクエンジョ」と元気な声で始まります。「学ぶこと、それは子どもの権利」「安心して学ぶ環境をつくるために就学援助制度はあります」「詳しくは各学校、または各市町村へ」と、画面いっぱいに子どもたちの笑顔あふれる爽やかな映像が流れます。さらに、続編のコマーシャルでは、大人が「出来ること」と問うと、子どもが「おいしく食べられた」給食費、「楽しく勉強できた」学用品費、「みんなと思い出できた」修学旅行費、「ゆとりができた」負担軽減、最後に大人の声で「出来ることが増えてきた、就学援助制度」と流れます。このように明るく就学援助制度をアピールすることで偏見をなくし、必要とする人に制度がいきわたる本来の趣旨を伝えようとしています。全国放送をしてほしい内容です。

国の貧困対策法制定後も具体的施策に欠けるなか、沖縄県は三〇億円をもとに「子どもの貧困対策推進基金条例」を創設。市町村が実施主体の就学援助に対して県が補助を出し支援しています。全国的に例がなく画期的な取り組みですが、県レベルで積極的に貧困対策に着手し、市町村を支援する沖縄の施策は道標となります。自治体だけにまかせきりの現在の就学援助は、憲法で定める「ひとしく教育を受ける権利」の精神にほど遠い制度です。このまま放置せず、国と都道府県が主導し、すぐにでも改善するべきです。教育費完全無償化の実現こそが義務教育本来の姿です。

❖学校のなかで父母負担の軽減を

私の所属していた京都府の地区事務研究会では、子どもたちに豊かな教育環境を保障していくための職務研究と実務・実践交流をしてきました。

学校の予算は、教育委員会の一定の計算式により各学校へ配分されていました。しかし、この「配分方式」では時々の自治体財政状況によって一律に予算が減額されるなど必要な予算を確保できず、教育活動が支障をきたすこともありました。そこで、学校に必要なすべての経費を予算要求書に計上し、審査を受ける「査定方式」の変更を求め実現しました。予算ヒアリングのなかで、学校が重要とする教育の推進や教育環境整備などを伝え理事者に理解を求めました。一校だけで要求するのではなく協議をして統一した要求を積み上げ、より学校にあった財務の確立をめざしました。そして、修学旅行費・校外活動費・生徒会活動費・文化鑑賞費補助金の新設、クラブ活動の旅費の確保、就学援助制度の支給範囲の拡大が実現しました。

予算要求には子どもや教職員の願いを組み込むために、「子どもアンケート」や「教職員予算要望書」にも取り組んできました。

公費はもちろん、子どもたちから徴収した学年教材会計も学校事務職員が担当し教職員の共通理解のもと、少しでも公費で支出できないか工夫を模索し、各種紙類・ファイル・鍵盤ハーモニカなどを学校支出としました。

就学援助制度の父母への説明を、すべての学校において学校事務職員が担当できるよう『手引き』をつくり研修を重ねました。

しかし、学校での無償化の取り組みには限界があります。そこで、地域に対して教育費についての理解を広げていくための情報発信と教育費の無償化運動を並行して行うことになりました。

❖地域とともに教育費無償化の取り組み

義務教育費国庫負担法の改悪に対して教職員組合は、「子どもの教育が危ない」として全国的に教育大運動を展開しました。私たちもこれに呼応し、現在にまで中断することなく地道に活動を積み重ねてきました。

当時すでに増えていた子どもの貧困は、地域経済の衰退のなかで家計が圧迫され、学校のなかだけで努力し考えて解決できる問題ではないという認識がありました。

当初は、学校の教育環境充実や学校予算の増額を求め、教育署名を集め各自治体議会への請願活動を展開していきました。

父母や地域に、もっと教育費の現状を知ってもらうために「教育費の保護者負担を考えるシリーズビラ」の配布を始めました。

とくに就学援助受給者が二五人に一人という実態に対して、就学援助制度の解説と活用を重点に紙面を組み立てました。年一回の発行を欠かすことなく継続し、また多くの人に働きかけることにより、宮津市では現在三人に一人が就学援助を受給するまでになりました。

ビラの内容は、その時々の教育費に関する情報をリアルタイムに載せてきました。世界からみた日本の教育費の水準・子どもの権利条約・高校授業料無償・貧困対策法・父母負担の実態・高額な通学費問題、そして最近は全国の給食費無償化運動を連載してきました。

また紙面では、就学援助や教育予算の充実など実現した結果を評価し、自治体名をあげ地域に知らせてきました。

私は、宮津市と与謝野町の二つの自治体から生徒が通う橋立中学校（組合立）が最後の勤務校でした。就学援助の認定は宮津市が生活保護基準の一・五倍以下の収入基準で、与謝野町が一・二倍でした。支給金額は宮津市が国基準の九割支給で、与謝野町が全額支給になっていました。

このダブルスタンダードに対しては組合議会で質問があがり、理事者側の説明員として議会に毎回出席していた私は、厳しい家庭の状況と子どもが成長をしていくうえで就学援助がいかに重要かを説明していきました。

大きな関心事になりましたが、退職の一週間前に開催された議会で、両市町の良い部分を組み合わせた就学援助制度として新年度から実施することが決定されました。さらに橋立中学校だけでなくすべての小中学校も該当とし、より多くの子どもが活用できる国内でも高い水準の就学援助制度になりました。

教育費ビラ配布のほかに、「格差と貧困、子どもと教育・就修学保障を考える学習講演会」を年一回開催してきました。大学教授や教育・福祉関係者など、多彩な顔ぶれを講師に招き、保護者・教職員・市民団体・議員など多数の参加があります。

目標は高くとも、できることの一つひとつを諦めず粘り強く続けてきたこと。また、「子どものことはみんなで考えよう」という一貫した姿勢が、地域の方々から信頼され運動が根づくにいたったと思います。

❖伊根町で義務教育費の無償化が実現

二〇一二年に義務教育費無償化を実施した山梨県早川町の深沢教育長を講師に招き、学習会を開きました。教育長は講演後に「日本で最も美しい村連合」に同じく加盟している伊根町を訪れ、町長と対談されました。また、講演を聞いた議員が早川町へ視察に行くなど教育費無償化の反響が広がりました。

京都府伊根町では、二〇一五年度から給食費・教材費・修学旅行費など、義務教育にかかる費用の完全無償化がスタートしました。この無償化により中学生の場合、年間一人当たり給食費四万八〇〇〇円、教材費約一万三〇〇〇円、修学旅行費約九万円の父母負担が軽減になりました。

もともと教育に熱心な町で、今回の完全無償化に至るまでも、高校生までの医療費無償化、給食への地元食材購入補助、修学旅行補助、さらには教育充実の予算の確保や伊根中学校の改築など高度な教育環境を維持しています。二〇一八年度からは、無利子の高等教育費貸付を開始しました。

そして、何よりも「日本一おいしい給食でたくましい伊根っ子」をめざす伊根町。無償化だけでなく、教育条件でも最高の水準を求める姿勢は理想そのものです。伊根町長は、「格差と貧困が叫ばれる今日、すべての家庭、子どもたちが安心して学べ、子どもたちが伸び伸びと、何の不自由もなく学習できる教育環境をつくっていきたい」と熱く語ってくれました。

※全国に広がる給食費の無償化

学校給食費の無償を実施する自治体数は、一〇〇の大台を超えようとしています。一〇年前までは、全国で三市町村のみだった給食費無償が、ここ数年急激に増え続けています。

京都府笠置町の町長選挙では、小学校の給食費と修学旅行費との無償化を公約した候補者が当選し二〇一七年より実施されました。笠置町長は、「少子化対策には子育て支援が重要。誰もが安心して教育が受けられるために無償化はかかせない」と、笑顔で話してくれました。

隣接する和束町では、母親たちが笠置町のように無償化をしてほしいと署名を集め町長に要望。この運動が力となり二〇一八年度から無償化が始まりました。新たな運動として地域・父母の自発的な活動は期待がもてます。

さらに、南山城村・井手町も無償化を開始するなど、給食費等の無償化を実施する自治体は着実に広がりをみせています。

京都府は井手町が給食費の無償で、他四町村は修学旅行費も含め無償。さらに伊根町においては教材費も含めた完全な無償化です。

注目するのは、二〇一六年の二学期から小学校給食の無償化を実施した滋賀県長浜市です。全国では比較的小さな自治体の無償化が進むなか、人口一二万人を超える市では初めてのことで、六〇〇〇人の児童だけでなく市内の県立や私立の子どもたちにも無償化を適用させました。

❖韓国へ行ったら給食が無償になっていた

「韓国政府・日本教職員招へいプログラム」で一〇日間の韓国視察をさせていただきました。初めての学校事務職員の参加にも、「当然、教職員だよ」と歓迎を受けました。

韓国で一番驚いたことは、二〇〇三年に小・中学校はもちろん、高校まで完全給食が実施され、現在小学校九割、中学校で七割を超える学校が給食無償化になっていたことです。給食の試食をさせていただいた論山高校は、進学校で、生徒たちは夜一〇時まで学習しているため夕食の給食まで用意され、さらに成績優秀校という理由で高校では珍しく国の補助で給食費無償になっていました。

二〇一〇年に入り、各地の教育監（日本では県教育長）を選出選挙（公選制）で、給食無償化を公約した候補者が次々と当選しました。ソウル市では無償化の是非を問う住民投票を計画するも、実施できず市長が辞任。しかし新市長が給食無償化を決断したのです。首都での実施は韓国全土に大きく影響を及ぼし、全国各地に給食無償化が広がりました。

給食費無償化の根拠は、「韓国憲法」三一条の第一項と第三項にある義務教育に対する原則、すなわち「全国民は能力によって均等に教育を受ける権利をもつ」という側面と「義務教育は無償とする」という条項を適応しているとのことです。「韓国学校給食法」の八条と九条では、給食施設設備費用と給食運営費を学校設立運営者が負担し、食材費は保護者が負担となっています。日本の法律とじつによく似ています。韓国では今まで貧困世帯などの支援対象者のみ無償だった給食費をすべての子どもに拡大したのです。

韓国の学校事務職員から、「これまでは給食費の免除を申し込むことは貧困として見られるとして抵抗のある家庭もあったが、全員が無償になったことにより学習への意欲が向上してきている」と説明を受けました。平等的観点により義務教育無償を推進していこうとする韓国の政策に感心しました。

❖教育費の無償化は夢ではない

バブル崩壊後、どこの地方自治体でも財政緊縮に迫られました。とくに矛先が向けられたのは義務教育予算でした。教職員給与費は道府県予算で賄われているものの、学校教育予算は国からの制約が少ないということと、自治体によって異なるため実態が見えにくいことも影響しています。教育費の削減は、学校で働く市町村職員の非正規化・外部委託、自校給食の廃止とセンター化、デリバリー給食、学校運営経費の削減、劣悪な学校施設の放置、就学援助認定基準の引き締め、学校統廃合など次々と切り詰められていきました。

ところが、平成の大合併の頃から潮目が変わってきました。合併してもしなくても少子化が進み、若年層の都会への流出は止まりません。さらに、二〇一四年に「日本創世会議」の「消滅可能性都市」の発表に、大きな衝撃が全国に走りました。

自治体存続に危機感をもち、子育て援助・支援を最重要政策に掲げる市町村が急速に増えてきました。これらの自治体は、子育て支援とあわせ地域再生に力を入れています。そういった自治体を訪問・視察し、教育費無償化の糸口を探してみました。

「子育て支援で七〇二万円お得」の東京都奥多摩町、「子育てを0円、応援する町」の北海道上ノ国町、「子育て応援都市のまち」で人口減に歯止めをかける兵庫県相生市、生まれてから大人になるまで「切れ目のない子育て支援の町」の富山県朝日町など、子育て全般にわたっての支援が広がっています。

高校生までの医療費無償化や高等学校への就学支援も拡大しています。茨城県大子町は二〇一七年より高校生に給食の提供を始めました。北海道でも給食提供する町村が年々増えるなか、足寄町は小中学生だけでなく高校生の給食費も無償化しました。北海道清水町は高校・大学等の教育貸付金の返済免除制度を導入しました。入学金や通学費補助、各種検定料や大学受験料の助成など、それぞれの地域に必要とされる教育・就学支援が各地で展開されています。中学生の海外研修・修学旅行を北海道赤井川村・西興部村・中頓別村、和歌山県北山村、高知県大豊町が無償実施しています。また北海道立清里高校・鹿追高校・足寄高校の希望者全員が公費で海外研修・短期留学に参加しています。

しかも、こうした自治体の財政はけっして豊かでなく、道府県下でも住民の平均個人所得が最も低い位置にあります。どの子も学び成長していくために教育費の無償化が重要であるという認識を共有することで、財政的な課題に対して努力し克服してきたのです。どこの自治体でもやる気があれば実現可能であり、あとは決断するだけです。

ある首長は、「最初は自分自身も給食費は親の責任と思っていたし、議会でも食材費ぐらいは親が負担してあたりまえで学校給食法では保護者負担が明記されていると質問を受けた。子育てする親を応援していくためには給食費の無償化が必要だと訴え議決された」と経緯を話してくれました。

入学してくる子どもの保護者から「小学校に上がると負担するお金が安くなり助かる」とよく聞きますが、今後、保育料の無償化が始まると「義務教育なのに、なぜお金がかかるの」と疑問が出てきます。それこそ教育費無償化の要求や運動に結びつく気運が高まる絶好の機会となるでしょう。

多くの人々の要求をつなぎ、草の根の粘り強い運動で教育費の無償化が実現しています。全国各地で「教育費無償化を」「どの子も学ぶ権利を」という大きな風が吹きはじめています。

学校の主人公は子どもたちです。その子どもたちの願いにこたえていくことが、学校で働く教職員の役割であると思います。

❖「みんなのアイデア」で学校改善

しかし理想を描くとも、日々のトラブル対応に追われているのが現実です。「トイレの水が止まりません」「鍵が壊れました」「ガラスが割れました」。トラブルの発生は、どこの学校でも日常的です。ただちに現場へ急行。子どもたちの生活の場である学校の不良・危険箇所は、すぐに直さなくてはなりません。とくに、水道や電気などのライフラインがストップとなると大ごとです。原因を見極め、どのように対応するか、即座に応えを求められます。次々と起こるトラブル。施設の破損。機器の不良。危険個所。目をやるところに課題が見えます。いったん直しても別の場所から問題が湧き出してきます。学校は問題・課題のデパートともいえます。

また、教職員から出される物品購入や教育施設改善の要望は多岐にわたり、すぐにでも応えられるものから多額な経費が必要なもの、学校の規則やルールにかかわるものまで多様な内容です。しかしながら、公費予算は限りがあり、すべての改善は厳しいというのが現状です。学校は子どもにとって一番安全な場所でなくてはなりません。さらに教育目標に沿った教育活動の充実、豊かな教育環境整備のために学校事務職員として何ができるのか模索するなかで、「みんなのアイデア」の取り組みがスタートしたのです。

地区事務職員研究会では、「みんなのアイデア」を出し合おうと二〇年前から取り組んできました。それぞれの学校のなかで、小さな改善・工夫・節約など、日常のちょっとしたアイデアを形にしていく。それを年度末に持ち寄り発表し冊子にまとめてきました。

たとえば、学校から大量に出るシュレッダー紙や古紙を保管し業者にリサイクル、古鉄や不要の金属も再処理業者へ、廊下・非常階段下のデットスペースを物置に、散乱していたクラブ活動物品を収納ケースで整理整頓など、さまざまなアイデアが実を結びます。

❖ 子どもとともに学校づくり

新学期最初の生徒会本部役員会で、意見交流の時間を設定してもらいます。「生徒会の活動の目的と、学校事務職員の仕事の目的は同じです。より良い学校を、みんなで力を合わせてつくろう」とアピールすると、子どもたちから拍手がわき起こります。

年度当初の職員会議でも、学校経営計画が議論されます。私は事務部方針として、「生徒と教職員が力を合わせ自主的な学校づくりを展開していく」「生徒会を中心とし、生徒自らが学校を良くしていく取り組みを支援していく」「生徒・教職員・保護者の意見や要望やアイデアなどを集約し、教育環境整備に反映させていく」と提案をして、全教職員の理解を求めています。

学校では、トイレが詰まることは日常的にありますが、ある日、二階の男女すべてのトイレが詰まって使えなくなってしまいました。用務員とトイレ排水修理をするなかで、現場の問題点を発見。それは、トイレットペーパーホルダーの芯が差込式で、芯を軸穴にセットすることが難しく、ペーパーを落とし水浸しになり、そのまま排水していたのです。

生徒会本部の会議のなかで、学校にある五九個のペーパーホルダーをワンタッチ式に交換したいと提案しました。すると、それをうけて生徒会は「自分ができる心がけ」と題した『生徒会だより』を発行。ホルダーが変わった理由を説明し、「トイレの使い方・ゴミの分別法など、生徒一人ひとりが小さな事に気をつけ、もっと居心地の良い学校をつくっていこう」と全校生徒に呼びかけました。

生徒会本部会議で、学校予算について説明する時間をとってもらいました。本校の一番の課題について、直接子どもたちに訴えました。本校は、改築から三四年経過、一番の悩みは水道問題です。校門前が海抜一メートル、校舎基礎は強固な設計に対して校地は地盤が弱く、埋設の水道管に負荷がかかって漏水の原因になっています。時々、水道管の破裂で断水し、トイレや水道が止まり子どもたちにも不自由をかけています。水道料金が増えてくると、学校予算に影響し必要な教具が買えなくなってしまいます。逆に、光熱水費を節約すると教育活動へお金が回せます。学校の予算は、家計のやりくりと似ていることを説明したのです。あわせて「トイレ流水音発生器（音姫）」設置の提案をしました。職員トイレに一か月前より試験的に設置し、教職員の共通理解を得たうえでの子どもへの提案です。また、以前の子どもアンケートにも、卒業生から設置要望がたくさんあがっていました。

本部会議では、「世界のなかで水道から出る水を飲んでも大丈夫な国は数か国しかない」と話すと、子どもたちからは驚きの声が出ました。すると、「地球上で衛生的な水が飲めずに病気になり、命を落とす子が多くいる」と子どもからの発言がありました。いつも使っている水がとても貴重なものであり、私たちは飲料水を無駄な使い方をしていないか日常の生活について話が展開していきました。生徒会では学校からの提案に対して、自分たちは何ができるのか、知恵を出し合いました。そして、生徒会だよりの作成、節水の呼びかけステッカーの作成、すべてのトイレに流水音発生器本体の取付作業、生徒集会で全校生徒への呼びかけなど、子どもたちの発想はとても豊かで、予想を越えた活動が展開されていきました。

一台八二四円の流水音発生器を全トイレに設置することができました。何といっても月三万円以上の節水で効果は抜群。節約した分の活用を相談し、生徒会用物置を購入することになりました。

私は、教職員や子どもたちと問題の共有をし、一緒に考え、一緒になって解決していくことの大切さを教わりました。そして、自分たちの学校を自分たちの手で良くしていこうとする、子ども自らが進める自治活動につながっていく第一歩だと感じました。

❖生徒会アンケートへの学校回答

目の前の光景に唖然としました。改修したばかりの生徒用トイレが破損していたのです。三年生の数名の子どもたちが授業中にエスケープする荒れが出始めた矢先の出来事でした。

スペースを広くとったバリアフリートイレは、中に入り込んでその子たちの絶好の隠れ場所になりました。洋式トイレの水洗タンクに足を掛けて仕切りを飛び越えたり、小便器の上をまたいで歩いたり、さらにはデッキブラシの棒を振り回し扉に穴をあけてしまいました。「トイレが美しくなると、子どもたちの荒れが落ち着いていく」という定説とは真逆な行為。トイレ以外の場面でも、悪ふざけが徐々にエスカレートしていきました。

学校では、子どもたちがどんな問題を起こしても教職員はしっかりと寄り添い続けていくことを確認し対応にあたりました。

トイレを破損させた子どもたちが校長室に集められ指導を受けるときに、事務職員である私も直接訴えかけることとなりました。子どもたちを前にした私は、なぜか涙がにじみ、「私は、地域の人に謝りたい。みなさんも使っていた臭くて汚い本校のトイレ。その改修は、長年の悲願でした。地域の多くの人が力を合わせて町に要望し、ようやく実現できたトイレなんです。みなさんが、良い環境のなかで成長していってほしいという地域の人の思いが込められているんです。期待を裏切ることになってしまい、私はその人たちに謝りたいんです」。黙って聞いていた子どもたちの口からは謝罪の言葉は出なかったものの、学校の破損行為はなくなりました。

子どもたちの荒れた状態を克服するにはどうすればよいのか、教職員で論議を積み重ねていきました。一人ひとりの学力の定着とあわせ、子どもたち自らが課題解決していく取り組みを重視し、徐々に落ち着きを取り戻していきました。

生徒会は、全校生徒に対してアンケートをとることになりました。これは子どもの目線で、「ここが使いにくいなあ」「もっとこういうふうになったらいいなぁ」「こんな物を買ってほしい」「ここを直してほしい」など、自分たちが日ごろ感じていることを集約して、学校生活がより過ごしやすくなるように、学校への要望をとりまとめることにしたのです。

本部役員は各学級へ出向き、全校生徒に対して趣旨を説明しアンケートを配布。生徒一人ひとりからの日常生活のなかでの率直な要求が集約されました。生徒会は、すべての要求項目を網羅した要望書を作成し校長へ提出しました。学校では、生徒会からの要望の項目を受けて校内の「学校課題検討委員会」「運営委員会」などで検討を重ねました。

驚いたことは教職員の反応です。一つひとつの項目に対して深く思考をめぐらせ、真剣な論議が繰り返されました。多忙な学校現場のなかで、時間をかけてていねいに回答を導いていった教職員の熱い思いは、子どもへの期待に応えていきたいという姿勢の表れです。

回答書は、校長と私が直接生徒会本部に手渡し具体的な回答項目とあわせ、私たち教職員の思いを次のように伝えました。

「みなさんは、行事はもとより、日々の委員会活動や部活動の中心的存在として、生徒会組織をまとめあげ、全生徒の力が前向きに発揮できるよう雰囲気をつくり、学校をより良い方向へ牽引してきました。今回の出された項目について確認しましたが、冷やかしやふざけたものがなく、生徒の意識の高さから真剣に考えだされたものばかりでした。何度か会議を重ね、回答をみなさんにさせてもらうことにしました。今回、回答できていない要望については、今後さらに検討していくことが必要ですが、それらの要望項目のなかには多額な資金が必要となり学校だけでは解決できないものもありました。今後、教育委員会および関係機関と協議をする機会の資料として活用させてもらおうと思います。要望のなかには、生徒会組織の力で十分に解決できることもありました。よりいっそう積極的に取り組んでほしいと思います。みなさんが、この一年さまざまなことを取り組んできたその熱い思いと、今回の取り組みに対する深い気持ちを、この回答と一緒に生徒へしっかり伝えきってください。今後、この要望アンケート活動が契機となり、生活を心地よくするために何が課題か?課題を克服するために自身は何ができるか?日々の生活環境を改善するために何が必要か?何が優先されるか?どんな条件がそろえば実現可能か?学校と生徒が一緒になって十人十色の知恵を出し合い、みんなで学校環境をより良くしていく取り組みが継続し進化していくことを期待しています」。

私は子どもたちの要望を受けて、学校予算のなかで出来る修理や物品購入をすぐに行い、また多額の費用がかかる項目は教育委員会へ予算要求をするための資料作成に取りかかりました。

学校のなかで、学校事務職員だからこそ、気づき、感じ、発見することがたくさんあります。子どもたちや父母・地域のみなさんと学校で働くすべての教職員が、気づいたことを個人で抱えずにともに考えていく「みんなの学校」をめざしてきました。

翌年の生徒会アンケートは、「自分たちでできるもの」と「学校にお願いするもの」に区分けをした記入用紙が配られました。子どもたち自らが学校を良くしていこうとする姿に感動を覚えました。

第二節　学校づくりに果たす学校事務職員の役割

学校事務職員の仕事は、教育委員会のいくつかのセクションにまたがる内容です。

小・中学校の場合、それらをほとんど一人で処理しなければならないために、教育委員会の指示などへの対応に追われるのが実状でした。

そのため、学校現場の実態、子ども、父母、教職員の願いなどと板挟みになる状況があり、学校事務職員の仕事をどうとらえたらよいのかわからない、また、学校における位置づけ、果たす役割がみえないなどの疑問・悩み・不安が蔓延していました。

一九七三年度までは学校配当予算の少なさから、学校教育にかかわるほとんどが学校納付金、ＰＴＡや教育後援会、寄付などに頼っており、公費としての予算額がきわめて少なく、学校財政が学校事務職員の職務であるとの認識はあったものの、当時の中心的な仕事は給与・旅費・福利厚生にありました。

こうした状況下の名古屋の学校事務職員が、教育のこと、子どもの問題などを考えるようになったのは、納得ができる仕事をしたい、自信をもって語ることのできる学校事務に従事したい、ということが根底にあったといえます。

名古屋市公立学校事務職員として勤務した四〇年をふりかえりながら、学校事務職員の役割について考えてみたいと思います。

❖ ゆきとどいた教育をめざす学校財政の取り組みと学校事務職員

学校教育への強制寄付廃止や教育予算増をめざす住民運動が、一九六〇年代に入ると全国的に高まり、この流れは名古屋市にも影響を与えました。

名古屋市議会において、「強制寄付行為の抑制に関する決議」（一九六三年一一月）、「父母負担禁止に関する決議」（一九六八年二月）がなされ、名古屋市の政策として、「小中学校臨時措置費」が予算計上されました。これによって、ＰＴＡ・教育後援会への強制寄付行為的なものが廃止されるうえで、一定の効果を及ぼしました。しかし、予算の規模から父母負担軽減は実現しませんでした。この「小中学校臨時措置費」はその後、「学校管理費」へと吸収されて

表１　名古屋市「標準運営費の推移」　(単位：千円)

	小学校		中学校		備　考
	予算額	１校平均	予算額	１校平均	
1971年度	927,543	4,781	438,724	6,010	
1972年度	1,107,209	5,509	511,562	6,913	小学校標準運営費実施
1973年度	1,359,479	6,599	611,562	7,942	中学校標準運営費実施
1975年度	2,309,497	10,546	1,187,551	14,308	革新市政の本格予算

資料「名古屋市予算書より作成」。

いきました。

一方、全国各地の運動の前進に押され、都道府県教育長協議会は文部省の意も受けて、公費と私費負担区分の基本となる「学校教育にかかる公費の適正化について」を一九七四年六月に決めました。

この都道府県教育長協議会での検討の動きと東京都・大阪市などの「運営費標準」を受けて、名古屋市も「標準運営費」を策定して、一九七二年度には小学校（中学校は一九七三年度）に導入・実施されました（「標準運営費」は「名古屋市小・中学校教育課程の標準的指導内容等を前提にして使用する教材・教具等を教科領域別に積算する教授関係」「一般的学校管理を前提とする経費を積算する学校管理関係」を公費私費負担区分にもとづいて具体的品目をあげて積算しています）。

しかし、それは先の「小中学校臨時措置費」に続いたものであり、「標準運営費」積算の全額は予算化されておらず、当時にすれば予算額は増えたものの、学校教育活動を補完する程度のものでした。同時に、問題だったのは、その使い方が厳しく拘束されていたことです。

教育委員会は、「標準運営費」で積算されている単価や数量を上回った購入を認めないばかりか、積算されていないものの購入は不可、としていました。「標準運営費」を「名古屋市の教育行政の基本に置く」、としていることを根拠に、その徹底と拘束性を指導した結果です。

しかし、教育委員会はこうした「標準運営費」の内容を父母・市民に知らせないだけでなく、議会にも明らかにしていませんでした。当然、その是正と公開を求める声や要望は父母・市民のなかで強まり、学校事務職員も問題意識を深めました。

一九七三年二月、市議会でも取り上げられ、解決をはからない市政を多くの父母・市民は疑問視し、その年の四月の市長選挙の争点のひとつにもなって、革新市政が実現しました。誕生した革新市政は公約としての父母負担軽減をはかるため、学校予算を現在の額につながるまでの大幅な増額を一気に行いました。

しかし、教育予算がいくら増額されても、学校職場がどんぶり勘定で、計画的・目的意識的に使っていかなければ、公約である父母負担軽減は実現されません。また、「標準運営費」に積算されていないものの購入には教育委員会の承認が必要であったり、予算の具体的な使い方が教職員合意でなされていなければ、教育条件が教育実践を拘束したりもします。

多くの学校事務職員が、学校予算の民主的・効率的な「執行計画」作成の取り組みに着手するようになりました。この取り組みを通じて、名古屋の学校事務職員は、学校教育の日常的な活動に参加し、学校職場における制度的な位置や発言権を拡大してきました。

学校事務職員の結集する労働組合は、「執行計画づくり学習会」「予算更正学習会」を開催するとともに、一九七〇年代半ばには実践例、予算を考えていく場合の視点および手立てを示した『手引き』や学習資料を相次いで発行しました。

これによって、名古屋市内のほとんどの学校職場で予算が公開されるなど、取り組みは大きく前進しました。

学校財政を学校事務職員の中心的な仕事に位置づけ、予算の公開をするとともに教職員の要求と議論を通じて、予算の使い方を決めていくことが多くの学校職場ですすみました。そして、この予算の使い方をめぐっての取り組みが、当時の学校事務職員の意識を大きく変えていくきっかけにもなりました。それは、学校事務職員の働きがいにもつながるものであったといえます。

予算をこうすれば父母負担軽減につながる、限られた予算であっても管理的な経費を節約すれば、もっと子どもの教育活動に予算を振り向けることができるなど、たくさんの経験が生まれました。このたくさんの経験が土台となり、教職員みんなで話し合って、それを学校事務職員が仕事として執行していく、というルールが広がりました。そして、予算の使い方のマニュアル『執行計画作成の手引き』として、教育委員会も発行することとなりました。

予算の使い方を教職員みんなで話し合うことは、それぞれの職員の教育活動のあり方や考え方などを不十分でも出し合うことでもあり、予算と教育活動が結びつく実感を得ることにつながりました。

それは毎日の授業での教材・教具をどうしたらもっと子どもたちの学習と理解に役立てられるのか、という学校財政をあつかう学校事務職員の姿勢の変化につながりました。いくつかの事例をみてみたいと思います。

① 小学校で朝顔の栽培をします。ある学校事務職員は透明の植木鉢を用意し、その周りを黒のセロファンで覆いました。子どもは一生懸命水やりをしたりして育てました。ある時点で、その黒いセロファンをはがします。しっかり根が育っているのとそうでないのが一目瞭然です。水と日光がどうであると育ちがいいか、実際の体験を通じて理解できるわけです。

② 教師の指導方法とも対応させながら、学級に全員分の国語辞典を配置したら、語彙の獲得が著しく伸びた、という取り組みをした仲間もいます。

③ 小学一年生は入学初期によくお漏らしをしますが、作文にトイレが暗くて怖い・臭いという記述がありました。一九七四年当時、学校のトイレはｖ溝式がほとんどでした。子どもの作文をまとめ、白書にしました。それが、議会でも取り上げられ、その後の学校建築では今のようなトイレになっていきました。

④　特別支援学級の生徒の生産活動に対して、育てる苗や種を自分が考えて購入すること、そのために生徒一人ひとりに前渡金の現金をもたせ、店に買いに行かれるようにしました。前渡金の会計規則上の基本は、緊急・少額を前提とした対面契約が基本ですから、生徒一人ひとりは想定していません。しかも、生徒数分が同じ日の発行の領収書となるわけですから問題です。しかし、あえてそのような処理の道をとりました。買いに行った子どもは自分の行動、計算、買ったものに対する大切さを体で体得したようであると報告しています。

⑤　二四年ほど前、トイレにトイレットペーパーがないことがマスコミや議会でも問題になりました。ある学校では単に公費で購入してトイレに設置するのでなく、養護教諭の取り組みである、命の営み・大切さを、うんこやおしっこが人間の命の営みとしてどんなに大切か、ということとつなげて、その理解の広がりにあわせてトイレットペーパーを入れていったとのことです。その後、トイレでうんこをしに行った子を茶化すようなことは、少なくなったと報告されています。

⑥　名古屋の夏の暑さは並大抵のものではありません。子どもたちが暑くて勉強にならない、いらいらしてきて落ち着かない、こうした現状を生徒会が少しでも改善してもらいたいという声があがりました。それを受け止める教職員側の対応と自分たちもしっかり勉強しようといった生徒会の声掛けによって、教室に扇風機を設置していった取り組みもあります。その後、後ろ向きの教育委員会が予算の範囲で計画的に扇風機を設置するようになり、その後の教室へのエアコン設置につながりました。

これらの取り組みに共通しているのは、学校事務職員の独りよがりではなく、教職員みんなの議論に裏づけられていることです。子どもの学び・成長にどんなことがより望ましいのかなどを考え、学校事務職員が職務としての財務活動など通じて、その知識と知恵を具体化している、ということです。

学校事務職員が仕事への責任と誇りをもって、毎日の職務に向き合っていくことができるようになるために、教科書や学習指導要領・名古屋市教育課程などに目を向けていくようになっていったのは、自然の流れでした。

これは教育の営みとしての学校事務の仕事をどのように考えていったらよいか、という任務論の模索であったといえます。

この間の取り組みを通じての教訓と経験に学び、学校事務職員の組合は「学校事務職員はどうあるべきか（試案）」（一九七六年五月）の提案をしました。それは「民主的学校教育行財政推進の担い手としての取り組みを強化するとともに、学校運営に責任をもつ」「教職員の権利を擁護し、生活と権利を守る」「父母・地域住民とも、できる限り話し合うようにし、学校教育に対する要求実現のために努力する」「不断の学習と研究を深め、学校事務に関する問題を熟知する」を柱にした行動綱領的な内容をもったものでした。

しかし、当時の取り組みは、学校内での予算の使い方や運営方法をガラス張りにして、管理・運営的な経費を節約し、子どもの教育活動に振り向けていく、という学校内での域にとどまっていました。

文部省の意も受けて都道府県教育長協議会が一九七四年六月に決めた、公費と私費負担区分の基本となる「学校教育にかかる公費の適正化について」における「公費私費負担区分」は次の考え方に立っており、名古屋市「標準運営費」も同じ立場です。「教育活動の結果の直接的利益が子どもに還元するもの」「学級・家庭のいずれかで使用できるもの」などは「受益者負担」であり、父母の負担はあってもそれは「私費負担」ではない、というものです。

この考え方は今も引き継がれており、これを改めさせなければ、父母負担を大きく軽減することはできません。

学校納付金を父母・市民および教職員がどのようにとらえて、父母負担軽減をするうえでなにを要望しているかに関する調査活動を、学校事務職員の組合は一九七九年に行いました。一軒一軒訪問して父母・市民から調査する活動は、学校から初めて外に出る取り組みでした。また、この頃は学習指導要領の改訂をうけて、名古屋市内の新たな教

表2　父母・市民および教職員調査結果

	受益者負担があることについて			義務教育無償に受益者負担があることについて		
	知っている	知らない	その他	おかしい	当然である	その他
1979年	43％	53％	4％	59.6％	24.4％	16.0％
1985年	14.5％	84.8％	0.7％	21.0％	77.5％	1.5％

資料「名古屋市学校事務職員労働組合調査資料より作成」。

育条件整備をどのように行うかについて検討する時期でした。

この調査活動は、調査結果だけでなく、実施した学校事務職員の意識にも大きな影響を及ぼしました。

一九七九年の調査結果は、義務教育は無償とするのが望ましいとする考え方をほとんどの父母・市民はもちつつも、自分の子どもに還元するものなどは父母の負担でもやむをえないとしたものでした。

しかし、マスコミを総動員した臨調・「行革」は、父母・市民および教職員の意識に大きな影響を及ぼしました。一九八五年の同じ調査では、「義務教育無償に受益者負担があることについて「当然」が七七・五％」（一九七九年は二四・四％）となっていました。

この表面にあらわれている世論と本当の願いとのギャップ、深部に秘められた願いや思いとの落差をうめる努力抜きに、ゆきとどいた教育実現にふさわしい教育条件整備は困難であることなどを、調査結果は教えてくれました。

この「ギャップ」「落差」をうめるには、粘り強い対話と合意の取り組みが必要であることから、学校事務職員の組合は「住民懇」活動を提起しました。

この「住民懇」活動は、父母・市民との対話や懇談を通じて把握した、①ゆきとどいた教育要求への願いを労働組合に結集する学校事務職員が集団としてうけとめ、②学校事務職員全体に還流することを通じて、各々の職場段階で今実現できるものは努力し、政策要求とするものは協同して実現をはかっていく、という性格をもつものでした。同時に、それは、③その取り組みをとおして学校事務職員自らが成長発達していくという学習運動の側面をもあわせもつも

表3　父母負担軽減品目（公費措置）の内容（概要）

年度	1989	1992	（内容）	1993 ～ 1999	2003 ～ 2005
小学校	算数セット（貸与）	図工・美術実習教材のうち素材。夏・冬季休業中の学習教材	学習教材	国語・社会（1～6年），理科（3～6年），家庭（5～6年），生活科	
			体験交通費	2年@300円，3・4年@400円	一人430円
			芸術鑑賞補助	一人400円	補助単価は学校裁量
中学校	製図用具（備付）		学習教材	国語学習教材資料集	
			体験交通費	1年一人850円	一人430円
			芸術鑑賞補助	一人400円	補助単価は学校裁量

資料「名古屋市教育委員会の年度ごと父母負担軽減措置」から集計作成。

のでした。

この「住民懇」活動のひとつの集約として、一九八七年に「義務教育無償シンポジウム」を開催しました。これと前後しての署名要請運動などを通じて、教育委員会は公費措置と父母負担のあり方を研究・検討する「運営費研究会」を設置することを回答してきました。

また、子どもたちにゆきとどいた教育環境を実現すること、そして、親の生活状況から最低限これだけの部分についての公費化が必要であるとの白書がだされ、マスコミでも取り上げられました。

「運営費研究会」での議論と検討を通じて、「算数セット」、さまざまな学習教材、芸術鑑賞補助などにつながるさまざまな「父母負担軽減品目」を設定して、父母負担軽減品目を拡大していく流れをつくりだしていくことができました。

こうした民主的教育行財政の確立をめざす、といってもよい取り組みは、子どもたちの学びにつながる条件整備と父母負担軽減に努力しながら、学校事務職員にとっての仕事のあり方をとらえなおし、そして、働きがいを少しずつ確かめ深めていくあゆみであったといえます。

❖就学援助の仕事をとおして子ども・父母、地域がみえてくる

「父母負担軽減品目」は現在もそうですが、政策的判断とされており、

本来の無償教育を前提にして予算の増額を検討していく、という考え方ではありません。「標準運営費」には公費の対象とせず、私費負担を当然視する基準としての「公費私費負担区分」があるため、父母負担を軽減してもその取り組みには限界があります。

私たちは学習するなかで、「標準運営費」の「公費私費負担区分」で「受益者負担区分」とされているものが、就学援助対象品目にあることに気づきました。学校事務職員が就学援助に取り組むようになっていくようになったのも、スタートはここにありました。

かつて、長崎県香焼町が子どもほぼ全員を就学援助認定して義務教育を無償にしていった経験が示すように、就学援助制度は救貧対策としての側面はありながらも、子どもの学習する権利を保障するうえで積極的な意義をもつものです。

従前は民生委員関与の「発見適用」でしたが、住民運動もあって一九七八年度から名古屋市は、認定基準としての「所得基準」（生活保護基準の一・五倍を目標としながら一・三倍）を導入するとともに「申請主義」へと切り替えました。父母・市民が権利としての就学援助制度を申請する動きが始まりました。

しかし、この権利としての名古屋市における就学援助制度が、一九九三年度の国会計検査院の指摘で貧困対策としての制度に後退させられようとする動きがありました。

この改悪阻止をするために学校事務職員の組合は最大限の努力をしました。その結果、「所得基準」が「目安」とされるなど一定の後退はありながらも基本的に維持させて、それは現在のあり方にも引き継がれています。

事務を簡素化するための就学援助事務の電算システム化、就学援助金の保護者口座への振込み制度、外国語に訳した「制度のお知らせ」のチラシ作成などの実現は、学校事務職員の側の提案からはじまったものです。

また、名古屋市を含むほとんど多くの自治体では、地方自治体の「事務」としての就学援助制度が、「手引き」や「予算運用」の範疇で処理されていました。そこで就学援助制度の根拠としての条例化を求めました。結果、従前と比べれば前進したものの、教育委員会「要綱」の制定にとどまりました。

一方、生活保護・教育扶助の内容の周知と活用がなされていないことを、教育委員会設置の「就学援助事務検討委員会」において学校事務職員が指摘し、その後、市議会でも取り上げられ、このことの不備と陳謝がなされ、周知されることとなりました。

この就学援助制度の仕事を通じて、名古屋の学校事務職員は親の生活状況が子どもに与える影響、親の生活実態把握の大切さにも気づいていきました。それは就学援助の仕事を通じて、学校から地域の動きにも目を向けていくことにつながっていきました。

「子どものなかに情勢をみる」という言葉がありますが、子どもの成長発達を保障する、学習権保障の学校事務労働のためには、子どもをめぐる状況の背景を理解していくことが重要であり、それとしっかり切り結べるような教職員全体の実践と学校事務労働、学校づくりが必要であることも考えるようになっていったといえます。

❖働きがいを求めた取り組みから学んだ果たすべき学校事務職員の役割

名古屋の学校事務職員が、仕事に責任と納得、そして、働きがいをもちたいという願い・思いに端を発した実践や取り組みなどをみてきましたが、これらのことから次のことが明らかになってくると思います。

学校事務職員の仕事は、教育条件整備の具体的な事務執行を行うわけですから、何をどのように購入・整備していくのかなどについて、教職員間での話し合い抜きにすれば、毎日の教育活動にフィットしたものになりません。予算の使い方などが一方的になされれば、管理的なものになってしまいます。したがって、子どもの実態、父母・教職員の願いと希望に結びつくゆきとどいた教育条件整備をすすめるには、関係者の話し合いが欠かせません。

資料１　名古屋市「宣誓書」の内容

> 宣誓書
>
> 私はここに、主権が国民に存することを認める日本国憲法を尊重し、且つ、擁護することを固く誓います。私は、地方自治の本旨を体するとともに、公務を民主的且つ能率的に運営すべき責務を深く自覚し、全体の奉仕者として誠実且つ公正に職務を執行することを固く誓います。

学校事務職員の仕事は、この話し合い、協議を前提にしてなされていくことが求められている、という特徴があるといえます。

また、学校事務職員は教職員の一員であり、学校事務の専門家であることを統一してとらえていく必要を学んできました。

そのうえで、これまでふれてきた取り組みのうえにたって、学校事務職員にとってよるべき構えというか、立ち位置にふれてみたいと思います。

教職員を含めてすべての公務員は、採用されるときに宣誓書を書きます。

名古屋市「職員の服務の宣誓に関する条例」では、この宣誓を行った後でなければ職務に就いてはいけないと明確に規定しています。他の自治体でもほぼ内容は似通っています。つまり、公務労働のよって立つべき見地を憲法におくべきであるとしているのです。

憲法が制定されて、戦後民主主義の大転換がなされたもとで打ち立てられた公務員制度は、その任務として一部の奉仕者ではなく、国民全体に奉仕する職務をもつものとしてスタートしました。地方自治法も憲法の規定する地方自治の本旨にもとづくことを基本においています。

この宣誓書は単に採用にあたっての形式担保ではなく、私たちが仕事をしていくうえで基本や大原則がここにあるからにほかなりません。そして、学校事務職員制度の誕生もこの憲法制定の歴史に依拠しているといえます。

子どもたちは一人ひとりがなによりもかけがえのない存在として大切にされなければなりません。そのための学校は、権利としての学習をとおして喜びと未来への希望をはぐくみ、仲間との豊かなかかわりのなかで人間らしい成長を促す場であるべきです。

そして、子どもたちが学び、生活する学習環境としての教育条件を、その成長発達のすじ道にそって整備するうえで、学校事務職員は重要な役割があります。同時に、それは学校の教育方針と地域・子どもの実態にマッチさせる必要があります。この必要性から学校事務職員は、学校の自治的機能・営みに必要な学校に在る「職」として、戦後、義務制諸学校に制度化されました。

学校事務の仕事は、①仕事をする場所が学校であること、②仕事を通じた結果の先が子どもの成長発達につながっているということ、そして、③仕事の組み立てやあり方は学校に働く職員みんなで話し合いながら進めていく形態をとっていること、などにその労働の特徴があります。

また、教育法制度および学校事務職員法制は、学校が多様な職による協力・協働でなされるべきものであることを基本にしています。関係法令等をみるとわかりますが、学校事務職員は学校に置かれる職員としてその職の性格や定数そして身分、給与・任免など、そのほとんどが教員と同じ扱いで規定されています。

一方、学校には用務員さんや給食調理員さんなどもいます。

歴史的経緯もあって身分取り扱いは異なりますが、用務員さんは学校教育法施行規則（四九条）で学校職員に、給食調理員さんは学校給食を食文化の形成、教育として規定している学校給食法施行令（第二条）で学校給食に必要な職として位置づけられています。

子どもの学びを保障するにはさまざまな職種の仕事の協力・協働の上に成り立っていることを、法制度は教えているのだと思います。

子どもの学びを本当の意味で保障するには、真理・真実にもとづいた教育内容が生活体験とつながりながら準備されることが必要です。同時に、子どもの発達のすじ道にそったかたちで、豊かに準備されていなければなりません。

つまり、子どもへのかかわり方において違いはありますが、学校に働く教職員みんなが子どもの成長発達に責任をもっているのであり、ちょうど、交響楽シンフォニーを奏でるようにその仕事が調和されていかなければなりません。ですから、制度上は学校に在る「職」として位置づけられ、学校事務職員は教員と同じ取り扱いとなっています。

子どもの学びを保障することについて、憲法第二六条にはどの子もみんな人間として発達するために必要な「普遍的な教育」を、その子の「能力に応じて」、つまり、だれでもがわかる「できる」やりかたで、どの子もできるようになるまで、「ひとしく」同じように教えてもらう権利がある、と書いてあります。

また、それを受けて制定されている教育基本法第一条には、「教育の目的」は、「人格の完成を目指すこと」つまり、どの子も生まれながらにもっている、人間としてのすばらしさ、つまり人間性を伸ばしてあげると書いてあります。

そして、教育の機会均等を定めた第四条では、憲法第二六条の規定を受けて、いっさいの差別を禁止しています。憲法・教育基本法が子どもの等しく教育を受けることの必要性をいかに重視しているか、うかがうことができます。

さらに、教育行政の責務を定めた第一六条では、不当な支配に服することなく行うこととしています。

行政と教育内容との関係については、憲法において国民全体に責任を負うこととしており、この立場から教育の目的を遂行するのに必要な条件整備に限定してなされなければなりません。同時に、先にみたように公務労働は、国民全体に奉仕する職務をもつものとされており、その立場に立って行うことが求められています。

子ども一人ひとりの人格の形成とその全面的な発達にふさわしい「権利としての教育」を保障していくために、学校事務職員も「父母・国民に対して直接責任を負う教職員」であると位置づけられています。

そして、とりわけ、子どもの学習権を保障していくために欠かせない学習条件、教職員の労働条件およびその管理運営において責任を果たしていくことを要請された教職員として位置づけがされているといえます。

これに反して新自由主義的教育改革は、教育委員会を首長直轄に置き、学校をその出先として位置づけ、政策決定の具体化の結果の出来、不出来によって予算を決定するなどの動きをみせています。

近年の文部科学省がすすめる「学校事務の共同実施」は、各学校の教職員集団と切り離されたところで学校事務がなされるものであり、本来の学校事務のあり方からみて異質であるといわなければなりません。

こうした動きが強まっている今日、学校事務職員法制度成立・誕生の歴史的経過をふまえ、学校事務職員の果たすべき立場、任務を振り返り、「学校づくりの担い手としての学校事務職員」の探求を、実践を通じて豊かにしていくことが求められているといえます。

第三節　地域講師の和太鼓授業で子ども・教師が変わる

❖はじめに

地域に根ざした「多摩川太鼓」を立ち上げて二四年になります。その後はじめた学校での出前授業をとおして、子どもたちとかかわり、子どもも教師も成長していっている実践報告をします。

二〇一〇年に教育科学研究会の学校部会で発表した際に、参加された先生方から「五十嵐さんは、なぜ生徒たちに怒らずに、怒鳴らずに授業ができるの？」と質問されました。後に載せた生徒や先生からの感想にもあるように「五十嵐先生は優しい」と言われます。授業の終盤で、私は生徒たち（間接的に教師にも）には「私は、優しいわけじゃない。ただ、みんなには怒鳴られて言うことを聞いて行動する人になってほしくないんだ」と話しています。ただ、私の風貌からすると「怒鳴らなくても」充分に威圧的なのかもしれませんが（笑）。

❖地域に愛される「多摩川太鼓」の活動

多摩川太鼓として、小学生から七〇歳近い人まで約三〇人を会員としています。月二回の練習を行い、地域の祭りや、特養ホーム、敬老の集い、障害者の集いなどの行事で演奏し市民権を得ています。地域のおっちゃんやおばちゃんから、（上から目線だけではありませんが）「上手だね」だけでなく「ありがとう、祭りを盛り上げてくれて」と言われたときの子どもたちのうれしそうな顔！「今の子どもは自己肯定感が弱い」ともいわれますが、地域にとっても子どもにとってもハッピーな活動に携わっています。

また、不登校だった子は「五十嵐さん、僕、太鼓と出会わなかったら、どうなっていたかわからない」と言います。子ども食堂の対象となるような困難な家庭の子ども、少年院に行かざるをえなかった子どもにとっても、大切な居場所になっています。親以外の大人とふれ合い、異年齢の子とふれ合う場でもあります。

二〇台の太鼓はすべて五十嵐の持ち物で、練習場所も児童館や公園で費用がかからないため、会費は無料です。「会費を取ってください」という親は多いのです。しかし、「気持ちはわかりますが、会費が必要となれば躊躇する家庭の子どもを含めて「本人がやりたい」気持ちがあれば入れるというのが多摩川太鼓です」と理解してもらっています。町内会が地域に伝わるお囃子《はやし》を、当然無料で教えているのと同じで、町内をこえてやっているということになります。

ただし、文化活動という面からは、演奏に際して「お金のあるところ」からは、当然遠慮なくいただいています。二〇台の太鼓も、共感してくれる地域の方のカンパや、講師謝礼を長年積み立てて徐々に買い足してきたものです。

河原町団地での多摩川太鼓演奏

❖太鼓授業につながる、これまでの経過

多摩川太鼓のなりたちと歩み

一九九四年、当時私の居住する川崎市幸区河原町団地連絡協議会（七〇〇〇世帯・七自治会）二〇周年記念行事として、阿波踊りと自治会役員を中心に太鼓演奏を行い（役員であった太鼓経験のある五十嵐が提案）好評を博し、継続することになりました。その後、徐々に子どもたちを中心とする会員構成になっていきました。

一九九五年に地元Ａ中学校の文化祭で、「バンド演奏を断られた」やんちゃな生徒たちのグチを聞き、「それなら和太鼓だったら学校を説得できるけど、頑張ってやるか？」と説得し猛特訓をしました。文化祭の幕開けに彼らの太鼓演奏ができるように私（当時ＰＴＡ副会長）と生徒指導の教師・教頭だけで計画をしました。幕があくまで観客の生徒・教師は知らなかったので、幕が下りた状態で太鼓の音が聞こえる～「何だ？」～幕が開く、「なんだ、あいつらかよ」と嘲笑とヤジ、演奏が進むにつれ観客は静まりかえり、最後は割れるような拍手で太鼓演奏を行い、生徒・教師に感動を与えました。その後、この演奏を観た生徒会役員が入会してきました。

C小学校での演奏

太鼓授業スタート

そんな縁もあって、近隣の小・中学校のイベントで演奏する機会が増えていきました。B小学校での研究授業（ゲスト・ティーチャー）、C小学校では「遊びの広場」で演奏したことがきっかけで、五年生の音楽の授業「日本の節」で講師として招かれ「五年生になったら太鼓がたたける」と二〇年間継続しています。

そして私の和太鼓授業を体験した教師が転勤し、そこから声がかかりいくつかの学校・保育園で太鼓授業を行っています。

一〇年前に声がかかった小学校は、当時「川崎で一番荒れている」といわれていた小学校でした。中学校時代にはカツアゲしていた多摩川太鼓のメンバーを、スタッフとして連れて行ったのですが、「五十嵐さん、小学生からヤンキーがいる！」、見ると頭髪を金髪に染めた子が五人、六人。私「お前さんには言われたくないんじゃない（笑）」。担任の先生方に訊くと「ここでは、髪の毛染めてたら学校に入れないなんて言ってたら成り立ちません。でも、みんな良い子なんです。優等生タイプの子より、この子たちが好きです」と、返ってきました。ちなみに、徐々に落ち着いてきたこの小学校での太鼓授業は今も継続しています（六年生の旅立ちの会）。

また、私立中学校への進学率が高い小学校から声がかかったときは、三クラスすべてがベテランの先生。私は「ベテランの先生を三人って、何か問題があるんでしょ？」とたずねると、先生方からは「この学年は、「できる子」がクラスのなかで集団としてのクラス運営を妨げているんです。本人たちは力があるから、それほど努力しないでもできてしまう。それに対して、さまざまな発表の場でも彼らを安易に登用してきた反省から、「一人ひとりが主役の」五十嵐さんの太鼓授業で変えたい」との思いが訴えられました。

長い間続けてきているので、卒業生も含めて街中でよく声をかけられます。授業のはじめに「街で逢ったら、みんなから声をかけてきてね」というのですが、いわゆる「やんちゃな子」ほど声をかけてくれます。そして、勉強があまり好きでないこの子たちが太鼓の授業ではリーダー的な働きをしてくれることも多いのです。

※「太鼓授業」の具体的な進め方

実際の太鼓授業では、一学年（五年生か六年生が多い）全体一〇〇名前後を、体育館で、私一人で、一堂に教えます。一回、二時限で一〇回くらいで発表の場に臨みます。

演目は、どこの学校・保育園でも同じで、地元神奈川の三崎の「ぶち合わせ太鼓」です。

担任教師、音楽科教師を含め太鼓については経験がない場合が殆どで、「イベントは成功するだろうか？」の不安は、子ども以上に大きい所からスタートします。それと同時に、授業中立ち歩くなどの問題行動を起こす子どものことが教師の頭をよぎり不安はつのります。声を荒げて指導する先生に「ニコッ」として和らげるのも私の役目です。

具体的な授業進行は、やってみせる（Show）、説明する（Tell）、やらせてみる（Do）確認、追加指導（Check）のＯＪＴ手法ですが、授業進行でキーになるのは、最初の模範演奏で「うわーっ、すげえ、かっこいい」と感動しても

（三崎の）ぶちあわせ太鼓

皆さんは、４年生の音楽で「日本の音楽」とか「郷土《きょうど》の音楽」とか学んできましたが、神奈川県の民謡《みんよう》とか郷土芸能《きょうどげいのう》というと何を思い浮かべますか？…民謡や郷土芸能というと東北地方《とうほくちほう》が圧倒的《あっとうてき》に多いのですが、この神奈川にもあるのです。

三崎の「ぶちあわせ太鼓」は、まぐろで有名な遠洋漁業《えんようぎょぎょう》もおこなわれている三浦半島・三崎の港に伝わる、漁の大漁を祈願《きがん》する太鼓です。

島と浜の二手《ふたて》に分かれ、太鼓のワザを競《きそ》い合《あ》い、負けた方の太鼓は皮《かわ》を破《やぶ》られ海に放《ほう》り込まれてしまう、別名《べつめい》「ケンカ太鼓」ともいわれる勇壮《ゆうそう》な太鼓です。

残念ながら、現在は三崎の祭りでは「ぶちあわせ太鼓」は演奏《えんそう》されていませんが、全国的にも有名ないくつかの太鼓演目《えんもく》（秩父屋台《ちちぶやたい》ばやし、八丈島《はちじょうじま》太鼓、三宅《みやけ》太鼓など）とともに、多くの太鼓演奏グループが演奏しています。そのため、少しづつアレンジを加《くわ》え演奏グループによって違いはありますが、海の様々《さまざま》な様子《ようす》を織《お》りこんでいます。波が岩にザバーンとぶつかる様子、渦《うず》を巻《ま》いている様子、噴水《ふんすい》のようにしぶきが吹《ふ》き上《あ》がる様子など。

１、基本のリズムは　サントコドッコイ
右　右左　右　左
スットンスットントロツクトントンの二つ。
(間)　右　(間)　左　左　右　右　左
他は　部分的な省略と繰り返しの変化です。
この二つのリズムを練習し身に付けて下さい。

２、口伝《くでん》をしっかり覚えて下さい。言葉で音の長さも表わしています、歌のように覚えて下さい。（空打ちしながら、イメージしながらの方が覚え易い。）

三崎のぶち合わせ太鼓の説明文

「〇〇小フェスティバル」太鼓シナリオ

Ｒｅｖ．　2015.11.4 五十嵐

１０９名（宮太鼓１９台×５人ｏｒ６人）（締・鉦：五十嵐）

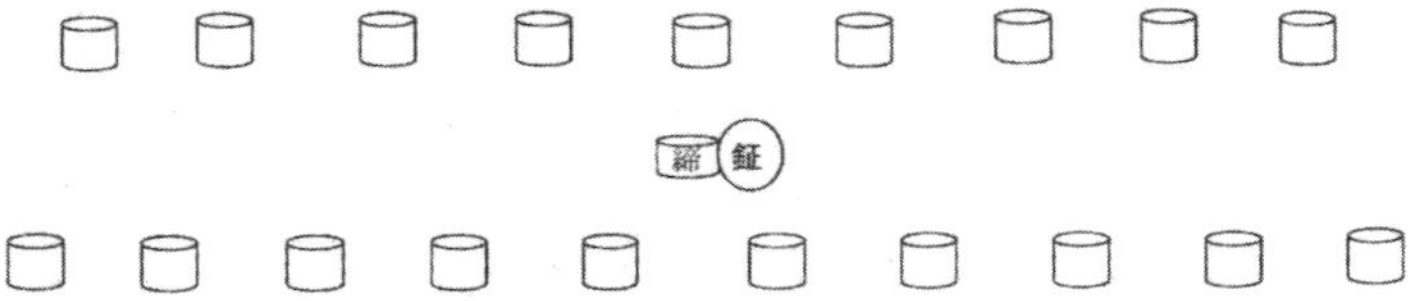

０．　**木遣り**　今日のめでたさ

１．　**ワッショイ運搬**　両サイドから、交互に「ワッショイ」で上記の位置に太鼓を運ぶ

２．　**木遣り**　そろそろ打ち込みます

３．海鳴り　１番太鼓～１９番太鼓まで１番手～６番手が気持ちを揃えてトコトコトコと細かく打つ<><>小さい音から少し大きい音へと２回、山を作る。

４．裏打：締　トコトコ…トーンで打手１～６番は下の形に、さっとスタンバイ。

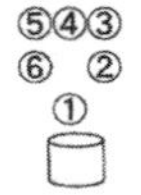

バチは肩に背筋を伸ばし片膝をついて座る⑥のポジションの人は後ろ向きに座る

３．ソロ　（サントコドッコイ×４回聞いて）１番太鼓～１９番太鼓の打ち手が、口伝で気持をそろえてかっこ良く、１番手～６番手まで順番に、左から入り右に抜ける。

４．3/2/2/1/1/1　ソーレの掛け声できびきびと全員が動いていく

５．ふんすい　まず１番手が続いて２～６番手が、スットンスットントロツクトントンと入ってくる。気持ちをそろえて段々小さくしてから段々大きく（姿勢も：波しぶきが吹き上がるように）。><

６．鉦　サントコドッコイ×２回

７．うずまき　サントコドッコイ×２回をみんなでたたいてから、１周回る。回り終わったらその場でサントコドッコイを続ける。

８．鉦　トロツクトントン×２回

９．ｴﾝﾃﾞｨﾝｸﾞ　全員が口伝をシッカリと合わせて、ヨイ、ヨイ、ヨイヤサ！で決めのポーズ。締太鼓のトーンで気をつけ、トーンで「ありがとうございました」と言って礼。

ポイント

〇各自がソロをカッコよく（肩甲骨から手をあげ、トロツクは止める）、全員が主役
〇大きな音を出すことより、みんなで気持ちを一つに合せる
〇動作はキビキビ、口伝・かけ声をシッカリ
〇各自が全体の流れを覚える（人のを見ては、遅れる）

発表会のシナリオ

らえるかどうかです。その直後には、「これじゃ自分には難しい」と感じた子どもが、最初の授業終了時には「なんとか（イベントまでに）できそうだ」と変化すること。当然、その子どもたちを見て教師がチョッピリ安心することです。

また、授業のなかで以下のことを、逐次伝えています。

①「みなさん、今日から太鼓の授業を始めますが、質問です。みなさんが海外留学するとしたら、何を用意したらよいでしょう？」。返ってくるのは予想どおり「外国語！」です。「外国語は留学したところで習得するので必要と言えば必要ですが、ほかには？」「……」「みなさんが迎える立場だったらどうですか？ねえ、日本ってどんなところ？どんな文化があるのって聞くんじゃないかな。そのときに太鼓のことを話せたり、演じて見せられたらいいよね」。

「もう一つ質問です、法隆寺をつくったのは誰でしょう？」「聖徳太子！」「よく知ってるね、じゃあ聖徳太子はどうやって法隆寺をつくったの？」「エーッ」。「もうひとつ、サムライブルーとかサムライジャパンとか言うけど、江戸末期や明治初期にサムライと言われた人は、人口の何％くらいいたと思う？」「二〇％」「五〇％」「八〇％」「ブーッ、刀を差していない家族を入れても一％にも満たないくらいしかいませんでした。圧倒的多数だったのは「お百姓さん」「漁師さん」食べるものをつくったり、とっている人たちだったんです。そのほかにも、家を建てる大工さん、生活に必要な道具をつくる職人さんがいました。これから覚える三崎のぶち合わせ太鼓は、お魚がいっぱい取れますようにと願いを込めて、漁師さんがたたいた太鼓です。みなさんは、四年生の音楽の教科書で「ソーラン節」とか「南部牛追い唄」の民謡を習ったと思います。こうした民謡も、昔の人たちが働く・労働のなかでつくり出してきた伝統芸能・文化です」

②「ほとんどの人が太鼓は初めてだと思いますが、ここまでやってきて、覚えるのが早い人と遅い人が出てきました。遅くてもいいんです、なかなか覚えられないと苦労していても何かのキッカケでスッと覚えられることも

東京新聞

ミラー

多文化認め合う心育てる

和太鼓講師　五十嵐　努　67
（川崎市幸区）

二十年ほど前から、地元のいくつかの小学校で「和太鼓の出前授業」をやっています。五年生または六年生の児童全員、百人前後を対象に、二時限×十回で、発表会に向けて練習します。

「みんなが海外に留学するとしたら、何が大事だと思う?」と質問すると、「外国語!」と返ってきます。「確かに大事だね。他には?」「?…」「その国の人とみんなの立場が逆だったら、『よく来たね、日本ってどんな国? どんな文化があるの?』って聞くんじゃない。その時に何も答えられなかったらどうだろう。ここにいる全員が留学するわけじゃないけど、日本の伝統芸能の一つである和太鼓を体験することは、将来なにかの役に立つと思う」と、授業がスタートします。

この年齢の子どもたちの記憶力・吸収力は素晴らしく、当初「かっこいいけど、僕にはムリ」と思っていた子も、行程半ばを過ぎると「太鼓の授業楽しい。発表会もできそう」と変わってきます。

このタイミングで子どもたちに話すのは、「太鼓の楽しさや、お祭りに込められた昔の人の思いがだんだんわかってきたと思う。今日は西アフリカのジャンベと韓国のチャンゴ（いずれも太鼓）を持ってきました。みんなは日本の伝統芸能を学んできたんだけど、例えば友だちで自分の自慢ばっかりされたら、どんな感じがする?」

「嫌な感じがする」「むかつく」

「そうだよね。外国の人と付き合うとき、多くの国にある太鼓も知り、共通点と違いを認め合うことが大事だと思っています。それは友だちとの関係でも同じじゃないかな」と話しています。

あります。私の好きな言葉があります。「人と比べるんやない、比べるんやったら昨日の自分」、なぜか関西弁なんですが。なぜ、私が太鼓がうまいか?三〇年くらいたたき続けているからです。センスが良いわけじゃありません」。

③「これまでみなさんは演劇などでの発表の場を経験してきました。主役もあれば木の役もあったのかな。私の太鼓の発表は「みんなが主役」じゃなくて「一人ひとりが主役です」。歌の口パクや、楽器の構えているだけは、通用しません。ただ、失敗しても大丈夫、一生懸命やっている姿が伝わるのが太鼓です」。

④　新聞の投稿記事を載せましたが、最近の「日本はスバラシイ」といったテレビ番組の多さに気持ち悪さを感じ、伝統芸能とか日本の文化とかが偏狭なナショナリズムに利用されないようにと、「多文化共生の街・川崎」で子どもたちに伝えています。

❖生徒・教師、そして保護者の反応・変化

実際に、こうした授業が生徒や教師にどう受け止められているかを、手紙や感想から抜き出しまとめてみました。

生徒の感想・変化

多いのは「最初、怖そうな先生だと思ったけど、優しかった」「最初は不安だったけど、楽しくなってきた」「わからないところを、ていねいに教えてくれた」「太鼓のことだけじゃなく、いろいろな話をしてくれた」などですが、個性的な以下の感想（手紙）から子どもたちの気持ちや私の太鼓授業を推察してみます。

○「五十嵐先生が分かりやすい指導をしてくれたので発表会が成功したのだと思います。特に心に残ったのは、最初の練習の時に一緒にキャッチボールをしてくれたことです」（太鼓の腕の使い方が、ボールを投げるのと同じなので、取り入れています）。

○「私が腕を骨折して片手でたたいているのを、五十嵐先生がすごいねー！と言ってくれた時、恥ずかしそうにしていましたが、ホントはとってもうれしかったです」。

やはり、子どもたちは正面きっては言わないけれど「私を見て！」だと思います。どれだけ一人ひとりを見てふれあっていけるかだと感じています。

子どもたちの変化ということでは、「できた！」という達成感と、自信が芽生えたこと、グループで練習演奏することで、お互いに教えあったりする関係性が生まれたことが大きいと思います（生徒同士のアドバイスについては「そこはダメ」という表現でなく「そこはこうしたら、もっとカッコ良くなる」という言い方にしようと伝えています）。

教師の感想・変化

○「最初、あまり子どもたちを注意しない五十嵐先生を「甘い」と思っていました。でも授業が進むにつれて、積極的になっていく子どもたちを見て、自分自身の指導を振り返りました」。

○「初めはバラバラであった子どもたちの気持ちも練習を重ねるたびに変化が見られ嬉しく思いました。今もスットンスットンとリズムを口ずさむ子がおり、一人が始めると回りもつられて楽しそうにやっています。五十嵐さんの情熱に感銘を受けたのだと思います。私たち教員もたくさんのことを学ばせていただきました」。

ある校長が「普段言うことを聞かない子どもが、五十嵐先生の言うことは聞くのよね」と紹介していました。なぜ、子どもたちが言うことを聞くのか?上の生徒の言葉にもありますが、生徒と同じ目線で語りかけることであったり、ガキ大将として熱く語りかけることであったり、それを授業のなかで観察して、それぞれに感じてくれているのだと思います。

保護者の感想・変化

○「演奏を観ていたら、なぜか涙が出てきました。この学年の子たちは幼いなと感じていましたが、素晴らしい発表でした。家でも一生懸命練習していました、見直しました」。

○「PTAの広報なので、練習風景を見ることもできました。ホントに楽しそうに真剣に練習している姿に驚きました。五十嵐先生は声は大きいけれど、決して怒鳴らない指導に感銘を受けました」。

地域で知り合いの親やジジから「ビシバシやって下さい」と声をかけられると、私が返すのは「大丈夫、ビシバシやらなくても私が教えれば上達するから」です。そして、発表を観て「わずか二か月足らずで」と納得するのです。

❖「太鼓授業」を採用するうえでの留意点

教科研の発表のときも「うちでも太鼓をやりたいけど……」との質問が出ていたので、いくつかポイントをあげてみます。また、「ウチも太鼓やってる」という学校もあるでしょう

① 講師の選定

「太鼓」を売りにした幼稚園などもみかけます。ただ、必ずしも子どもの成長発達に良い影響を与えていないケースも見受けられます。厳しい指導で子どもがトラウマになるケースもあります。私はある保育園で、毎年、年長さんを教えていますが、今年担任になった先生は〝去年の練習を重ねてきた子たちと、今の子どもたちを比較してしまう〟。先生方には、そのことを伝えます「大丈夫、大丈夫、去年も最初はこんな感じ」。

また、民舞（民族舞踊、民俗舞踊）を取り入れるところも増えていますが、その意味するところを含めて取り上げているところと、スポーツとして取り上げているところなど位置づけはさまざまです。

要は、設定・計画する側が、位置づけを明確にして、講師を探すこと。最初の授業の最後に子どもたちに話すのは「今日練習してみて安心しました、みなさんの音感なら発表会は大丈夫です。もう一つ大丈夫なのは、太鼓の達人はいっぱいいますが、世界で太鼓を教えるのが一番うまいのは私です、その私が教えるんだから大丈夫です」。

②道具、場所

F小学校の場合では、二〇台を超える太鼓を近隣の町内会、幼稚園、学校などから借りて揃えましたが、太鼓の確保も重要です。多くの学校で、（PTAからの寄贈とかで）小学生が楽器として使うのに合わない（五〇万～一〇〇万円）和太鼓を持っていますが、いかんせん授業として使うには台数が足りません。一台一〇万円の和太鼓でも充分使用できるものがあります。

また、地域差もありますが、騒音に対する対応も必要となります。和太鼓の響きは、通常の音楽室の防音設備では防ぎきれません。地域の理解が得られるかが大切ですが、講師が地域の人であればハードルが低くなります。

❖おわりに

ＰＴＡ、青少年指導員、町内会・自治会、地域教育会議（川崎には各行政区・中学校区にあります）など、そうしたところで子どものことを真面目に考えている人たちはたくさんいます。

二〇一七年六月から、「大家族ふるさと食堂」という子ども食堂を始めました。きっかけは、市民館で開かれた「子どもの貧困・子ども食堂」の講座で一緒に学んだ人たちが、「実際に子ども食堂をやりたい」「五十嵐さん立ち上げて！」と突き上げられ、その人たちをボランティアスタッフとしてスタートしました。

今の教育現場は「地域に出る」余裕などない状況ではありますが、できるところから実践している例も探せば発見できると思います。本当は、地域とつながることで教師も楽しくなるはずです。「少人数学級・先生の人数を増やして」の新聞への私の投稿をみつけて、いくつかの学校の校長や教頭が教師に回覧しました。ある教師からは「ありがとうございます。本来は私たち教師が、もっと声を上げていかなければならないんですね」というメッセージをもらいました。地域の教育力をひきだすことも視野にいれて、学校づくりを模索してみてください。

第六章　学校づくりの課題と展望

第一節　これからの学校づくりの課題と展望

❖学校づくりの切り口は多彩

第一章第一節で述べた学校づくりをめぐる諸課題について、十分ふれられなかった点について何点か補足します。まず企業主義的学校管理が急速に強化されるなかで、「学校づくり」なんて無理、そんなことよりも授業づくりをどう進めるか、学級経営をどうするかといったテーマが大事になっている、旨の意見が出始めていることについてです。たしかに、一九九〇年代の後半以降、新自由主義改革が強行され、学校教職員への支配・統制が進みました。学校づくりは無理なのではなく、こういう時代だからこそ学校づくりの視点が重要なのだと思います。学校づくりに消極的な人たちの意見を聴くと、その念頭にある「学校づくり」とは、「民主的学校づくり」、「学校三者協議会」などをイメージしているようです。団塊の世代や、少し下の世代が多いようです。筆者もこの世代に属しているので、その理由をわからないでもありませんが、「学校づくり」のとらえ方が一面的なのではないかと思えます。

学校づくりとは、すでに述べたように子どもの発達権保障を中心にして、授業や生活指導のあり方、教職員の共同関係、保護者・地域との関係、学校組織や管理のあり方、教育制度のあり方を問い直していくという発想です。最近、メタ思考という言葉があります。これはたとえば、なぜこの課題をやらねばならないのか、なぜこうした規則が必要なのかを根本から問い直すことです。学校づくりも一種のメタ思考、学校という枠組みを当然視するのではなく、その枠組みを疑い、組み替えていくという発想です。そういう意味では、学校づくりの切り口、取っかかりは多彩であるといえます。たとえば、授業に集中できないで荒れる子どもがいたとして、その子に問題があると決めつければそれでおしまいです。不登校の子どもがいたとして、その本人と家庭に問題があるとしてしまうと、その子と保護者を攻めるだけになってしまいます。教育界には、子どもと家庭にどこか問題があると決めつけてしまう文化があります。そうではなくて、教師の指導内容と方法に問題があるのではないか、教科書や学習指導要領、学級規模、学校という枠組みそのものに問題があるのでは、と問い返しながら、教職員が共同して可能なことから変えていくという発想が大事になります。その学校、地域ごとに課題はあるのです。

❖「民主的学校づくり」は学校づくりのひとつ

ではなぜ、団塊やベテラン教師世代に特定の「学校づくり」像の印象が強いのか。その理由は戦後の学校づくり実践運動の特性にあります。一九五〇年代の教育の逆コースへの対抗として国民教育運動が生まれ、そのなかから学校づくり実践が展開されました。とくに国民の教育権論が学校づくり運動に理論的影響を与えました。憲法第二六条、旧教育基本法第一〇条などを根拠に、教育内容の決定権の所在、教師の教育の自由、学校自治の重要性を旗印にして運動を行いました。各学校では、職場の民主化、学校運営の民主化、教師の教育権の確立などが中心的テーマとして実践化されました。その中心的な担い手は、組合員教師でした。一九六〇年代後半から八〇年代にかけて「民主的学校づくり」をめざす運動が各地で前進したのです。教育科学研究会全国大会や、組合の教育研究集会などで、その実践は報告され、評価されました。組合も「民主的学校づくり」を方針として掲げました。筆者が大学院生時代に、東京多摩地区の学校調査を行ったことがありました。そこでは組合員の組織率も高く、大きな力をもっていました。職員会議は最高議決機関化し、校務分掌、教育課程編成にも組合の影響力は絶大でした。学校運営の民主化が子どもの学習権保障とどうつながっているか、という点については把握できませんでしたが、現象的には学校コミューンというべき状態でした。

また、組合の中心的教師は、地域との連携、地域に根ざす教育実践にも熱心に取り組みました。教師は学校内だけでなく、地域教育運動の組織者でもあったのです。まさに八面六臂の活躍ぶりでした。こうした延長線上に学校協議会の構想も生まれていったのです。長野・辰野高等学校三者会議、長野・上田第六中学校四者会議設置の背景にも組合の影響力がありました[1]。

しかし、一九九〇年代の後半以降、「民主的学校づくり」の実践可能性は制度的に厳しくなっていき、それ以外のイメージをもてない人にとっては、学校づくりはもう無理となったのではないでしょうか。「民主的学校づくり」をモデルにすれば、現在各学校でそれをめざすのは厳しいことは確かですが、学校づくりは可能です。学校の管理、統制が進むなかで、子どもの発達困難、教職員と保護者の困難が顕在化しており、学校づくりの発想はますます重要となっているのです。「民主的学校づくり」が可能な学校は、それを追求すればよいのです。学校協議会が可能な学校は、子どもの学習権保障に寄与する普遍的意味を明らかにすればよいのです。学校三者協議会という制度まではいかなくても、生徒、保護者や地域との共同は可能です。学校づくりは、正解が一つではありません。

広い視野でみれば、教育運動の高揚期においても華々しい「民主的学校づくり」というものは少数でした。多くの学校では困難を抱え、それを打開しようとして暗中模索する実践報告が多かったのです。教育科学研究会学校づくり分科会では、そうした地味な報告が多くありました。教育行政や管理職の姿勢が管理的で、自由な教育実践を許さない、逆に子どもが荒れていても管理職が無能で、方針も示してくれない、同僚との関係がぎすぎすしている、などの学校職場は多くありました。こうした現実をふまえ、一歩でも困難を打開するための努力が報告、交流されました。学校づくりとは、こうした地道な努力の積み重ねなのです。「民主的学校づくり」に成功した典型だけをみても、学校が抱える課題の全体像はみえないのです。学校づくりが進まない、その困難を直視することで、問題の本質と解決の糸口も立体的にみえてくるのだと思います。

❖若手教師との共同――世代交代の問題

これからの学校づくりを考えていくうえで、差し迫った課題となっているのが、若手世代とどう共同していくかということだと思います。先に指摘したように、団塊世代の大量退職と若手教師の大量採用が進んでいます。その間の中間世代が少なく、学校づくり的発想をどう若手世代に伝えていくのか、が直面する課題といえます。

二〇一七年の教育科学研究会全国大会の学校づくり分科会報告で、埼玉の三橋勝美報告を聴いて、若手世代との共同の重要性を痛感しました。三橋さんは、若手教師に学校づくりを勉強していると話したところ、「学校づくりってなんですか、学級づくりじゃないですか?」と返されたとのことでした。三橋さんは、「学校づくり」という言葉が死語になっているのではないかと、もっと具体的にいえば、若手にとって学校は教職員や子ども、保護者、地域が主体となって良くするとか、つくり変える存在ではなくなっているのだろうか、と発言しました。(2) この指摘は、他人事ではありません。学校スタンダードが台頭する背景には、急激に進む世代交代のなかで、ベテランから若手への経験の伝授がうまくいかないという現実がありました。とくに、学校づくりは、意識的に学校という枠組みをとらえ、組み替えていく発想、そのための共同関係をつくる取り組みですので、いっそう課題が重いのだともいえます。三橋さんは、周りの若手教師と学校の現状について話し合いあう機会を設けてきたのでした。その話し合いのなかから、いくつかの論点が浮かび上がってきました。①あまりに多忙なため、本来の仕事と考えていた子どもとかかわることが二の次になっていること、②研修や指導といいながらも上から目線の管理職や先輩の態度に反発を感じていること、③施設・設備の不備への不満、でした。三橋さんは、これらをふまえ、若手と一緒に考え、ともに一歩でも進んでいきたいと話されました。

若手教師との共同をどうつくるかは、民主的学校づくりをめざす私学でも共通の課題です。学校長の公選をはじめ、民主的な学校運営、三者協議会の実践にも取り組んでこられた大東学園高校でも、こうした伝統をいかに若手世代に伝えていくかが、課題となっています。米山昭博さんは、大東学園の歴史を振り返りながら、廃校危機を乗り越え、第二次民主化闘争を行いながら、新しい学びや自治をつくりあげてきたベテラン世代の退職者が増えて、若手への学校文化の継承と次期リーダーの育成が当面する課題となっていると報告されました。そのなかで、若手教師の間で、管理的な教師が多くその子ども観の違いが高い壁になっているとも話されました。[3] 同様に、定員割れによる廃校危機に直面しながら生徒を主人公とする学校づくりを実践されてきた大阪暁光（旧大阪千代田）高校でも、民主的学校づくりの文化の若手への継承、若手のなかにある管理主義的子ども観の克服が課題であると、嵯峨山聖さんは話されました。[4]

いくつか具体例をあげましたが、若手との共同関係の構築が、学校づくり運動の焦眉の課題であることは、まちがいありません。そんななか、滋賀県の教師たちの取り組みを紹介しましょう。石垣雅也さんは仲間とともに二〇〇七年に「センセの放課後（仮）」という小さな集まりをつくったというのです。その理由は、管理が厳しくなり、教師にとって学校が声をあげる場として機能させられなくなってきたため、学校外に「センセの放課後」という場をつくり、声をあげる経験をし、学校へ再進出する道筋をつくるためでした。[5] このほかにも、「教育を読む会」（通称カレーの会）、「青年教研」などの小さい組織をつくり、若手教師の話に耳を傾け、理解しようと、試みているとのことでした。[5] 石垣報告を聴いて、若手教師にとって、学校が「支配としての学校」となっているという事実でした。学校は教師にとっても息苦しく、学校外に教師の居場所をつくり、もう一度学校へ戻っていくという回路も必要になっているのだと思いました。学校づくりも、一人ひとりの教師の声に耳を傾ける、ていねいさが求められる時代なのだと思います。

❖新しい管理主義教育・再論

第一章第一節において、スタンダードやゼロ・トレランスの問題について、新しい管理主義教育ではないかと述べましたが、肝心の管理主義教育については、ふれませんでした。近年、横文字の言葉が教育界でも普及していますが、従来の教育用語と意味内容がどう違うのでしょうか。一九八〇年代に校内暴力の後、子どもの荒れを押さえる手段として、校則、体罰が台頭した折は、管理主義教育として検討されました。近年のスタンダードやゼロ・トレランスの内容をみてみると、管理主義教育と類似しています。八〇年代に、管理主義教育について研究を行い、論陣を張った教育学者が城丸章夫でした。城丸は管理と指導を区別し、本来、非権力的な領域である指導の領域（教科指導・生活指導）に強制が入り込むときに、指導と管理の混同が始まり、管理主義が始まる、と説明しました(6)。城丸は管理主義を取り締まり主義と事務化・実務化にわけ、事務化・実務化こそが本質であると述べました。「教育の事務化・実務化とは教育活動が子どもの心に働きかけるのではなく、事務でも行うかのように、機械的・形式的に行われていくことであります(7)」と指摘しました。たとえば、校則に違反する生徒を取り締まり、機械的に、事務的に処罰するやり方です。城丸の指摘にしたがえば、ゼロ・トレランスと結びついたスタンダードも典型的な管理主義教育といえるのではないでしょうか。スタンダード（決まり）に違反した場合、一枚目のイエローカードを出し、二回違反すれば即レッドカードを出して、その生徒を退出させる、というように、事務的に処理しています。そこでは、生徒と教師との関係も事務的、機械的、無機的です。人間的、教育的なコミュニケーションは存在しません。

では、教育行政が近年スタンダード、ゼロ・トレランスを推進する意図はどこにあるのでしょうか。竹内常一はフーコーの権力論を参考にしながら次のように分析します。①新保守主義的な道徳規範を内面化した従順な規律主体に子どもを教育すること、それ以上に②市場的・競争的な原理を内面化して、自分自身の人的能力を排他的に追求する「競争主体」に子どもを教育すること、と指摘します。①は監視措置をとおして規範を内面化する規律訓練権力によるとします。②は個人の内面に働きかけるのではなく、個人を取り囲む環境を構成する工学的な制度設計やゲームのルールの改変をつうじて個人の行動を操作する「環境型権力」によると指摘します。②の観点からみれば、ゼロ・トレランスはすべての者に画一的な規範への服従を要請するものとはいえず、工学的管理装置や規律違反者の即時排除などのルールを通じて、違反者を摘発し、別の場所へ移すことで、個人や少数者の私的自由の追求に寛容な社会をつくり出すことを目的にしているとされます。(8)

この環境型権力が意図する支配目的は、諸個人を「自分自身にとっての自分自身の生産者」、「自分自身の企業家」、「市場原理を内面化したセルフ・マネージメントの主体」に変えることにあるとされます。(9) そういう点ではスタンダード、ゼロ・トレランスは新自由主義教育政策の現代的展開とも言えるでしょう。その教育改革は「全教育をとおして、市場原理を内面化して自己を統治することに適応したものは社会のなかに生きさせ、適応しないものは社会の外に打ち棄てる」、と指摘します。(10)

ただし問題は、新自由主義的な環境型権力の展開のなかで、先にみたように子どもに対する暴言、ハラスメント、恫喝、暴力という前近代的な権力行使が行われていることをどうみたらよいでしょうか。フーコーを使った分析は教育政策の新自由主義的展開についての理論研究として示唆するところは大きいといえます。しかし、学校づくり研究からは、ゼロ・トレランスについての子どもの人権という視点からの分析、人権救済論の提起が必要と思います。ゼロ・トレランスのために不登校になる、「指導死」に追い込まれる子どもも出ているのです。子どもの権利条約以降、グローバルな視野でみれば、人権意識も着実に前進しつつあると思います。権力者から受けたセクハラ、パワハラを告発する、MeeToo運動も広がりをみせています。大阪府立高校の女子生徒が、地毛が茶色なのに、教師から黒く染めるよう強制されたことで、精神的苦痛から不登校になったことで裁判を起こしました。これを契機に市民運動から「ブラック校則をなくそうプロジェクト」が発足しました。[11] スタンダード、ゼロ・トレランスも管理主義教育という観点からとらえ、子どもの人権の視点で点検していく、それに当事者である子どもや父母、市民も参加していくことが求められます。再度、学校に子どもの人権論の風を入れることが必要です。

注

（1）宮下与兵衛『学校を変える生徒たち』かもがわ出版、二〇〇四年、第3章参照。上田第六中学校四者会議について、田沼朗「検証・上田六中の学校づくり」（『教育』二〇〇一年五月号、国土社）を参照のこと。
（2）三橋勝美「これからの学校づくりを考える――若い先生たちと語り合って考えたこと」二〇一七年教育科学研究会全国大会学校づくり分科会報告、八月一一日。
（3）米山昭博「大東学園のルール（校則）と生徒指導」二〇一八年教育科学研究会全国大会学校づくり分科会報告、八月一一日。
（4）嵯峨山聖「スタンダード・ゼロトレランスに抗した学校づくり」二〇一八年教育科学研究会全国大会学校づくり分科会報告、八月一二日。
（5）石垣雅也「学校の外と内を往還し、学校づくりをすすめる」二〇一七年教育科学研究会全国大会学校づくり分科会報告、八月一一日、石垣雅也「子どもの声が生まれる教室と主権者教育」『教育』二〇一六年八月号、かもがわ出版、二一一―二二頁。
（6）『城丸章夫著作集　第4巻　生活指導と自治活動』青木書店、一九九二年、二四五頁、城丸章夫『管理主義教育』新日本出版、一九八七年、二六―二七頁。
（7）前掲『管理主義教育』二七頁。
（8）竹内常一『新・生活指導の理論』高文研、二〇一六年、二〇一―二〇二頁。

（9）同上、二〇三頁。佐藤嘉幸『新自由主義と権力』人文書院、二〇〇九年、四九―五〇頁、参照。
（10）同上、二〇四頁。
（11）「ブラック校則をなくそう」プロジェクトは、二〇一八年三月八日に調査結果発表記者会見を行いました。配布資料では、プロジェクトの目的について、「不合理な学校現場のルール（校則・生徒心得・学校ルール等）や、それを根拠とする行き過ぎた指導を根絶し、子どもたちが安心して、生き生きと学べる学校について社会全体で議論を促進し、改善につなげることを目指します」と説明されています。

第二節　子どもの問題状況から学校づくりの課題を考える

今日における学校づくりの課題を明らかにするにあたって、「子どもの問題状況」を軸にして、教職員・学校が直面する教育困難の実態と要因を把握することが不可欠です。そのためには、子どもと教職員との諸困難を累積させてきた政治的策謀による「教育荒廃」の根源を、総括的にふりかえってみることが必要です。「落ちこぼれ（落ちこぼし）」「いじめ」「非行・自殺」という言葉に代表される子どもの諸問題や、教職員と学校づくりの困難さも、そこに由来するからです。大企業・財界の要求と結託した国の「教育政策」こそが、勤労国民・父母の生活困難や「社会的貧困」化をもたらし、子ども・青年の人間的本性（生きることへの希望、人々との連帯・協同の歓びなど）を退廃化させ、人間的自立へ向かう自ら学ぶ力・自己形成を阻害し疎外させてきたからです。

❖子どもの問題状況――自己肯定感の喪失

一九九〇年代頃から、日本でも子どもの「自己肯定感」が失われつつある状況が指摘されはじめました。二〇〇〇年代の最近年では政策的・社会的な規模において、子ども・青年の自己肯定感に関する各種の「実態調査」が実施されるに至っています。「自己肯定感」は学習指導要領など教育政策文書が「指示」する「生きる力」「関心・意欲・態度」と照応する概念でもあります。一般的にいっても自己肯定感とは「人格」や「自己認識」「自己形成」の核心をなすものです（E・エリクソンの諸著作参照）。

この最も重要な教育の目的・目標が、最近では多くの子どもたちから奪われているのです。これこそは、国が掲げた「人間像（「生きる力」）」からみても、教育政策・施策の「破綻」を象徴するものであり、「教育破壊」（子どもの人権、学習・発達権の侵害）そのものだといわねばなりません。子どもの「自己肯定感」に関する諸調査の一端をみれば、次のようです。

① 『高校生の生活と意識に関する調査』（二〇一七年）では、「自分はダメな人間だと思うことがある」に対して、「とてもそう思う」と回答している日本の高校生は、二五・五％、「まあそう思う」が四七・〇％、合計で七二・五％にものぼります。米国は、一四・二％と三〇・九％、合計で四五・一％です。中国は、一三・二％と四三・二％、合計で五六・四％、韓国は、五・〇％と三〇・二％、合計で三五・二％です。この調査（二〇一四年実施）からは、日本の高校生の自己肯定感が著しく低いことが歴然としています。(1) これは国民の自己形成の危機を物語るものでしょう。

② 国立青少年教育振興機構の『青少年の体験活動等に関する実態調査』（二〇一六年）は、小学校四年生から六年生、中学校二年生、高校二年生を対象に「学年別の自己肯定感」を調査しています。「自己肯定感が高い」割合は、学年進行とともに低下していきます。小学校四年生で二一・六％、同五年生で一七・二％、同六年生で一六・一％、中学二年生で五・九％、高校二年生で四・二％という実態です。

③ 文部科学省の『全国学力・学習状況調査』（二〇一六年）では、「テストができる子どもの自己肯定感」が高く（七〇％台～八四％）、「テストができない子ども・青年の自己肯定感が高い」割合は六〇％台と、たいへんに少なくなっ

ています。これはテスト主義の「学習」と競争主義とが、子どもの真の自己形成を阻害することを示すものです

④　このような自己肯定感の「高・低」を左右する要因は何か、この点に焦点をあてた調査もあります。ある調査によれば、それは、(a)「学業成績」、(b)「勉強が好きか嫌いか」、(c)「勉強に対する意識」、(d)「将来の夢や目標がもてる」、(e)「自分のクラスや友達への愛着」などであると考察しています（東京大学とベネッセによる共同調査報告書）(2)。

以上の実態調査をふまえて総括すれば、とくに子ども期・青年期にとっては、「自分の夢や目標」と結びあって学習・勉強するという意識や意欲がもてること、それらを軸に「友だちと共感したり励ましあったりできる」学校や生活こそが、人間発達の土台をなすものであることが明白です。すなわち、そのような自己肯定感をもてることは「学習者、生活者、社会人としての自立」を支える人間的基盤であるのです。しかしこれに反して、一九八〇年代の「教育臨調」以降、今日までの「教育改革」なるものは、子ども・青年の本来の自己肯定感を大きく削ぐものであり、「学力」競争による「選別・差別の強化」によって人格まるごとを操作し管理する社会・文化・教育構造をつくりだすものとなっています。この路線を改善・改革することこそが、学校づくり（実践・運動）における根本課題です。

大学生になると、主体的・自主的な学習・研究や友人との自由で率直な交流を通して自己肯定感を取り戻す傾向が高まります(3)。しかし他方では、東大生の六〇％が「自分もニートになるかも？」と自己形成に確信をもてない学生が大半を占めているといわれます(4)。学校的「学力」（「学力テスト」用の「学力」）を超える学びによって、自己認識と生き方を確かなものとすることができる教育・学校づくりが強く求められているのです。

この項の最後に、小学校六年生（東京都）の「自己肯定感」の揺らぎや友だちを信じられない内面を吐露した女子と男子の「詩」を掲げておきます(5)。

いま私、何も自信がない
得意だった国語まで、めちゃくちゃ
好きだった社会科もうわの空
朗読だってへたになったし
計算もできない
先生　悩みなんてないといったけど
ほんとは、いま私、悩みのかたまり
勉強はわからないし
じぶんがじぶんでなくなりそうで
何をしたらいいのか、わからない
（小学校六年生、女子）

いまのクラスに友だちはたくさんいる
でも、信じられる人はいない
信じようとしてもだめ
うらぎられたらと思うと何もできない
（小学校六年生、男子）

東京都内のある小学校の調査によれば、「自分のことを、勉強がまあ〝できる〟ほう」だと思っている子どもの割合

は、次のようだといわれます。(6)

一年生は九〇％、二年生は三三％、三年生は二五％、そして六年生になると〇％になってしまうという調査結果です。もと都教組委員長の増田孝雄氏は「元気いっぱいに入学したはずの子どもたちがみるみるうちに打ちひしがれて、自分はダメだと思い込まされていく様子が手に取るようにわかります。学校が子どもから自信と人間への信頼を奪いとっている深刻な現実がある」とコメントしています。「できる子」と「できない子」は二極分化していく昨今ですが、この双方の子どもにおいて人格形成をゆがめる教育・学校体制が深まっていることに目を離すわけにはいきません。(7)

※大企業・財界の要求による教育政策とそのねらい――「差別・選別」教育体制のエスカレーションの軌跡

この問題をここで詳論する紙幅がないので、「年表」風に教育政策とそのねらいを記すことにします。この一連の教育政策のねらいは、「できる子・できない子」を作為的に生み出し、差別・選別の「能力主義教育」「競争の教育」を徹底し全面的に推進させてきたものです（矢印は要点と問題点）。

これらの教育政策と教育体制（競争の教育・強権的な学校管理体制）こそが、上述した子ども・青年の「自己肯定感」を低下させ剥奪し、人間観を歪め、教職員と学校の創造性を否定してきた元凶です。

○一九七一年六月一一日「今後における学校教育の総合的な拡充整備のための基本的施策について（答申）」（中央教育審議会・中教審と略す）

⬇「教育の能力別多様化、種別化」、「学校の職制の確立、主任制の導入」などを提言。東京都では一九七五年に主任制を実施。

○一九七一年六月「全国教育研究所連盟」（文部省の外郭団体、指導主事の全国組織）が、「小・中学生の約半数が授業についていけない」と発表した。

⬇「落ちこぼれ」（落ちこぼし）が社会問題となった（NHKが特集番組を制作した）。
○一九七九年～一九八三年　中学生の「反乱」（全国で）、対教師暴力、校内暴力の頻発（警官隊導入の事例もあった）。
○一九八一年～一九八三年　「第二次臨時行政調査会」（「臨調・『行革』」路線がスタート）
○一九八四年　「臨時教育審議会」の設置と四次にわたる答申（「教育臨調」といわれる）
○一九八七年　「教育臨調・第四次答申」
⬇「個性重視の原則」「選択の自由の拡大」「教育の多様化」「初任者研修制度の創設（教員統制を図る）」「六年制中等学校の創設（エリート教育のための学校制度）」「単位制高校の創設」「教育への市場原理の導入」などが中心テーマであった。
○一九八〇年代～一九九〇年代の「子どもと学校の問題」「非行」「いじめ自殺」などの続発・拡大
⬇校内暴力、登校拒否・不登校（一三～一四万人）、高校中退（一〇万人）
⬇不就労・不就学青年（ニート）の発生、学級崩壊、授業崩壊、子どもの発達阻害・疎外が拡大し深刻化した。
○一九九二年四月　「新学力観」（「意欲・関心・態度」）の教育課程がスタートした（いわゆる「ゆとり」教育）。
⬇学力差（落ちこぼし）を放置したまま、競争教育に進んで適応する子どもをつくることをねらうもの。エリート校では、逆に授業時間数を拡大し、学力差をいっそう拡大させることになった。
○一九九六年　「21世紀を展望した我が国の教育の在り方について」（「中教審・第一次答申」）
○一九九七年　同上、「中教審・第二次答申」
⬇「生きる力」と「ゆとり教育」、「一人ひとりの「能力・適性」に応じた差別教育」を推進した。

「社会に主体的に適応（順応）する子どもに」する教育の強化を図る。
○一九九八年　「教育課程審議会・答申」（「総合的な学習の時間」を創設した）

➡教科の学習を着実・平等に子どもに身につける教育を放棄するもの。
○一九九八年三月二六日　都教委「都立学校等のあり方検討委員会」（報告書）、同件に関す「通知」をだした。
➡同上報告書は「職員会議は、校長の補助機関にすぎない」と強調した。
○一九九八年九月二一日「今後の地方教育行政のあり方について」（中教審・答申）
➡「職員会議は校長が主宰する（上に立って行う）」、「職員会議は校長の職務の円滑な執行に資するものとする」「（校内の）「企画委員会」、「運営委員会」で学校運営を組織的・機動的に進める」「校長を支える「主任制」とする」。学校・教職員を監視する「学校評議員の設置」を答申した（職員会議については学校教育法〔二〇〇七年全面改正で〕、第四八条に同旨の条文を入れた。学校評議員の設置は、同法第四九条として付加した）。
○一九九九年八月一三日「国旗・国歌法」を制定した（小渕恵三内閣）。
➡これを機に、国旗・国歌が入学式・卒業式などで強行され、教委が監視するために学校視察に来るようになった。
○二〇〇〇年一二月「教育改革国民会議」（報告）、会長：尾崎玲於奈（この「会議」は森喜朗首相の私的諮問機関）
➡「差別・選別教育の強化」、「早期教育に拍車をかける（五歳児の入学を可とする）」、「問題生徒の排除」、「社会奉仕やボランティア活動の強制」、「規範教育（道徳教育）の強化」、「教員評価制度」の導入、「教育基本法の「改正」」などを提言した。
○二〇〇〇年四月　東京都教委は、「教育職員への人事考課制度」を強行実施した。
○二〇〇一年二月一四日　東京都は「指導力不足等教員の取り扱いに関する規則」を制定。
○二〇〇一年六月「地方教育行政の組織及び運営に関する法律の一部改正」
➡同法に、第四七条の二「指導力不足教員」を追加した。

○二〇〇二年四月　小・中学校における「ゆとり教育」体制（新教育課程）をスタート（実施）させた。

⬇「「ゆとり教育」とは、「エリート教育」の強化が真の目的」だと、教育課程審議会会長・三浦朱門が証言した。

○二〇〇六年　憲法改正の手続き法（「国民投票法」）を強行採決した。

○二〇〇六年一二月二二日「教育基本法「改正」」を強行採決し実施した（第一次安倍内閣）。

○二〇〇六年四月　埼玉県教委は、教員（小・中・高校）に対する「人事考課」制度を導入・強行実施した。後に、給与とリンクさせた。

○二〇〇六年四月一三日　都教委、「学校経営の適正化について」（通知）

⬇「職員会議を中心とした学校運営から脱却することが不可欠」だとした。

「「挙手」、「採決」等の方法を用いて職員の意向を確認」することを禁止。

○二〇〇七年六月「全国一斉学力テスト」を強行実施した（小学校五〜六年生、中学校二年生対象）（第一次安倍内閣）。

⬇「競争の教育体制」・「学力テスト体制」の中に、教師と子どもを囲い込む、「テストあって、教育なし」の学校体制づくりを強行実施した。

○二〇〇七年七月三一日「教育職員免許法」の改正（いわゆる「一〇年更新制」）、二〇〇八年四月一日から実施。

三〇単位分の教科学習等を受け、合格しなければ、免許取り消し、現職不可とされる。官制研修による『教員統制』の一環。

○二〇〇七年七月三一日　文部科学省通知「指導が不適切である教諭等の定義」が出された。

○二〇〇八年二月八日　文科省は「指導が不適切な教員に対する人事管理システムのガイドライン」を発表した。

⬇「国定教師」化への政策の強化をはかる。

○二〇一四年八月　学校教育法第九三条を「改正」し、大学の教授会を議決機関から学長の諮問機関とし、学長の独裁体制を敷いた。教員の不当解雇が続発した。

⬇大学までもが企業の生産力向上の手段にされる。日本の科学技術研究の衰退していく実態が指摘されている。

○二〇一四年一〇月二一日、小・中学校における「道徳の教科化」に関する中教審答申がだされた（高校の学習指導要領では「公共」で道徳教育を実施するとされた）。

⬇戦前の「教育勅語」体制を再興させようとする閣僚・文科大臣も登場。

以上のように、一九七〇年代から約四〇年間にわたる「差別・選別の能力主義、競争主義教育体制」づくりの政策が展開されてきました。この一つひとつが、「憲法・教育基本法体制の教育」を空洞化させるものです。この政策が子ども・父母と教職員・学校に与えた影響は、以下のように、教育の本質から乖離していくものでした。学校づくりの根本課題もまた、この諸問題を克服していくことが求められます。

①　これらの政策は、人間的に自立するための学習観や生き方や人間像を学ぶ場としての学校生活（教育・学習）を子どもから奪うものでした。生産力向上のための人材養成と配分のための学校をつくるものです。

②　一人ひとりの子どもの人間発達を平等に協同して育てるという教育環境（学校）を破壊しました。

③　「教育の本丸」ともいうべき授業・学習の場を、大企業・財界が簒奪し、「できる子」中心の「学力テスト体制」という競争主義の場に変質させ、すべての子どものための平等の学習・人格形成（学習権・発達権）の学校を子どもから奪うことになりました。これが、いじめ・自殺など、子どもの「人間的退廃を生み出す根源」でした。

④　学校運営を物（商品）を生産・販売する「企業の経営管理・ガバナンス」と同一視させ、「教育の本質」を解体し、教師を「国定教師（国家の下僕）」としてロボット化し、教師（学校）の創造的な人間的協同を解体する細部

にわたる管理体制を敷きつめました。とくに、校長を含めた協議の場である「職員会議」を解体し、教師への「人事考課」（「成果主義」のもとでの「目標管理」）を導入して、学校・教職員集団の分断化をはかりました。

⑤ 教育基本法「改悪」に典型的に示されるように、国家的規範（国定「道徳」、とくに第二条）を、いっそう強く、国民に押しつける体制を敷きました。これは、二〇一七年新学習指導要領にも貫かれています。

❖「能力主義・競争の教育」に対する教育学からの批判

子どもの問題状況は、多くの人々、とくに教育学者によって検討されてきました。そのなかで、国家の政策による学校教育（授業・学習のあり方）そのものが、子どもの人間性をゆがめ、退廃させるものであることが、明らかにされてきました。

大企業・財界の要求にもとづく「差別・選別の教育」が肥大化されるなかで、一九七〇年代以降、授業における「落ちこぼれ」や、これと不可分の「非行」を中心とした子どもの「問題状況」が広がりました。この子どもの人間形成面における「問題状況」について教育研究者の批判を簡潔にみておくことにします。

たとえば、坂元忠芳は、上述のような教育政策によって、子どもたちから奪われた知的関心や学習意欲などの喪失を次のように指摘しました。①地域・自然や生活についての「現実感の喪失や無関心、感動の喪失」、②現実の諸問題に対する「構想力や未来への展望の欠如」、③「集団的世界への参加と集団的行動への想いや動機の欠如」などを、子どもの「問題状況」の内実であると指摘してきました。(8)

また、高浜介二は、子どもたち一般に「目的意識性、計画性、能動性、意欲、意志力、生きがいなどの人間的資質が奪われている」と指摘していました。高浜は、このような子どもの人格形成にかかわる社会的・精神的・人間的資質の「貧困」を、経済的問題に限らない「社会的貧困」と呼んでいます。それは要するに、人間としての生き方や生きる力の後退・退廃を指すものであり、これを「子どもの問題状況」だとしました[9]。「能力主義・管理主義教育」の行きつく先は、子ども・青年の「死」です。「テスト戦争は、人生を変える苦しい戦争」という詩を残して自死した小学生がいました。今も子ども同士の「いじめ」を苦にしての自殺は後をたちません。一九八五年、岐阜県では三月から五月にかけて、二人の高校二年生の死亡事件がありました。中津商業高校の女子生徒は、勝利至上主義の部活顧問教師の「暴力的なしごき」を苦に自殺しました。もう一人の男子生徒は、筑波科学万博への修学旅行の宿舎で所持品の規則違反をとがめられ、引率教師たちによる体罰のなかでショック死をしました。

この事件の真相を究明するために教育研究者集団が組織されました。

同集団は、岐阜県の学校全体（小・中学校、高校）において支配的な体罰・暴力・暴言等による「指導」をする教師は、七〇％にも及ぶとの調査報告書（体罰・暴力調査研究委員会『いのちかがやく明日へ』、一九八六年）を出しました。この調査で、多くの学校と教師が、「能力主義・管理主義教育」のなかに囲い込まれ、「成績主義・実績主義」（大学への進学率、部活で優勝させるなど）に駆り立てられている実態が浮かび上がりました。このような「体制」は、教師個々人の努力だけでは、到底抗しきれず、また、教職員集団を分裂させる要因であることも明確にされました。

この調査で明らかになった重要な事実があります。①「体罰が全くなかった学校（全調査対象校の三〇％）」のうちの四二％の学校では、「児童・生徒の民主的な集団づくりに取り組んできたこと」、②二一％の学校では、「児童・生徒の人権尊重を主眼に、民主的な学校運営に取り組んできた」こと、③約一六％の学校では、「体罰・暴力をしないことを学校方針として確立してきた」ことです。児童・生徒の自治能力を育てる民主的な学校運営こそが、体罰・暴力を根絶する根本課題であることが明らかです。

このような事実にもとづき、この事件の調査にあたった教育研究者集団は、学校と地域全体、教育行政当局に対して、民主的な学校づくり運動を提起しました。

「学力テスト」の順位を競わせる地域や学校の授業は、ますますエスカレートしています。しかし、この教育体制は「人権の主体」・「自主的・主体的人間」として「自分らしく生きる」という真の道徳意識（人間観・価値観の形成）を衰退させ、国民と社会全体の退廃（「社会的貧困」）につながる深刻な問題を秘めていることに、自覚的な関心を向けるべきです（最近年における「学テ体制」教育のひどさの極致について、本書の「あとがき」をぜひ、読んでください）。

❖ 新しい学校支配に対抗する学校づくりの課題

教員への「人事考課」に対する闘い

一九五〇年代の「勤務評定」と同じように、二〇〇〇年代の今日の教員に対する「人事考課」（「教員評価」、「新勤務評定」）は、①教師一人ひとりの人格と教育実践を統制し、②教師・学校の協同体制を破壊し、③子どもの教育・学習の質を粗悪化させ、④さらには国民・子どもの人権を侵害するという最悪の政策です。この「人事考課」は、賃金・手当等とのリンクをともなっています。この悪政に対する教職員の闘いは、まさに「学校づくり」運動の根幹をなすものです。

米国、英国などの先進国でも、これに対抗する教職員運動が続いています。「教員評価」の実施は、ユネスコの「教員の地位に関する勧告」（一九六六年、日本政府も批准）でも、「教職員組合との協議・承認を経なければならない」（第八二項）とされています。これを欠いた日本政府や自治体における強行実施は、国際教育法にも違反するものです。

この新しい学校・教職員支配に対して、日本の圧倒的多数の教職員も反対の姿勢を貫いています。

①『東京都障害児学校教職員組合の調査』（二〇〇〇年三月）では、都教委による「人事考課」の導入に対して、教員の九四・四％、事務職員の七七・六％（全教職員四九一四人）が「反対」を表明しました。また、実施一年後（二〇〇一年）の同調査では、「人事考課は教育にとって悪い」が八五・八％で、「良い」は二・四％に過ぎません。「悪い」と

する理由は、①「納得も理解もないまま強行する都教委への不信感」が約九〇％と最多で、②「学校現場の実態と合っていない、学校や教育を良くする中身でない」（六二・三％）、③「競争を煽られ、教職員の協力・協同の関係に悪影響がある」（五〇・五％）、と多くの教職員は反対しています。

この調査の「自由記述」欄には、次のような重要で根本的な「教職員と教育上の問題点」が書かれています。「みんなが真面目に働いても都教委レベルの相対評価で序列化・分断化される」「学校が民主的で柔軟な場でなくなり、子どもへの指導もそうなりつつある」「眼に見えるもの、形に見えるものが、短絡的に目標にすりかわって、教育の真の課題や目標を見失わせる恐れを強く感じる」など、教師・学校を変質させ、子どもの教育と人間発達を保障する学校ではなくなると危惧されています。

② 東京都高等学校教職員組合の『人事考課「黒書」――学校を壊さないで』（二〇〇一年八月）にも、教職員の意見調査の結果が掲載されています。

「教育目標についての校長との「個人面接」よりも、「職員会議」など日常の意思疎通が大事だ」（七〇％）（回答者三五三二人中）、「教育への意欲も、処遇と連動するので減退する」（六〇・六％）、「教員の資質向上の点でも逆効果」（六六・九％）、「学校組織の活性化につながらない」（七一・〇％）ものであり、「人事考課そのものを廃止すべきだ」（七六・九％）という意見が、大勢を占めています。

以上の二つの調査に示されるように、七〇％から八〇％の教職員が、教員への「人事考課」は、学校や子どもにとって有害無益であると断じています。

③ 埼玉県でも、同県教委は二〇〇二年度から教員の「人事評価制度」を導入しようとしました。埼玉教職組と高教組は「連合」（埼玉教職員組合連合）を組んで、四年間にわたりこれを阻止する団体交渉（毎回、四〇〇人規模）の闘いを組んできました。

県教委は各学校長に自己の学校の「教育目標」を「自己申告」させ、学校長が作成したその「目標」のもとに、全教職員の教育計画・活動を統制し、校長がその「目標管理」のもとで「成果主義的」な「教員評価」を行うというものです。県教委は団体交渉における教職員の要求を無視し、二〇〇六年これを強行実施しました。この「成果主義」の制度化は、賃金等の処遇にもリンクされました。それ自体も、「同一労働・同一賃金」の原則（労働基準法第三条・四条）に反するものです[10]。

この「人事評価」の強行実施後、埼玉県教職員組合は毎年、同件に関する「教職員アンケート調査」を行ってきました。この制度に対する重要な批判が、次のように記されています。

「賃金とリンクされる人事評価で、職場の「協同性」がうばわれ、「物言わぬ教師」が増えた」。「管理職から新たに出される業務が増え、「多忙」が強まった」「職場の人間関係が崩壊しつつある。教育そのものを破壊する制度である」「教員の自発性に対して、管理職からの威圧を感じる」「職場の「協力体制や団結力」が弱まる」。「人間（子ども）を育てることと、人事評価・成果主義賃金は合うはずがない」「教育の仕事は、すぐに成果が出るものではない」「学校は「お互いに助け合って実践」しているのに、人事評価は、「学校・教職員を分断」し正しい教育ができなくなる恐れがある」（二〇〇九年〜二〇一六年、埼玉県教職員組合調査）。

以上のように、「目標管理」「成果主義」という企業経営論に発する教職員への「人事考課」は、教育・学校の本質とはまったく異質のものです。にもかかわらず、この「人事考課」を新たな「学校支配」の手段とし、強化しようとするものです。

もともと、企業経営における「人事考課」とは、①短期的評価で成果がでる仕事に重点を置くことで社員の競争を煽る「企業における利益追求方式」であり、②「競争を煽り、チームワークを軽視する方式」です、③「現場から学ばない」、「上意下達」の「もうけ主義」の「目標設定」と「上司の恣意的評価」に委ねて「社員支配」をする、という企業の「利潤追求方式」です[11]。

このような企業の「人事考課」に似た制度は、世界教育史上の前例があります。一八六二年、英国の民衆教育に初めて導入された国庫補助金の「出来高払い制度」（Payment by Results）です。この制度は、初等学校の教育を３R's（読・書・算）の教科だけに絞って、子どもの成績の良い学校にのみ多額の国庫教育補助金を支給し、教員の給与も高くするという制度でした。しかし、そのために「学力」を上げようとして教師たちによる子どもへの体罰が増え、子どもたちの非行や退廃（暴力・いじめ）も起こりました。期待されたほどの「学力」もつかず、逆に国力を衰退させるおそれがあるということで、二〇年ほどで廃止されることになりました。この制度のもとで、体育、美術、家庭科などの教科も学校から消えたのです。世界史的にみても、子どもの人間発達を保障しえない教育や学校制度は、早晩、崩壊の道をたどるのです[12]。

ごく最近の新聞報道（『朝日』二〇一八年八月三日など）によれば、大阪市の吉村洋文市長は文科省による「全国学力・学習状況調査（学力テスト）」の結果が政令市（二〇市）のなかで大阪市が最下位であったことを受け、「テストの成績と教員の人事評価を連動させる制度」の検討に入ると表明しました（二〇一八年八月二日、記者会見）。

これは、上記のような歴史の教訓から学ばない愚かでまちがった政策です。「学力テスト」の苦手な子どもは、ますます学校嫌いになり、いじめ・不登校が増えることが懸念されます。全国学力テストの結果を教員のボーナス等に反映させる大阪市の動向は、教職員をバラバラにして学力テスト「教育」を競わせることによって、協同して教育活動を創造する「学校づくり」を困難にさせることは、火を見るよりも明らかです。これこそは「教育破壊」、「学校破壊」の最たるものというべきです。

教育の本質と子どもの人間発達を保障することを、校長、父母を含めて追及する教職員集団の協同的能力を高めることが、これまで以上に重要な学校づくりの課題です。

学校を子どもの人間発達（全面発達）の「るつぼ（坩堝）」に

勝田守一は、「学校とは、子どもの成長のるつぼ（坩堝）である。学校（教職員集団）は、「るつぼ」のような働きをつくってこそ、子どもの人間発達に寄与できる」（要約）としました。この言葉の意味するところは、子ども一人ひとりに作用する学校全体としての教育機能や教育力量を組織し、これを子ども・全教職員・父母のものにしようということです。子どもはそうした学校の全体的な活動や教育機能（一人の教師をこえた学校総体の機能や構造、学校の人間的環境の総体）によって、人間発達を遂げるのです。[13]

学校づくり研究は、この「子どもの人間発達の「るつぼ」（坩堝）」である学校という組織の教育力の総体と有機的構造を探究し創造し、子どもの発達と教職員の発展とを「全体としての学校」によって追求することです。その土台は、学校を「人間的協同体」へと高めることです。その働きが、子どもの「全面発達」を生みだす「るつぼ（坩堝）」です。それは、斎藤喜博、劔持清一、石田和男などが、生涯を賭け心血をそそいで追究してきたものでもありました。この学校づくりの課題は、かつて矢川徳光が紹介していたア・エス・マカレンコの教育論ともつながっています。その核心部分を記しておきます。[14]

人間は部分、部分で育成されるものではない。かれは自分がうける影響の総和によって、総合的に創りだされるのである。だから、個々の手段はいつも、肯定的でも否定的でもあることができる。決定的なモメントは個々の手段の直接の論理ではなく、調和的に組織された諸手段の全体系の論理と作用である。学校教育においては、個々の教科のその「直接の論理」を学習者（児童・生徒）は言うまでもなく摂取しなければならない。この重要性を確認すると同時に、いま一つの重要な点は、諸教科の教授によってその基礎を育てられた合理的・科学的な思考力や実践力が社会生活の諸事象を含めての首尾一貫した科学的世界観を保障するかどうかの問題である。[15]

この文章は、「学校づくり」についてさまざまな課題を示唆しています。子どもと教師（集団）が教科の知識・学習を個別に学ぶにとどまらず、全体的・科学的な知の学びに発展させていくこと。それにとどまらず、何を為しどう生きるかという人間的で民主的な生き方や価値観を同時に獲得していくことが、全体的な教授・学習であり、学校での学びになっていかねばならない、ということです。言い換えれば、これが子どもの全面的発達を保障するものであり、同時に「学校づくり」（論）がめざすべき究極の目標・課題がここにあるということです。このように、「競争の教育」「学力テスト体制」の教育をのりこえる学校像が示されています。(16)

まずは、日々において、子どもの全面的発達を中心にして「対話」できる社会に、学校を変えていきたいものです。(17)

❖学校づくりの今日的な課題について

この項の最後に、今日的な学校づくりの課題を簡潔にまとめておきたいと思います。

課題の第一は、教員同士が交流しあって教育創造や学校づくりを考える余裕もない職場の「多忙化」の実態を明らかにし、一致できる改善・改革の方向性をもてるようにすることです。

「競争と管理の教育、学校体制」は「学テの成績向上」や「補習授業」を増やしています。分断と差別の「教育の多様化政策」は「学校の特色づくり」、「実績づくり」を競わせることで学校現場の「多忙化」を激しくさせています。また、「競争と管理」の教育は、「初任研」「各種の経年研修」「研究指定校」を強要し、それに関連する膨大な時間を要する「報告書づくり」を「仕事」として押しつけるものです。

ＯＥＣＤの調査によれば、日本の教師の労働時間は「世界一長い」とされていますが、「授業に充てる時間」は世界的にみて一七・七時間と最も短いのです。米国は約二六時間であり、三三か国平均の授業に充てる時間は一九・三時間です（「連合総研」の調査によれば、日本の小学校教師の七三％、中学校教師の八七％が、週当たり六〇時間以上の勤務をしています。一日当たり一二時間の労働という実態です）。それだけ、授業関連以外の仕事が「押しつけられている」ということです。これだけにとどまらず、教師の多くは、家に持ち帰って採点したり、「学級だより」をつくったりもしているのです。学校ごとの固有の「学校づくり」をさせない教育体制、教員管理体制こそは克服されるべき根本課題として、長年にわたる社会的な問題になってきています。

第二の課題は、そのような厳しい教育・学校体制のなかからも、子どもの学びや人間発達を引き出す「すぐれた教育実践（学校実践）」は、生み出されています。そのような実践が、学校管理や教育行政をただすエネルギー・力になるまでに、十分に組織されていくことが不可欠です。

第三に、そのためには、教師と子どもの発達にとって否定的な学校（職場）の現実の姿を、もっと率直に明らかにし、その変革のきっかけや手立てを追求することが語り合えるようでありたいと思います。それが、子どもたちの人間発達を保障する「専門職」としての教師集団全体の責任であると思います。それが困難だとすれば、それを国民のすべてに表明できるようにしなくては、虚偽にみちた「洞窟」に閉じ込められたのも同然です。

第四に、学校づくりの原点となるのは、子どもの人間発達の現状と今日的課題とを教職員全体のものにしていくことだと思います。子どもに対する現実認識と教育課題認識とを、学校の管理運営体制（実態）を媒介させて共有化することで、子どもと学校（教職員集団）の発展とが解明されていかねばならないと観じます。

子どもの心底からの願いは、「学習がわかったらうれしい」「学校の勉強で賢くなりたい」「クラスの友だちの意見を聞き、共感し、自信をもちたい」「友だちとつながりたい」などです。これは教師でも同じことだと思います。

最後、第五に、近年の財界、政府・文部科学省等による学校と教師への人格的支配にまでに及ぶ教育実践の操作・管理の支配体制には、「特別の注意」が必要であると案じます。今の教育世界・学校の現状は、プラトンの『国家論』のなかに出てくる「洞窟の比喩」の話のようです。

「囚人」たちはくらい洞窟に閉じ込められています。横を向いても、隣の人に声をかけてもいけません。ただ黙って前を向き、洞窟の前方の壁に映るものだけを凝視するように強制されます。洞窟の後方には、かがり火が焚かれ、その前を人や牛馬などが通り、その姿（影）が前方の壁に映ります。囚人たちは、その影が世界のすべてであるかのように思い込まされていくのです。一人の男（「対話」好きのソクラテスだと思われる）が、その地下の洞窟の穴を駆け上って外の世界を見ると、それは太陽の光がさんさんと降り注ぐ別世界でした。これこそが「真実の世界」だと思って、急いで洞窟に戻り、「みんな外に出よう」と伝えます。しかし、誰もそれに応えませんでした。[18]

教育や学校の世界も、ともすればこの「洞窟の比喩」のような環境・世界になりかねません。

戦前生まれで師範学校卒の、軍隊経験もある教師は、「十五年戦争時代の教育世界」について次のように語っています。[19]

（その敗戦後の）教師たちのほとんどすべての方々は、自分のしてきた「教育」を「軍国主義教育」だなどとは、夢にも考えていなかった。戦争中当時の先生たちは、自分たちが国家権力の手で、そんなにも醜くて恐ろしいことをさせられているなどとは夢にも思っていませんでした。それどころか、『天皇陛下のために死ね』と教えることこそが、教育者の崇高な使命であると信じて、ひたすらそのような『教育』にうちこんだのでした。そして、たくさんの教え子たちの命を戦場の露と散らしていったのです。私が、こうしたことに気が付くには戦争が終わって教師になってからも、何年も何年もかかりました。[20]

信じがたいことですが、このような『洞窟の比喩』のような戦時中の世界は、いろいろな小説や教育研究のテーマとなってきた問題です。教職員組合運動は敗戦後から今日においても「教え子を再び戦場に送らない」との誓いの言葉を、掲げつづけています。「子どもの権利条約」・日本国憲法と、そのもとでの「学校づくり」こそは、そうした歴史的で世界的規模での人類の願いにつながっていることを確認したいと思います。

注

（1）「高校生の生活と意識に関する調査」『国立青少年教育振興機構』二〇一五年（調査対象、高校一年生〜三年生）。
（2）東京大学社会科学研究所・ベネッセ教育総合研究所　共同研究プロジェクト『子どもの生活と学びに関する親子調査2017』結果速報（二〇一八年五月三一日）。
（3）新村洋史『大学生が変わる』新日本出版社、二〇〇六年、同著『人間力を育む教養教育』新日本出版社、二〇一三年、などを参照ください。
（4）『中日新聞』二〇〇五年一月一五日付。
（5）増田孝雄『いつでも子どもの味方』新日本出版社、一九八九年、一三九頁。
（6）同上、一三六頁。
（7）『中日新聞』二〇〇四年一二月八日付。「できる子、できない子、すすむ2極化」「ＯＥＣＤ／ＰＩＳＡの「学習到達度調査で見えた『答え』」「エリート教育が助長」。
（8）坂元忠芳著『子どもとともに生きる教育実践』国土社、一九八〇年、八〇―八八頁。
（9）高浜介二著『教育問題の社会学』あゆみ出版、一九八三年、一二二―一二七頁。
（10）埼玉県教職員組合『埼玉教育新聞』一八四七号、一八九六号、一九三五号、一九三六号、一九四〇号―一二三八号。
（11）白鳥勲「アメとムチで人は動くわけではない」『埼玉教育新聞』第一九八九号所収。
（12）新村洋史『人権の時代』青山社、一九九九年、一〇八―一二三頁を参照ください。
（13）勝田守一『学校論』要書房、一九五二年。
（14）安藤弘「東葛民研と子ども論」において、村山士郎がこの記事を紹介したと書かれています。大槻健・坂元忠芳編『現代の子どもをどうつかむか』あゆみ出版、一九八二年、所収、一四四頁。

(15) 矢川徳光『マルクス主義教育学試論』明治図書、一九七一年、一一一—一一四頁。増補版（一九七三年）でも同じ頁。また、ア・エス・マカレンコ著・矢川徳光訳『集団主義と教育学』（梅根悟・勝田守一監修『世界教育学選集　第3巻』明治図書、一九六〇年）も同じ趣旨の論文集となっています。これはいわば「学校づくり」のロシアにおける著作ともいえます。

(16) 志摩陽伍「学校づくりと教職員の主体的力量」前掲『現代の子どもをどうつかむか』に所収されています。学校づくりを教育学的原理論から論じられていることが有益です。五三—六九頁。

(17) 暉俊淑子著『対話する社会へ』岩波新書、二〇一七年。坂元忠芳『対話の教育への誘い』新日本出版社、一九九一年。

(18) プラトン著・藤沢令夫訳『国家』（上）（下）、岩波文庫。

(19) 増田、前掲『いつでも子どもの味方』一六九頁。

(20) 戦中の学校や教師の様子は、壺井栄『二十四の瞳』や三浦綾子『銃口』（上）（下）（小学館、一九九四年）、などの小説にも描かれています。安川寿之輔『十五年戦争と教育』（新日本出版社、一九八六年）は、増田孝雄が指摘する国民や教師の社会意識を、「訓練された政治的白痴」化と呼んでいます。三一頁など参照。

あとがき

二〇一八年夏、東京都足立区の学校を訪問して学校の様子を聞きました。そして、いまあらためて思うことは、一九四七年の「教育基本法」を学び返し、そこから「学校づくり」の意味と目的、そして精神を学ばなくてはいけないことを痛切に感じました。学校は、子どもたちのためのものです。何よりも学校は、人間を人間らしく育てる場でなくてはなりません。これが七一年前の教育基本法の精神です。

足立区の学校では低学年から不登校、無気力、荒れが拡がっていることを聞きました。さらに、子どものケアや子どもの対応に追われる担任や教師とカウンセラーの話を聞きました。また、難しくなる親と教師との関係について聞きました。「学力向上」をあおられる学校のなかで、追われる子どもと教師について聞きました。教員同士の関係や若い教師の抱える問題について聞きました。「教員評価」と「問題と思われる教師の氏名の聞き取り」をする校長面接の話を聞きました。どれ一つをとっても、大きな問題を抱える今日の学校の深刻な実態を感じました。

とくに、今日の「学力テスト体制」下の学校、「競争の教育」のすさまじい実態のなかにおかれる子どもたちの現実を知りました。二〇〇四年、国連・子どもの権利委員会は、日本の「教育制度の過度に競争的な性質によって、子どもの身体的および精神的健康に悪影響が生じ、かつ子どもが最大限可能なまで発達することが阻害されている」と指摘しました。今日さらに日本の「過度な競争と管理の教育制度」は学校にいっそう拍車をかけ、子どもたちの成長発達を阻害しているのではないかと思いました。足立区は全国学力テストのために次のような対策をしています。

（1）学力テストを区独自で行い、「学校の順位」をつけている。
（2）テスト結果をもとに、クラスごとの問題点を分析、改善点をまとめている。
（3）このために朝食、排便、起床などの各種の調査を行い、まとめ、家庭の指導に当たる。
（4）そのほか毎月のいじめのアンケートやいじめ面接を行う。
（5）学力をつけるために

①放課後子ども教室　三年生以上、週二日。各クラスで実施。
②土曜日基礎学習　希望者。管理職対応。教師のお手伝い。
③育ち教室　学力底上げ。退職教師。底辺の子は参加不可。
④特別支援教室　週二時間。担任等。コミュニケーションの指導。
⑤サマースクール　底辺の子の参加不可。各クラス五人。担任、専科教員担当。
⑦足立夏休み学習教室　塾の教師が指導。学力が中間から上位の子の参加。五日間。基礎や発展の学習。

こうした取り組みは、けっして足立区ばかりではありません。独自の学力テストを実施する区は、都内にたくさんあります。区として、「学力日本一の挑戦」などと大手進学塾のようなスローガンを掲げる区もあります。区で児童・生徒合格証の賞状を予算化し、八十点の合格点になるまで繰り返しテストを行う区などもあります。

子どもたちは、学力テストの大きな渦に巻きこまれ、すさまじい競争教育を受けています。二〇〇七年、足立区は教育委員会まで学力テストの不正に手を染めました。現在の足立区はその延長線上にあるばかりか、できない子は学力テストの平均点を上げる効果がないとして、補習学習の対象からも外すという差別教育まで平然と行っているのです。そもそも、テストの点をあげるための教育が教育であるはずがありません。「学力」とは点数で表せるほど狭い小さなものではありません。自主性、主体性に裏打ちされた深い自立のできる豊かな教養を備えたものこそが真の「学力」です。

ある教師から淡々と語られたこうした現実を聞きながら、「子どもたちのための学校」はどこにいってしまったのかと思いました。何よりも学校は人間を人間らしく育てる場でなくてはならないはずです。子どもたちのテストの点数をあげるために、学校の諸目標が数値化され、その数値化によって具体的な対策を設定させ、その結果による教員評価がなされて、教員の給与にも差をつけていく。そして一〇年ごとの教員免許の更新制で不適格教師が排除されてゆく。否が応でも、知らず知らずに校長は教育委員会のいうことを率先して取り組んでいく体制ができあがっているのです。いみじくもこの話のなかで、「校長がこうしていきたいと思ったことは、何でも協力していく。私たちは子どものためならがんばろうとみんな思っています」との教員の話がありました。この言葉が今日おかれている教師の現状を象徴するものです。教師個々人の想いや教師たちの共通の想いが失われているのではないかと思いました。

学校は子どものためにあります。子どものための「学校づくり」を宣言した一九四七年の教育基本法に学び、人間らしい学びの場としての学校を協同してつくりあげる歩みを一歩ずつ、今進めていかなくてはならないと思います。

鈴木　和雄

二〇一九年七月

革で新しい学びの世界を」（『高校のひろば』1997年秋号）などがある。

嵯峨山　聖

大阪暁光高等学校教諭（英語科），生徒部主任。

堀内　文兵

新名学園・旭丘高校，副校長・教務委員長，担当の専門教科は数学。

岡崎　利夫

京都府北部の小・中学校で学校事務職員を42年間務め，2016年退職。教育費の無償化をめざして運動をしている。

福島　俊一

名古屋市公立学校・事務職員を務める。在任中，名古屋市学校事務職員労働組合執行委員長を歴任。著作に「学校教育にかかる標準運営費をめぐる諸問題」（『住民と自治』1994年５～７月号）などがある。

五十嵐　努

学齢期を横浜の下町で育つ。東芝勤務。わが子の成長とともに保育園・学童保育・子ども会・PTAの役員を務めた。現在は多摩川太鼓主宰，子ども食堂や社会教育に関わる活動に取り組んでいる。

執筆者紹介（執筆順）

田 沼　朗
身延山大学教員。専門は教育学，教育行政学，学校論。共編著『なぜ，今教育基本法の改正なのか』（国土社，2003年），論文「義務教育無償化を目指す自治体の取り組み――京都伊根町の場合」（『身延山大学仏教学部紀要第17号，2016年）などがある。

新村　洋史
名古屋芸術大学名誉教授。現在は東京民研共同研究者，教育科学研究会常任委員。専門は教育行政学，学校づくり研究，食教育学。著書に『学校づくりの思想と実践』（青木書店，2010年），『子ども観の転換と学校づくり』（国土社，1995年）などがある。

金子　秀夫
東京都公立中学校教員，東京都教職員組合の副委員長・委員長を歴任。現在は同・専門委員。

阿部　真一
公立中学校主幹教諭，東京都教職員組合町田支部・書記長。

三橋　勝美
1981年から埼玉県古川市で小学校教員を務める。1996年から教育科学研究会，学校部会に参加してきた。

澤田　耕一
名古屋市立の小・中学校（5校）で教員を務めた（特別支援教育）。著作に，『新ゲーム・手づくりあそび②セレクト100』（きょういくネット）がある。

鈴木　和雄
文京区金富小学校，中野区神明小学校，世田谷区八幡山小学校で教員を務める。自宅で地域の子どもの学習支援「学び舎」を開く。共著に『若い教師のステップアップ・教師力1』（旬報社，2004年），同『生活指導力2』（旬報社，2004年）などがある。『運河』（歌人の会）の事務局長を務める。

植田　一夫
滋賀県下の公立小学校などで38年間，教員を務める。現在は，大阪青山大学で教員養成の教育を担当。専門は，学校づくり・学校自治論。共著に『共同グループを育てる』（クリエイツかもがわ，2002年），『こころの叫びが届く―つくりませんかこんな学びと学校』（クリエイツかもがわ，2004年）など。

葛巻真希雄
大東学園高等学校教員（英語科）。2010～2011年度，同校「三者協の事務局長を務める。教育科学研究会常任委員。主な論文に「三者協議会と民主主義の課題」（「教育」2016年8月号），「教室をことばが行き交う空間に」（「新英語教育」2016年12月号）などがある。

山 崎　到
大東学園高等学校教諭（保健体育科），2011～2016年三者協事務局担当，2015～2016年，三者協事務局長。

米山　昭博
1982年から大東学園高等学校教諭（国語科担当），学校づくりに関する論文に「学校・授業改

教育科学研究会・学校部会編
［責任編集］新村洋史・鈴木和雄

学校づくりの実践と可能性——学校を人間的協同の場に
2019年8月5日　第1版第1刷発行

編　者　教育科学研究会・学校部会
発行者　原　嶋　正　司
装　丁　オコデザイン事務所小口智也

発行所　績文堂出版株式会社
〒101-0051 東京都千代田区神田神保町
1-64 神保町ビル402
☎(03)3518-9940　FAX(03)3293-1123

印刷：製本　信毎書籍印刷株式会社

ISBN978-4-88116-135-7　C3037